경제의 속살

경제의 속살

4

정치 편

이완배 지음

민중의소리

경제의 속살 4

초판 인쇄 2020년 2월 1일
초판 발행 2020년 2월 10일

지은이 이완배
편집 이동권
표지 그림 이동환
교정교열 이정무, 이소희, 강경훈, 최지현
경영지원 김대영

펴낸이 윤원석
펴낸곳 민중의소리
전화 02-723-4260
팩스 02-723-5869
주소 서울시 종로구 삼일대로 469 서원빌딩 11층
등록번호 제101-81-90731호
출판등록 2003년 1월 1일

값 15,000원 ⓒ민중의소리 ISBN 979-11-85253-76-3 03320

「이 도서의 국립중앙도서관 출판예정도서목록(CIP)은 서지정보유통지원시스템 홈페이지(http://seoji.nl.go.kr)와
국가자료공동목록시스템(http://www.nl.go.kr/kolisnet)에서 이용하실 수 있습니다. (CIP제어번호 : CIP2020001675)」

경제의 속살 4

정치 편

민중의소리

서문

멈출 수 없는 전진

초등학교 시절, 학교 운동회 때 '박 깨기'라는 종목을 하곤 했다. 높이 걸린 박을 향해 모래와 콩으로 만든 오자미를 던져 깨는 게임이다. 수십, 수백 번을 던지다보면 거짓말처럼 박이 펑 하고 터진다. 그때의 그 쾌감이란!

카를 마르크스(Karl Marx, 1818~1883)가 서술한 정치경제학에는 '양질(量質) 전환의 법칙'이라는 것이 있다. 마르크스로 인해 널리 알려졌지만 사실 독일 철학자 게오르크 빌헬름 프리드리히 헤겔(Georg Wilhelm Friedrich Hegel, 1770~1831)이 변증법 철학에서 먼저 정립한 법칙이다.

양질 전환의 법칙은 "양적(量的)인 변화가 누적되면 질적(質的)인 변화가 발생한다"는 뜻이다.

박 깨기를 생각해보면 이해하기가 쉽다. 박은 오자미 한 방에 깨지는 것이 아니다. 그것을 깨기 위해서는 수십, 수백 번 오자미로 박을 두들겨야 한다. 그렇게 양적인 변화가 누적되다보면 마침내 박이 깨진다. 양이 일정 수준으로 축적이 돼야 비로소 질적인 변화가 일어난다는 뜻이다.

주의할 점이 있다. 질이 변한다는 것은 혁명적인 변화를 의미한다. 그런데 이 혁명적 변화는 매우 극적으로 벌어진다. 박이 펑 하고 일순간에 터지는 것과 비슷하다.

문제는 그 극적인 상황이 오기 전까지 아무런 변화도 감지되지 않는다는 데 있다. 오자미로 아무리 박을 때려도, 터지기 직전까지 박은 멀쩡해 보인다. 심지어 '저거 도대체 언제 터지는 거야? 아예 안 터지는 박을 걸어놓은 것 아냐?'라는 의심이 들 때쯤, 드디어 박은 펑 하고 터진다.

물이 수증기로 바뀌는 과정도 마찬가지다. 99도가 될 때까지 물에는 아무 변화가 없다. 그런데 가열이 누적되다보면 딱 100도가 되는 순간 액체가 거짓말처럼 기체로 변한다. 이처럼 사회의 모든 변화는 직선이 아니라 계단식으로 일어난다. 천천히 조금씩 바뀌는 게 아니라, 절대 바뀔 것 같지 않아 보이던 기존의 공고한 사회가 어느 순간 폭발적으로 터지는 것이다.

이 말은 질적인 변화를 위해 충분한 양적 누적이 있어야 한다는 뜻이기도 하다. 헤겔은 "양이 차지 않으면 질적 변화는 일어나지 않는다"라는 유명한 말로 양질 전환의 법칙을 설명했다. 그래서 혁명을 위해서는 수백, 수천 번의 좌절이 필요하다. 그 좌절이 없었다면 혁명도 일어나지 않는다.

우리는 수많은 실패 끝에 2016년과 2017년 촛불 혁명을 통해 세상을 바꿨다. 이 촛불혁명이야말로 수많은 좌절과 실패에도 굴하지 않고 양적 변화를 누적시켰던 우리 민중들의 끈질긴 투쟁의 결과였다.

물론 촛불 혁명은 변화의 첫걸음일 뿐이다. 우리가 목도했듯, 기득권들의 저항은 여전히 거세고, 그들의 힘은 여전히 강력하다. 하지만 나는 확신한다. 우리가 만들어갈 세상은 분명히 오늘보다 나은 내일이 될 것이다. 지치지 않고 부딪히다보면 우리는 언젠가 우리가 원하는 세상을 만들 수 있다. 변화가 더뎌보여도 실망하지 말자. 그 속에서 우리의 싸움은 의미 있는 그 무엇으로 하나씩 쌓이고 있다.

「경제의 속살」 3권과 4권을 마치며, 다시 한 번 이 부족한 책을 선택해주신 독자분들께 마음을 담은 감사의 말씀을 드린다. 지치지 않고 함께 다독여가며, 더 나은 세상을 위해 앞으로 나아가기를 간절히 소망한다.

2020년, 광주민주화운동 이후 40년이 되는 해

안국동에서 이완배 드림

차례

Ⅲ부 복지와 재정

Ⅳ부 일본

V부 인물

VI부 시간

1부

자유한국당과 황교안

황교안의 삭발 투쟁은 어떤 프레임을 만들었을까? - 프레임 이론
'사방의 길 프로젝트'가 한국 경제를 살렸다고? - 황교안과 루스벨트의 경제정책
황교안 대표에게 필요한 것은 '멍 때리는 시간'이다 - 왈러스의 창의성 모형
황교안의 공치사를 용납해서는 안 되는 이유 - 구성의 오류
황교안 대표는 왜 그렇게 불안했을까? - 분업과 노동의 본질
멍청했던 자유한국당의 필리버스터 - 진정성 마케팅

황교안의 삭발 투쟁은 어떤 프레임을 만들었을까?

프레임 이론

"문재인 후보에게 묻겠습니다. 제가 갑철수입니까? 안철수입니까?"

2017년 4월 23일 대선후보 TV토론에서 안철수 후보가 문재인 후보에게 던진 질문이다. '갑철수'란 '갑질을 하는 안철수'라는 뜻이다. 안철수 후보는 선거운동 기간 중에 이런 단어가 나도는 것에 대해 매우 불쾌했던 것 같았다. 그는 성난 표정을 감추지 못한 채 '갑철수'란 단어를 무려 네 번이나 사용하며 문재인 후보를 추궁했다.

이어 안 후보는 문 후보를 향해 "제가 MB아바타입니까?"라고 다시 공세적인 질문을 이어나갔다. 그는 'MB아바타'라는 단어도 무려 여섯 번이나 사용했다.

그는 정말로 억울했던 것 같았다. 그의 심정을 충분히 이해한다. 그런데 자기 입으로 갑철수와 MB아바타라는 단어를 사용한 것이 과연 현명했을까?

인지언어학자이며 미국을 대표하는 진보적 지성으로 통하는 버클리대학교 조지 레이코프(George Lakoff) 교수는 자신의 저서 「진보와 보수, 문제는 프레임이다 : 코끼리는 생각하지 마」에서 상대방의 프레임에 갇히는 것이 얼마나 위험한지를 역설한다.

레이코프에 따르면 사람의 뇌 구조는 "무언가를 생각하지 마!"라고 강요받을수록 그 '무언가'를 생각하게끔 설계돼 있다. 사람은 생각의 틀, 즉 프레임을 통해 사고(思考)하는 동물이기 때문이다.

예를 들어 누군가가 우리에게 "코끼리를 생각하지 마세요"라고 호소했다고 치자. 우리는 그 호소를 받아들여 "네, 앞으로 코끼리는 생각하지 않을게요"라고 답을 했다. 그런데 그게 가능할까? 아무리 코끼리를 생각하지 않으려 해도 코끼리 생각은 머리에서 떠나지 않는다. 코끼리라는 생각의 프레임이 형성됐기 때문이다.

그 이야기를 들은 사람은 '저 사람은 왜 코끼리를 생각하지 말라고 했을까? 아니다. 코끼리는 생각하지 말아야 하는 거지? 코끼리를 생각하지 말자. 코끼리는 생각하지 않아야 해…. 코끼리, 코끼리, 코끼리…'라며 결국 코끼리만 생각하게 된다.

그래서 레이코프는 선거 때 상대방이 씌운 프레임에 빠져, 상대의 공격에 대해 변명하고 설명하는 것을 최악의 선거 전략이라고 지적한다. 아무리 논리적으로 상대의 공격에 해명을 해도, 유권자들의 머릿속에서 코끼리 이미지는 더 강해질 뿐이다.

그런데 안 후보는 TV토론에서 자기의 입으로 '갑철수'와 'MB아바타'라는 단어를 무려 열 차례나 반복했다. 그래서 안 후보가 얻은 게 무엇일까? 이튿날 오전 주요 포털 실검 1위에 오른 단어는 갑철수, 2위에 오른 단어는 '갑철수 뜻'이었다. 안 후보는 스스로 온 국민에게 갑철수라는 단어를 홍보한 셈이다.

이후 갑철수와 MB아바타 두 단어는 선거 기간 내내 안 후보를 악령처럼 따라다녔다. 한때 문 후보와 여론 조사에서 오차 범위 내 접전을 벌였던 그는 결국 3위라는 참담한 성적표를 받고 대선 레이스를 마무리해야 했다.

맥도날드와 지렁이 햄버거 프레임

프레임이란 하나의 틀이다. 그리고 레이코프는 "선거는 후보자가 어떤 틀을 짜느냐에 따라 승패가 결정된다"고 역설한다. 이기기 위해서는 자신의 프레임에서 싸워야 한다. 자신이 만든 틀에서 싸우면 이기지만, 반대로 상대가 만든 틀에 갇혀 싸우면 진다.

상대가 씌운 프레임에서 어떻게 벗어나야 하는지를 입증하는 좋은 마케팅 사례가 있다. 1978년 미국 패스트푸드 업계의 선두 주자 맥도날드는 출

미국 인지언어학자 조지 레이코프 ⓒMikethelinguist

처를 알 수 없는 괴소문으로 큰 곤욕을 치렀다. 맥도날드가 지렁이 고기로 햄버거 패티를 만든다는 소문이었다.

당연히 맥도날드의 매출액은 폭락했다. 당황한 맥도날드는 동원 가능한 모든 홍보 채널을 통해 "햄버거 패티에 결코 지렁이 고기를 쓰지 않는다"는 장황한 설명을 늘어놓았다. 심지어 "지렁이 고기를 쓰면 오히려 쇠고기를 쓸 때보다 원가가 더 높아져 그런 일을 할 리가 없다"는 반론도 덧붙였다. 그리고 모든 맥도날드의 매장 앞에는 다음과 같은 커다란 안내문을 붙였다.

"Our hamburger meat does not contain earthworms(우리 햄버거에는 지렁이가 들어 있지 않아요)."

하지만 이 멍청한 마케팅 전략은 불에 기름을 끼얹은 듯 상황을 악화시켰다. 사람들은 "지렁이 패티가 쇠고기 패티보다 더 비싸대", "정말? 어떻게 그럴 수 있지?"라는 대화를 이어 갔다. 그러면서 끊임없이 햄버거와 지렁이를 연상했다.

매장 앞에 붙은 안내문 또한 지렁이를 떠올리는 도구 노릇을 할 뿐이었다. 고객들은 안내문을 보고 '햄버거에 지렁이가 안 들어 있다고? 아 맞다. 맥도날드 햄버거에 지렁이가 들었다는 소문이 있었지'라고 상기하며 발걸음을 돌렸다. 맥도날드 매출액은 폭락을 거듭했다. 맥도날드가 스스로 '코끼리는 생각하지 마' 프레임에 걸려든 것이다.

맥도날드는 위기를 탈출하기 위해 엄청난 돈을 들여 연구를 거듭했다. 맥도날드가 찾아낸 해법은 두 가지였다. 하나는 '다른 고급 레스토랑 햄버그스테이크에도 지렁이 고기가 들어 있다'는 헛소문을 내는 것이었다. 물론 맥도날드가 이 전략을 사용하지는 않았다(이런 행동은 불법이다). 하지만 만약 이런 소문을 냈다면 사람들의 머릿속에서 맥도날드 지렁이 햄버거는 사라지고, 다른 대형 레스토랑 지렁이 스테이크가 더 강력하게 자리잡았을 것이다.

그렇다면 맥도날드가 사용한 실제 전략은 무엇이었을까? 맥도날드는 지렁이 햄버거를 설명하는 태도를 멈추고, 새로 개발한 밀크셰이크와 감자튀김을 집중적으로 홍보하는 전략을 사용했다. 물론 이 전략은 헛소문을 내는 첫 번째 전략보다는 강도가 약했다. 하지만 어쨌든 맥도날드는 이런 홍보 전략을 통해 지렁이 햄버거라는 '코끼리 이미지'를 소비자의 머릿속에서 지우는 데 성공했다.

이 사례가 전해 주는 교훈은 하나다. 특정 프레임에 갇힐 위험에 처했을 때 제일 훌륭한 전략은 자신만의 언어로 새 프레임을 만드는 것이다. 반면에 가장 바보 같은 전략은 그 프레임이 사용하는 언어로 반복해서 해명하는 행위다.

프레임을 벗어나기 위해서는 해명해서는 안 된다. '코끼리를 생각하지 마세요!'라고 말해서도 안 된다. 아예 '코끼리'라는 단어를 싹 지우고, 완전히 새로운 프레임을 세워야 한다.

새로운 프레임으로 승리한 사례들

상대가 씌운 프레임에서 벗어나 자신만의 프레임으로 승리를 거둔 두 가지 사례가 있다. 첫 번째는 대공황을 극복하고 미국 최초로 4선 대통령에 오른 프랭클린 루스벨트(Franklin Roosevelt, 재임 기간 1933~1945)의 사례다. 루스벨트는 1936년 재선(再選) 도전 선거에서 큰 곤경에 빠졌다. 거의 모든 언론이 반(反)루스벨트를 선언했고, 자신이 속한 민주당 내부에서도 그를 공격하고 나섰다.

그가 펼친 여러 복지 정책이 사회주의 정책과 비슷하다는 것이 루스벨트에 대한 공격의 요지였다. 심지어 연방 대법원조차도 "루스벨트의 뉴딜(New Deal) 정책이 사회주의적 정책이어서 헌법에 위배된다"는 판결을 내렸다. 공화당에서는 아예 '루스벨트는 사회주의자'라는 프레임을 들고 나왔다.

이때 루스벨트는 "나는 사회주의자가 아니며 뉴딜 정책도 사회주의 정책과 거리가 멀다"는 해명을 절대로 하지 않았다. 사회주의라는 단어를 사용하는 순간, 사회주의라는 프레임에 걸려든다. 그는 자신을 사회주의자로 모는 프레임에 일절 반응하지 않으면서 "수많은 독점 기업이 경제적 특권을 장악하고 있으며, 독점과 수구 세력들이 변화와 개혁을 막는다"는 새로운 프레임을 앞세웠다.

이 강력한 프레임이 선거판의 주요 이슈로 떠오르자 사회주의 프레임으로 공격을 시작했던 공화당이 되레 "독점 기업의 폐해가 크지 않다"며 루스벨트의 프레임에서 허우적대기 시작했다. 하지만 해명을 거듭할수록 국민들에게 독점 기업이라는 말은 더 강하게 각인됐다. 이 선거에서 루스벨트는 압승을 거뒀다. 상대의 프레임에서 벗어나 자신만의 프레임으로 선거판을 옮겨 온 전략이 멋지게 적중한 것이다.

프레임을 바꿔 선거를 승리로 이끈 또 다른 사례는 1992년 미국 대선 때 나타났다. 그 당시 공화당 출신의 현역 대통령인 조지 부시(George Bush)는 전쟁과 범죄에 대한 공포를 퍼뜨려 선거에서 표를 모으려 했다.

하지만 민주당 후보인 빌 클린턴(Bill Clinton)은 이런 프레임에 일절 반응하지 않았다. 그리고 클린턴은 미국 대선 역사상 길이 남을 구호로 프레임을 단숨에 바꿔 버렸다. "It's the economy, stupid(문제는 경제야, 바보야)!"가 바로 그것이었다.

실제로 당시 미국 경제는 침체에서 벗어나지 못했다. 대부분의 유권자가 경제난에 신물을 느꼈다. 이런 상황에서 클린턴이 "문제는 경제야, 바보야!"라는 강렬한 문장으로 경제를 물고 늘어지면서 선거 프레임은 삽시간에 뒤집혔다.

"바보야!"라는 한마디는 부시가 그토록 프레임으로 만들기를 원한 전쟁에 대한 공포가 아니라 경제난에 대한 공포를 사람들에게 심어 줬다. 그리고 클린턴은 그 선거에서 승리를 거뒀다.

황교안 대표의 삭발, 무엇을 연상시키나?

프레임 이야기를 길게 한 이유가 있다. 2019년 9월 16일 자유한국당 황교안 대표가 삭발을 감행한 그 사건 때문이다. 문재인 정권에 대한 결연한 투쟁 의지를 다지는 차원이었단다.

나는 그의 결연함을 의심할 생각이 없다. 희화화할 생각도 없다. 그의 사고에 전혀 동의하지 않지만, 결연한 건 결연한 거다.

문제는 그가 투쟁의 방식으로 '삭발'을 선택했다는 데 있다. 삭발 사실이 전해지자마자 기사에는 '황교안 제1야당 대표로 첫 삭발, 가발 논란도 잠재워' 류의 기사가 뜨기 시작했다. 황 대표의 결연한 의지와 달리 삭발 당일 온라인에서 온통 화제가 된 것은 그의 투쟁이 아니라 그의 머리숱이었다.

황 대표는 삭발로 자신의 모발이 가발이 아님을 입증했다고 생각할지 모른다. 하지만 천만의 말씀이다. 머리카락에 손을 대는 순간 사람들은 하루 종일 황 대표와 가발의 상관관계만 생각하게 된다. 그의 짧은 머리는 그의 투쟁을 연상시키는 게 아니라 "진짜 가발이 아니었어?"라는 생각만 떠오르게 한다.

급기야 황 대표가 모발 이식 수술을 했다는 이야기가 당 관계자의 입에서 나왔다.

〈연합뉴스〉에 따르면 한 자유한국당 관계자가 "황 대표가 그동안 가발을 이용했다는 것은 사실무근으로, 정확히는 모근을 새로 심어 머리가 자란 것으로 안다"며 "오늘 삭발로서 (논란이) 정확히 밝혀질 것"이라고 말했단다. 아, 이런 안타까운 일이 있나! 이제 이 기사를 통해 사람들의 관심은 가발에서 모발 이식의 효용성으로 옮겨 붙었다.

인터넷 탈모 카페의 반응도 언론을 통해 속속 전해졌다. "탈모가 아닌데 그동안 왜 머리 스타일이 그랬던 거야?"라는 반응부터, "붙인 척은 왜 한 거야? 우릴 기만한 거야?"라는 반응도, 심지어 "탈모인이라고 생각하고 지지했는데 이제 지지를 철회합니다"라는 비장한 선언까지 등장했다. "내 머리는 가발이 아니에요"라고 아무리 외쳐도 사람들의 관심은 결국 가발에 머무르게 돼 있다. 이게 프레임의 무서운 점이다.

게다가 황 대표를 지지하는 사람들이 SNS에 이 사실을 더 떠들고 다녔다. "그동안 좌파들이 근거도 없이 황 대표를 탈모로 공격했다. 이 나쁜 좌파 XX들아!"라는 식이다. 아이고야, 니들이 그런 말을 하고 다니는 게 황 대표에게 절대 도움이 안 된다고! 그 말을 떠들수록 사람들의 관심사는 탈모와 가발, 그리고 모발 이식에 쏠린다니까!

레이코프 교수는 미국의 역대 선거에서 보수 공화당이 프레임을 잘 활용해 승리를 거뒀고(전쟁, 국가, 조국애 등의 프레임) 민주당은 순진하게 그 프레임 안에서 허우적대다 연패를 당했다고 지적했다. 레이코프 교수는 "진보는 진실에만 너무 관심이 많아서 프레임을 활용할 줄 모른다"며 안타까워했다. 그런데 한국에서는 보수가 스스로 가발 프레임에서 허우적거린다. 이걸 보고 웃어야 하나, 슬퍼해야 하나?

아무튼 제1야당 대표의 삭발 투쟁은 프레임의 중요성을 우리에게 다시 한 번 각인시켜줬다. 하지만 프레임의 중요성을 언급하고자 쓴 이 글조차 결국 독자들에게는 '황교안 모발에 관한 글'로 기억될 가능성이 높다. 이게 바로 프레임의 무서운 점이다.

삭발한 자유한국당 황교안 대표

그래서 진보는 진보의 프레임에서 싸울 준비를 해야 한다. 멍청한 보수는 모발 프레임에서 허우적거리게 내버려두자. 종북이니, 전쟁이니 하는 허황된 프레임으로 수십 년 동안 집권했던 그들의 언어에 갇힐 이유도 없다. 우리는 우리의 프레임으로 승부해야 한다. 이게 바로 황교안 대표의 삭발 투쟁이 우리에게 전한 교훈이다.

'사방의 길 프로젝트'가 한국 경제를 살렸다고?

황교안과 루스벨트의 경제정책

권한대행 시절 '대통령 권한대행, 국무총리 황교안'이라고 적힌 시계를 돌릴 때부터 알아봤는데, 황교안 대표는 본인이 대통령 권한대행을 했다는 사실이 정말 자랑스러웠던 모양이다. 그런데 자랑스러움은 본인의 자유이지만 그게 넘쳐서 과대망상으로 번지면 좀 곤란하다.

2019년 2월 17일 자유한국당 대표 선거에 나선 후보자들이 〈YTN〉 토론회에 참가했다. 사회자가 "경제 살리기 대안은 무엇인가"라고 물었는데 당시 후보 신분이었던 황교안 대표가 난데없이 '사방의 길 프로젝트'라는 걸 들고 나왔다. 그의 대답을 들어보자.

"2017년도 1월 과학기술인 신년인사회에 갔더니 어떤 분이 그런 말씀을 하세요. 우리 경제가 지금 사면초가다, 정말 힘들다. 그래서 제가 사무실에 돌아와서 어떻게 사면초가를 극복할 것인가, 논의를 했습니다.

그래서 저희가 만든 것이 사방의 길 프로젝트. 다 막힌 것 같지만 틈틈이 구멍이 있다, 길이 있다. 그래서 사방의 길 프로젝트를 진행했는데 그게 뭐냐 하면 넓은 길, 국제사회로 나가자. 또 우리가 잘하는 길, 과학기술 ICT를 산업으로 연결시키자. 그리고 새로운 길, 벤처창업 활성화하자. 그리고 하기만 하면 되는 길, 그건 규제개혁입니다.
이런 것을 통해서 우리 경제를 살려보자고 해서 민관과 전문가가 같이 협력을 했는데 나중에 보니 그때 우리 경제가 어려웠던 2016년을 이제 전환, 바꿔 놨다. 경제가 살아나는 분위기가 되었다, 평가를 받게 되었습니다."

한 마디로 요약하면 대통령 권한대행 시절 경제가 정말 어려웠는데 '사방의 길 프로젝트'를 통해 자기가 경제를 살렸다는 이야기다. 정치인의 흔한 자기자랑인 셈인데, 정말로 궁금한 것이 생겼다. '사방의 길 프로젝트'라고? 그게 도대체 뭐였더라?

신천지 동영상에도 밀리는 프로젝트

당시 나는 '내가 그래도 경제 기자인데, 대통령 권한대행의 경제정책을 몰랐던 건가?'라며 다소 부끄러운 마음으로 검색을 해 봤다(2019년 2월 17일 오후 2시 기준). 그런데 포털 사이트 〈네이버〉에 '사방의 길'을 검색했더니 맨 위에 나온 콘텐츠는 종교 신천지의 동영상 '땅의 사방의 바람의 참 의미는?'이었다.

그 다음으로 나온 콘텐츠는 '필리핀 민도르 섬 사방비치 가는 길'이었고 그 밑으로 배열된 콘텐츠는 '사방이 바다, 사방이 길, 제주 비양도길'이라는 〈시사IN〉의 기사였다. 그 다음 콘텐츠는 '인터넷쇼핑몰관리 시스템 사방넷 오시는 길'이었다.

뉴스 콘텐츠에서도 최상단의 기사는 '진선규-이동휘, 사방으로 감사 하트(극한직

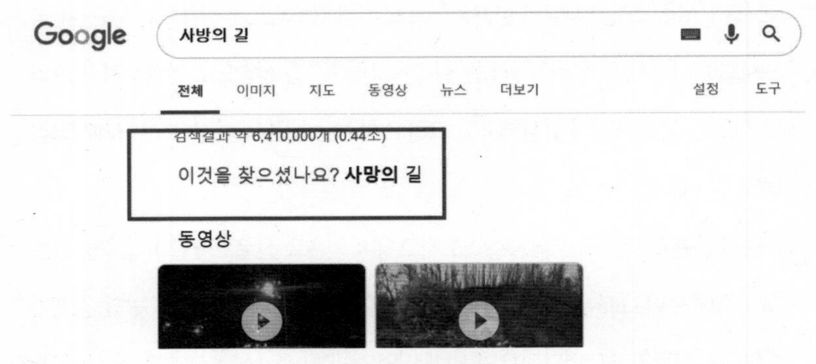

2019년 2월 17일 〈구글〉에 '사방의 길'을 검색어로 넣었을 때 나온 화면

업 흥행감사)'였다.

이게 뭐냐? 경제정책이었다면서? 그런데 왜 신천지 동영상이 검색 결과로 뜨는 거냐? 이 프로젝트, 혹시 국민 모르게 은밀히 진행된 비밀 프로젝트였던 거냐?

혹시나 싶어 〈구글〉도 이용해 봤다. 그런데 검색창에 '사방의 길'을 넣으면 〈구글〉은 "이것을 찾으셨나요? 사망의 길"이라는 안내글을 내보냈다. 이런 안내글은 검색창에 오타를 쳤을 때 나오는 것이다. 〈구글〉은 '사방의 길'을 '사망의 길'의 오타라고 생각하고 있었다.

황 대표가 사방의 길을 2017년 1월에 시작했다고 했으니, 2017년 1월 1일~2017년 4월 30일 기간을 설정하고 뉴스를 검색해 봤다. 40개의 기사가 검색되는데 그 중 관련된 기사는 딱 두 건이었다. 황교안 대표가 대통령 권한대행 자격으로 신년 기자회견을 열었는데 그때 비슷한 언급을 한 것이다. 내용은 이렇다.

"지금 경제가 어렵지만 희망의 길을 찾겠습니다. 그 길은 사방으로 열려 있습니다.

해외시장 진출의 넓은 길, 창업을 통한 새로운 길, 막힌 곳을 뚫어내는 규제개혁의 길, 그리고 우리에게 강점이 있는 과학기술과 ICT 등을 활용하는 미래의 길도 있습니다."

이게 전부다. 뭐 하는 짓인가? '사방의 길 프로젝트'라는 이름도 안 나오고, 고작 기자회견에서 "희망의 길이 사방으로 열려있다"고 한 마디 한 것뿐이다. 이게 나라 경제를 살린 프로젝트였다고? 이럴 거면 "희망의 길이 팔방으로 열려있다"고 하고 '팔방 프로젝트'라고 부르지? 팔방이 사방의 갑절인데!

정부 정책의 기능이 뭔지도 모르는 당 대표

공당의 대표에게 이런 것까지 알려줘야 하나 싶지만, 황 대표가 정말로 모르는 것 같아 친절히 설명한다. 정부 경제정책의 가장 중요한 기능은 시장과 민간에 신호를 보내고 가이드라인을 주는 것이다. 정부의 정책이 발표되면 민간은 그 정책을 안내 지표로 삼는다. 그래야 그것을 정부정책이라고 할 수 있다.

그래서 대통령이나 경제부총리, 한국은행 총재는 경제정책에 대해 말 한마디 행동 하나를 조심해야 한다. 작은 몸짓 하나가 GDP 1,700조 원에 이르는 한국경제의 방향을 바꿀 수 있기 때문이다.

그런데 사방팔방 프로젝트, 아니 참, 사방의 길 프로젝트는 일종의 유령 프로젝트다. 국민들 중 아는 사람이 없다. 검색하면 신천지 동영상에도 밀리는 정책이 무슨 경제정책이며, 무슨 수로 경제를 회복시켰다는 건지 당최 이해가 되지 않는다.

또 한 가지. 국가 경제를 바꿨다고 할 만한 정책에는 당연히 이름이나 슬로건이 붙어야 한다. 정책의 이름은 단지 정책을 멋지게 포장하기 위해서 만든 게 아니다. 시장에 신호를 줘야 하는데, 정책 내용이 길고 복잡하면 쉽게 알아듣지 못한다. 그래서 정부의 비전을 간결한 슬로건으로 만드는 것이다. 이 책 4부에서 다시 설명하겠지만 1930년대 복지강국 스웨덴의 초석을 담은 '국민의 집 프로젝트'가 좋은 예다.

황 대표는 그걸 '사방의 길 프로젝트'라고 부르는 모양이다. 그런데 사방의 길 프로젝트라는 이름은 2017년 어떤 기사에도 나오지 않는다. 뭔 놈의 경제정책이 실행 당시에는 이름이 없다가 2년 뒤 자기자랑을 늘어놓을 때 '프로젝트'로 둔갑을 하나? 황 대표 눈에는 국가 정책이 장난으로 보이나?

경제를 바꾼 경제정책의 좋은 예

황 대표의 이해를 돕기 위해 국가 경제를 바꾼 경제정책의 좋은 예를 소개한다. 1944년 1월 11일 신년 기자회견을 통해 미국 경제의 나아갈 방향을 제시했던 프랭클린 루스벨트 대통령의 제2권리장전(Second Bill of Rights)이 그것이다.

프랭클린 루스벨트 ©FDR Presidential Library & Museum

건강이 나빠진 루스벨트 대통령은 국회 신년 연설을 포기하고 라디오로 연설을 대신했다. 그런데 제2권리장전을 발표하는 순간만큼은 TV카메라를 집무실로 들여 직접 국민들 앞에 얼굴을 내비쳤다. 이 대목만은 국민들이 대통령의 얼굴을 보고 함께 공감해줬으면 하는 소망 때문이었다고 한다. 그렇다면 세계 자본주의의 역사를 뒤바꿨다고 평가 받는 제2권리장전의 명연설을 감상해보자.

"우리 미국은 절대 양보할 수 없는 정치적 권리들, 예를 들면 언론의 자유, 종교의 자유, 재판을 받을 권리, 불합리한 권력의 탄압으로부터 구속되지 않을 권리 등을 바탕으로 지금까지 성장해왔습니다. 하지만 미국의 위상이 높아지고 산업경제가 확장되면서, 이런 정치적 권리만으로는 국민의 행복과 평등을 보장하기에 부족하다는 사실이 명백하게 드러났습니다.
우리는 경제적 안정과 독립 없이 진정한 개인의 자유가 존재할 수 없다는 사실을 분명히 깨달았습니다. 가난하고 헐벗은 사람들은 자유인이 될 수 없습니다. 배고프고 직업을 잃은 사람들은 독재의 대상이 될 뿐입니다.
그래서 우리는 역사, 인종, 신념에 상관없이 안보와 번영의 새로운 기초를 확립하기 위해 두 번째 권리장전을 이 자리에서 선언합니다.

- 국민들이 기업, 상점, 농장, 광산에서 알맞은 일자리를 얻고 알맞은 임금을 받을 권리
- 국민들이 적절한 음식과 의복과 유흥을 향유할 충분한 권리
- 농민들이 직접 작물을 기르고 팔아서 가족에게 적절한 생계를 제공할 권리
- 기업들이 불공정한 경쟁과 거대 독점 기업의 횡포로부터 자유로울 권리
- 가족들이 적절한 집에서 살 수 있는 권리
- 국민들이 적절한 의료 서비스를 누려 건강하고 즐겁게 살 수 있는 권리

- 국민들이 노령, 질병, 사고, 혹은 실업으로 인한 경제적 공포로부터 적절한 보호를 받을 권리
- 국민들이 좋은 교육을 받을 권리

이 모든 권리들이 말하는 것은 바로 사회안전망입니다. 전쟁(2차 세계대전)에서 승리한 이후 우리는 이러한 권리들을 실행함으로써 인류 행복이라는 새로운 목표로 나아가야 합니다. 만약 미국에서 이러한 사회안전망이 갖추어지지 않는다면, 세계 평화는 지속될 수 없기 때문입니다."

물론 황교안 대표한테 루스벨트를 기대하는 건 말도 안 되는 무리수인 줄 잘 안다. 하지만 적어도 한 나라의 경제를 살렸다고 말을 하려면, 이 정도 비전이 있어야 한다. 루스벨트 대통령의 제2권리장전은 미국 경제를 통째로 바꿔놓았다. 미국은 이후 30년 동안 이른바 대번영기라고 불리는 찬란한 황금기를 열었다.

또 이 정책은 전 세계에 수출돼 세계 자본주의 역사상 처음으로 복지의 시대를 열었다. 하버드 대학교 캐스 선스타인(Cass Sunstein) 교수는 "루스벨트의 제2권리장전이야말로 미국의 최고 수출품이다"라고 칭송할 정도였다.

황교안 대표가 느낀 점이 있기를 바란다. "사방팔방 잘해보자"는 한 마디는 경제정책이 될 수가 없다. 진정 자신의 꿈이 대통령이라면, 〈구글〉이 오타 취급하는 경제정책으로 자기 자랑을 할 게 아니라 정책의 기능에 대해 공부를 해야 한다. 원래 이런 헛소리는 무시하는 게 정답인데, 이 분이 어디 해외에 가서 "사방의 길 프로젝트는 내 작품이다"라고 떠들면 국민들이 창피해질까봐 책에 기록으로 남겨두는 것이다.

황교안 대표에게 필요한 것은 '멍 때리는 시간'이다

왈러스의 창의성 모형

"한국은 주 52시간보다도 더 일해야 하는 나라다."

2019년 12월 서울대 경제학부 학생들을 상대로 '위기의 대한민국, 경제 위기와 대안'이라는 제목의 특강을 한 황교안 자유한국당 대표의 일성이란다. 그러면서 그는 "젊은 사람들은 애 키우고 돈 쓸 데 많으니 일을 더 해야 하는데 정부가 막고 있다"거나 "우리는 좀 더 일해야 되는 나라다. 발전했지만 발전을 지속하려면 일을 하는 게 더 필요하다"는 식의 이야기를 늘어놓았단다.

3권에서도 살펴봤지만 엉덩이 붙이고 열나게 일을 오래 해야 나라가 발전한다는 이 한심한 발상에서 우리는 쌍칠년대를 그리워하는 꼰대의 향기를 맡을 수 있다. 진심으로 권하는데 그 당의 당명을 '자유꼰대당'으로 바꾸는 것이 어떤가?

"주 52시간보다 더 일해야 한다"는 주장이 근로기준법 위반이라는 사실을 말하기에도 지친다. "그런 선진국은 없다"는 황 대표에게 주 50시간을 넘지 않는 프랑스, 독일, 영국의 노동 시간을 알려주는 것도 소용이 없다. 말을 해줘도 알아먹어야 대화를 할 것 아닌가?

문제는 황 대표의 이런 무지함이 단지 노동을 대하는 철학의 차이에서 그치지 않을 것이라는 데 있다. 이런 지도자가 4차 산업혁명 시대에 국가를 이끌면 그 나라가 맞이할 운명은 지옥행 열차뿐이다.

왜 멍청할수록 부지런할까?

흔히 리더의 유형에는 네 가지가 있다고 한다.

① 멍부 : 멍청한데 부지런한 리더.

② 똑부 : 똑똑한데 부지런한 리더.

③ 멍게 : 멍청한데 게으른 리더.

④ 똑게 : 똑똑한데 게으른 리더.

설문조사를 해 보면 이 중 부하직원들로부터 최고의 리더로 꼽히는 이는 단연 ④똑게, 즉 똑똑한데 게으른 리더다. 리더가 똑똑해서 업무 파악도 잘 하고 지시도 정확하다. 그런데 사람은 게을러서 대부분의 일을 적재적소에 배치한 부하들에게 맡긴다. 이게 최고의 리더십이다.

반면 모든 설문에서 최악의 리더로 나오는 유형이 ①멍부, 즉 멍청한데 부지런한 리더다. 멍청하면서 게으르기라도 하면 밑의 사람들이 알아서 문제를 해결하는데, 이런 유형은 멍청한데다 부지런하기까지 해서 새벽부터 출근해 오만 일에 감 놓아라, 배 놓아라 참견을 한다. 이러면 조직이 개판이 된다.

그런데 뇌과학의 분석에 따르면 '멍청한 것'과 '부지런한 것'은 단순히 서로 다른 두 종류의 것이 아니다. 두 성격 사이에는 '부지런하기 때문에 멍청해진다'는 인과관계가 있다.

뇌는 뭔가에 집중할 때에는 에너지를 사용한다. 그런데 놀라운 사실은 아무 일도 하지 않고 멍 때리고 있을 때에도 뇌가 에너지를 사용한다는 점이다. 아무 일도 하지 않는 상태를 전문 용어로 디폴트 모드(Default Mode), 혹은 내정상태라고 부른다. 그런데 이 내정상태에서 뇌는 무언가에 집중할 때보다 오히려 더 많은 에너지를 사용한다.

얼핏 이해가 가지 않는다. 멍 때린다는 것은 뇌가 휴식을 취한다는 뜻일 텐데, 왜 그 시간에도 뇌가 엄청난 에너지를 소모하는 것일까? 그 이유는 멍 때릴 때조차 뇌가 무언가를 쉴 새 없이 하고 있기 때문이다.

뇌를 촬영해보면, 집중을 할 때 움직이는 뇌의 영역과 휴식을 할 때 움직이는 뇌의 영역이 완전히 다르다. 그리고 휴식을 할 때 움직이는 뇌의 영역(전전두엽이나 쐐기앞소엽 등)이 바로 창의성을 관장한다. 논리적 추론, 올바른 의사결정, 미래에 대한 계획, 자기 성찰 등이 이 영역에서 결정된다. 그런데 쉬지 않고 뭔가를 하는 사람은 이쪽 뇌의 기능이 퇴화한다. 한마디로 더럽게 안 창의적인 사람이 된다는 뜻이다.

뇌에 휴식을 주지 않는 대표적 인간 유형이 전직 대통령 이명박이다. "나는 평생 네 시간만 자고 일했다"를 자랑으로 삼는 사람 아닌가? 2018년 특검이 서울 서초구 영포빌딩을 압수수색했을 때, 그 빌딩에서 너무나 많은 증거들이 우르르 쏟아진 사실에 온 국민이 놀랐다. 도대체 그 중요한 범죄의 증거를 왜 거기다 보관했을까?

증거를 잘 감추기 위해서는 논리적 추론 능력, 올바른 의사결정 능력, 미래에 대한 계획 능력이 골고루 발달해야 한다. 그런데 그 능력은 휴식을 해야 발달한다. 평생 하루 네 시간만 자고 일을 하니 뇌의 그런 기능이 퇴화한다. 그러니 증거를 빌딩 안에 고스란히 모셔놓는 아둔한 짓을 하는 거다.

영국의 사회심리학자 그레이엄 왈러스

왈러스의 창의성 4단계 모형

한 걸음 더 나아가보자. 영국의 사회심리학자 그레이엄 왈러스(Graham Wallas, 1858~1932)는 창의성이 발현되는 과정을 네 단계로 정리했다. 이른바 '왈러스의 4단계 모형'이라는 것이다.

첫째 단계는 문제를 마주하는 국면이다. 이를 준비 단계(preparation stage)라고 부른다.

두 번째 단계가 매우 중요하다. 과제를 해결하기 위해 머리를 끙끙 싸매도 해결책이 잘 떠오르지 않는다. 그래서 왈러스는 부화 단계(incubation stage)가 꼭 필요하다고 주장한다.

부화 단계의 핵심은 해결되지 않는 문제를 붙잡고 끙끙대지 말고, 그 문제에서 떨어져 과제를 방치하는 것이다. 이때 중요한 것이 당연히 휴식이다. 잠을 많이 자는 것도 매우 효과적이다.

이 과정을 거치면 마침내 3단계가 온다. 문제를 해결할 아이디어가 떠오르는 발현 단계(illumination stage)다. 아이디어가 어떻게 떠오르느냐? 갑자기 짜잔~ 하고 머리에 떠오른다. 알이 깨지면서 병아리가 나오듯, 번개처럼 해결책이 떠오르는 것이다.

이런 경험은 누구나 있을 것이다. 며칠 동안 끙끙대도 안 풀리던 문제가, 한 잠 푹 자고 운전대를 잡았을 때, 혹은 배부르게 밥을 먹고 화장실에서 배변을 할 때, 섬광처럼 해법이 떠오른 경험 말이다.

이 단계가 가능한 이유는 2단계에서 충분히 쉬었기 때문이다. 몸이 쉬는 동안에도 뇌는 쉬지 않는다. 전전두엽이나 쐐기앞소엽같이 창의성을 담당하는 영역이 활발하게 움직이면서 마침내 해법을 찾는다. 이러면 이제 그 해법이 적절한지를 검증하는 검증 단계(verification stage)로 넘어간다.

역사의 변화는 휴식에서 나왔다

창의성에 관한 한 왈러스의 이론은 진리처럼 받아들여진다. 역사를 살펴봐도 이 이론이 너무 잘 맞아 떨어지기 때문이다.

수많은 천재들이 무언가에 정신없이 몰두하다가 위대한 해법을 찾았을 것 같은가? 천만의 말씀이다. 아무리 몰두해도 해결책이 안 나와서 휴식을 취했을 때, 번개처럼 세상을 바꿀 아이디어가 떠올랐다.

"유레카"를 외쳤던 고대 수학자 아르키메데스

고대 그리스 수학자 아르키메데스(Archimedes)가 왕으로부터 받은 어려운 과제를 해결한 장소는 연구실이 아니라 목욕탕이었다. 따뜻한 물에 몸을 담그고 노곤하게 졸던 아르키메데스 머리에 번쩍 하고 아이디어가 떠오른 것이다. 그래서 그는 알몸으로 튀어나와 "유레카!"를 외쳤다.

위대한 물리학자 아이작 뉴턴(Isaac Newton)이 만유인력의 법칙을 발견한 장소도 사과나무 아래였다. 나무 그늘에서 멍 때리다가 떨어지는 사과를 보고 번개처럼 아이디어가 떠오른 것이다.

알베르트 아인슈타인(Albert Einstein)이 평생 연구실에서 죽도록 연구만 한 것으로 알면 큰 오산이다. 아인슈타인은 연구를 하다가 장애물을 만나면 즉시 바이올린을 들고 보트를 타러 뛰어나갔다. 보트 위에서 바이올린을 연주하며 뇌를 정지시켰다. 음악과 휴식을 통해 뇌의 창의성 영역을 발전시킨 것이다. 그래서 아인슈타인은 "나는 상상력을 자유롭게 이용하는 데 부족함이 없는 예술가다"라고 스스로를 평가했다.

독일의 위대한 철학자인 이마누엘 칸트(Immanuel Kant)는 이명박처럼 새벽 5시에 기상하는 것으로 유명했지만, 낮에는 반드시 3~4시간 동안 휴식하는 것을 철칙으로 여겼다. 그가 평생 지켰던 습관은 오후 세시 반이 되면 하루도 빠짐없이 천천히 산책을 하며 뇌를 정지시키는 것이었다. 이 습관이 얼마나 정확했던지, 이웃 주민들은 칸트가 공원에 등장하면 "지금이 세시 반이네"라며 시계를 맞췄을 정도였다.

실제 2011년 〈뉴스위크〉는 'IQ를 쑥쑥 올리는 생활 속 실천 31가지 요령' 중 하나로 '멍하게 지내라'는 것을 꼽았다. 몰두하지 않는 휴식이야말로 창의성의 첫걸음이라는 뜻이다.

세상은 창의성의 시대로 치닫는데 대한민국에서 차기 대권을 노리는 야당 지도자는 '쉬지 않고 일하기'라는 쌍칠년대 마인드를 자랑하고 다닌다. 도대체 이들은 왜 이러는 것일까? 합리적으로 추론해보자면, 할 줄 아는 게 밤을 새서 법전 암기하는 것뿐이어서 뇌의 창의적 영역이 퇴화됐기 때문이다.

그래서 말인데, 황교안 대표에게는 진심으로 휴식시간이 필요하다. 이분은 제발 아무 것도 하지 말고 멍 때리는 연습부터 좀 하셔야 한다. 그래야 뇌의 창의성이 발전한다. 그러지 않고 계속 "우리는 주 52시간보다 더 일해야 한다"는 황당한 이야기나 떠들고 다니면 나라가 불행해진다. 온 국민 IQ를 떨어뜨릴 심산이 아니라면 제발 대표님. 대표님의 뇌에도 휴식을 주고 창의성이 왜 중요한지를 깨닫기 바랍니다. 이렇게 간청합니다. 제발 좀요!

황교안의 공치사를 용납해서는 안 되는 이유

구성의 오류

2019년 4월 강원도에서 대형 산불이 난 이튿날, '황교안 지킴이 황사모'라는 밴드의 대표 김형남 씨가 트위터에 이런 글을 올렸다고 한다.

"다행히 황교안 대표님께서 아침 일찍 가장 먼저 현장에 달려가셔서 산불 현장 점검도 하고 이재민 위로도 하고 산불 지도를 하신 덕분에 속초, 고성은 아침에 주불은 진화가 되었습니다."

황교안 자유한국당 대표가 산불 지도를 해서 산불이 꺼졌단다. 황 대표가 뭘 했다고 산불이 꺼졌단 말인가? 설마 산불이 "야, 황교안 나타났으니 우리가 꺼져주자" 뭐 이랬다는 이야기인가?

하도 어이가 없어서 대꾸도 안 하려고 했는데, 안타깝게도 경제학은 이런 자화자찬을 절대 그냥 놔둬서는 안 된다고 가르친다. 우리가 황교안 무리의 이런 헛소리를 용서해서는 안 되는 이유가 있다는 이야기다.

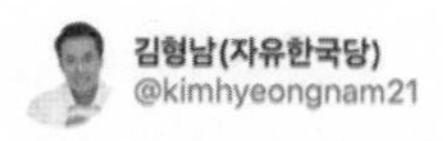

다행히 황교안 대표님께서 아침 일찍 가장 먼저 현장에 달려가셔서 산불현장 점검도 하고 이재민 위로도 하고 산불지도를 하신 덕분에 속초고성은 아침에 주불은 진화가 되었습니다.

문재인 대통령님, 꼰대처럼 뒷짐지고 뭐하나요? 이 급박한 최악의 국가적인 재난상황에 뒷짐지고 한가하게 훈계나 할 때입니까!
황교안 차기대통령께서는 지금 산불현장에서 동분서주 발로 뛰고 계십니다!

구성의 오류와 새치기

경제학에는 구성의 오류(Fallacy of Composition)라는 개념이 있다. 사회를 구성하는 개인들은 자신에게 가장 유리한 선택을 했는데, 사회 전체로 보면 그게 큰 해악이 되는 경우를 말한다.

위대한 경제학자 존 메이너드 케인스(John Maynard Keynes)가 언급한 '절약의 역설'이 이런 구성의 오류에 해당한다. 경기가 안 좋을 때 많은 사람들이 미래에 대한 불안을 느껴 허리띠를 더 졸라매고 저축을 한다. 이는 그 개인이 할 수 있는 매우 합리적인 선택이다.

하지만 모든 국민이 다 허리띠를 졸라매고 저축을 한다고 생각을 해보라. 안 그래도 경기가 좋지 않은 판에 사람들이 지갑을 닫아버리면, 소비가 줄어 경기가 더 나빠진다. 케인스는 이를 '절약의 역설'이라고 부른다. 일본이 겪은 '잃어버린 20년'의 한 원인이 바로 이 절약의 역설이다.

다른 예가 있다. 공연장에서 나 하나 더 잘 보겠다고 벌떡 일어서면 어떻게 될까? 벌떡 일어서는 것은 개인의 입장에서는 매우 합리적인 선택이다. 하지만 그 사람 때문에 뒷사람의 시야가 가려지고, 뒷사람도 공연을 보기 위해 일어서야 한다. 그 뒷사람의 뒷사람도 또 일어서야 한다. 이것 역시 개인의 합리적 선택이 사회 전체의 질서를 파괴하는 구성의 오류에 해당한다.

경제학에서 구성의 오류를 설명할 때 자주 사용하는 예가 새치기다. 새치기를 한 사람은 시간을 절약하기 위한 합리적 선택을 했을지 몰라도, 그 피해는 뒤에 줄을 선 모든 이들에게 돌아간다.

너도나도 새치기를 시작하면 줄은 개판이 된다. 그래서 경제학은 구성의 오류를 막기 위해 개인의 새치기를 대중의 힘으로 제어해야 한다고 가르친다. 새치기를 하는 사람이 있으면 뒤에서 "당신 지금 뭐 하는 거요? 당장 나와요!"라고 질타해야 한다는 이야기다.

문제는 사람 사는 세상에서 새치기 좀 했다고 대놓고 얼굴 붉히기가 쉽지 않다는 데 있다. 한국보다도 훨씬 더 새치기에 냉정할 것 같은 서양에서조차 막상 새치기를 당하면 참고 넘어가는 경우가 많다.

심리학자 스탠리 밀그램(Stanley Milgram)이 1980년대 미국 뉴욕에서 새치기에 관한 실험을 한 적이 있었다. 밀그램은 아르바이트를 고용해 이들에게 뉴욕 시내의 129개 줄에 새치기를 하도록 지시했다.

이들은 미리 약속한대로 앞에서 세 번째와 네 번째 사람 사이에 새치기로 끼어들었다. 이들은 끼어들면서 "실례합니다, 저 여기에 좀 들어가겠습니다"라며 점잖게 한 마디를 던졌을 뿐이었다.

이처럼 점잖게 새치기를 할 경우 몇 %나 제지를 받았을까? 놀랍게도 고작 10%만이 뒷사람들에게 항의를 받았다. 줄 세 번째와 네 번째 사이에 끼어들었다면 매우 꼴보기 싫은 새치기에 해당한다. 그런데 그런 일을 겪고도 뉴욕 시민 중 90%는 그 반칙을 용인했다.

두 번째 실험 결과는 더 놀랍다. 이번 실험에서는 아르바이트 두 명이 동시에 투입됐다. 한 명은 미리 줄을 서 있었고, 다른 한 명은 바로 그 앞자리에 새치기를 감행했다. 당연히 새치기를 당한 아르바이트 실험자는 미리 약속한 대로 전혀 항의를 하지 않았다.

새치기를 직접 당한 사람이 항의하지 않았을 때, 그 뒤에 줄을 섰던 뉴욕 시민들 중 몇 %가 새치기를 제지했을까? 이번에는 항의를 하는 사람의 비율이 5%까지 떨어졌다.

왜 이런 일이 벌어졌을까? 밀그램은 이를 밴드왜건(band wagon) 효과라는 경제학 이론으로 설명한다. 밴드왜건 효과란 '남이 하니까 무의식 중에 따라하는 심리'를 뜻한다.

악단(밴드왜건)이 길거리를 돌아다니며 연주를 하면 사람들이 그 뒤를 졸졸 따라다닌다. 그런데 그들 중에는 이 행렬이 뭐 하는 곳인지조차 모르고, 남들이 따라가니 덩달아 그 행렬에 가담하는 사람들이 꽤 있다. 사람에게는 '남들이 하면 나도 왠지 그렇게 해야 될 것 같아'라는 심리가 있는 법이다.

두 번째 실험에서 새치기의 제지율이 5%까지 떨어진 이유가 그것이다. 새치기를 당한 사람이 가만히 있으니, 그 뒷사람도 무의식 중에 새치기를 용인한다.

이 실험의 교훈은 두 가지다. 첫째, 우리 사회는 예상 외로 새치기에 매우 관대하다. 둘째, 한 사람이 침묵하면 다른 사람도 따라서 침묵한다. 침묵은 전염병처럼 번져 새치기가 더 용인되는 문화가 형성된다.

정치인의 새치기를 막아야 하는 이유

"황교안 대표가 산불을 진화했다"는 주장은 정치인의 전형적인 새치기다. 산불을 진화한 공로는 누구보다도 현장에서 몸을 던져 진화작업에 나선 소방공무원들에게 돌아가야 한다. 그래서 당시 정의당 이정미 의원이 소방관들의 사진과 함께 SNS에 올린 이 일침의 글은 매우 적절했다.

"이분들 사진보고 반성 좀 합시다. 제발. 국회가 재난현장을 가서 지원해야 할 일이 무엇인지 살피는 일은 필요합니다. 보도사진에 노출되어 피해자분들께 아, 우리가 외롭지 않구나, 권력기관들이 힘을 모아 함께 도와주겠구나, 그런 신호를 주는 것도 분명 의미 있습니다. 거기까지입니다. 어서 돌아와서 묵묵히 해야 할 일, 도와야 할 일들을 챙기는 게 급선무입니다.

그런데 대표가 내려가서 불길을 잡았다느니, 불이 번지는 걸 막기 위해 38선을 사이에 둔 북한에게 알리라고 한 걸 빨갱이 맞다느니, 불 끄는 게 급하냐, 내 말에 답부터 하라고 재난을 지휘할 공무원들 붙들어 매고 갑질 하는 일 같은.

정말 같은 국회의원으로서, 정당 대표로서 국민들한테 부끄럽고 죄송스러운 민폐는 그만 끼칩시다. 그리고 이럴 때만 재난현장 가서 브리핑 받지 말고 제발, 소방공무원들 처우개선하고 인력 늘리자는 거 반대 좀 하지 마세요."

정치인들이 자화자찬을 통해 자신의 이름을 한 번이라도 더 알리고 싶은 욕구가 있다는 사실을 잘 안다. 그건 그들의 이해관계에 잘 맞는 행위다. 하지만 이런 새치기를 묵과하면 사회 전체의 질서가 엉망이 된다. 구성의 오류가 나타나는 것이다.

소방방재청 해체 중단과 소방공무원 국가직 단일화를 촉구하는 1인시위

생각해보라. 황교안 대표의 새치기가 먹혀서, 국회의원 300명이 산불이 나자마자 숟가락 얹기 위해 서울-양양 고속도로를 달려간다면 어떤 일이 벌어지겠나? 그 도로는 소방차가 질주해야 하는 도로란 말이다!

그래서 정치인의 자화자찬, 숟가락 얹기를 묵과해서는 안 된다. 안타깝게도 우리 사회는 그런 새치기에 매우 관대하다. 정치인들의 자화자찬도 "원래 정치인이 그렇지 뭐"하고 대수롭지 않게 넘어가는 경우가 많다.

그래서는 안 된다. 이런 관용이 전염병처럼 번지면, 정작 용감하게 불을 끈 소방공무원들의 공로는 뒷전으로 밀려난다. 이건 절대 과장이 아니다. 공연장에서 한 명이 벌떡 일어나는 거? 그거 용인하면 공연장이 엉망진창이 되는 거다.

황교안 무리의 되지도 않는 공치사에 대해 우리가 "당신 지금 뭐 하는 거요? 소방공무원들이 받아야 할 칭송을 가로채지 마시오!"라고 강력히 응징해야 하는 이유가 여기에 있다.

황교안 대표는 왜 그렇게 불안했을까?

분업과 노동의 본질

2019년 11월, 단식을 시작한 지 장장 8일(응?)만에 자유한국당 황교안 대표가 단식을 중단했다. 명분도, 절박함도 없었던 제1 야당 대표의 단식은 이렇게 역대급 해프닝으로 마무리됐다.

그런데 이 과정에서 짚고 넘어가야 할 것이 있다. 자유한국당의 '단식 투쟁 천막 근무자 배정표' 이야기다. 일정표에 당 소속 직원들이 매일 주야간 2교대 보초를 섰단다. 매일 12시간의 강도 높은 노동인데, 이 노동에 참여한 이들 중에는 임산부 세 명도 포함됐다. 표 하단에는 굵은 글씨로 '당 대표님 지시사항임'이라는 문구가 선명히 적혔다.

이들은 매 30분마다 황 대표의 건강상태를 점검하고 황 대표가 잠이 들면 방해를 받지 않도록 주변 소음을 제어했다. 황 대표가 일어날 시간인 새벽 3시 30분쯤에는 근무를 한층 강화했다. 자유한국당 측은 "배정표와 수칙에 맞게 일을 하지 않는 직원에게 불이익을 주겠다"는 위협도 날렸다고 한다.

이 긴 이야기를 한 문장으로 요약하자면 "황 대표는 불안하다"는 것이다. 얼마나 불

단식 투쟁 천막 근무자 배정표 (1차)
(11.20-11.28)

19. 11. 20(수). 18:00 現在

■ 천막 근무자 배정표
- 장 소 : 국회 본관 앞

일 시	주 간 (08:00 - 20:00)			야 간 (20:00 - 익일 08:00)		
11.20(수)	총무국	허	혁 애	총무국	김	혁
11.21(목)	후원회TF, 청년국 조직국, 원내행정국	[illegible]	영 성	조직국, 홍보국 미디어국, 원내행정국		[illegible]
11.22(금)	직능국, 후원회TF 정책위, 여성국		진 계	원내행정국, 여론조사실 조직국, 미디어국	[illegible]	[illegible]
11.23(토)	정책위, 당무감사실 원내행정국, 직능국	[illegible]	교 [illegible]	조직국, 원내행정국 후원회TF, 여성국	[illegible]	정 경
11.24(일)	당무감사실, 청년국 정책국, 국제국	은 동	[illegible]	청년국, 홍보국 국제국, 정책국	[illegible]	진 진
11.25(월)	정책국, 홍보국 국제국	주 [illegible]	[illegible] 수	기획조정국 연구지원실, 조직국	[illegible]	호 주
11.26(화)	조직국, 홍보국 정책위		[illegible]	정책위, 기획조정국 정책국, 조직국	[illegible]	국 미
11.27(수)	여성국, 홍보국 여론조사실, 기획조정국	[illegible]	[illegible]	미디어국, 정책국 정책위, 국민소통센터	[illegible]	욱 현
11.28(목)	정책위, 홍보국 조직국, 국민소통센터	[illegible]	숙 [illegible]	국제국, 기획조정국 여론조사실, 원내행정국	오 이	[illegible] 희

※ 당대표님 지시사항임

자유한국당 투쟁 천막 근무자 배정표 ⓒ이재정 의원 페이스북

안하면 매 30분마다 자기 건강을 체크하고, 얼마나 불안하면 새벽에 일어날 때 누군가가 꼭 옆에서 수발을 들어야 할까? 평생 의전을 옆에 끼고 살았던 황 대표는 누군가 자신을 돌봐주지 않으면 극도로 불안하다. 근무표에 '당 대표님 지시사항임'이라는 글자가 선명히 적혀 있는 이유다.

분업, 인간을 불안으로 내몰다

돌봄 노동이 제공되지 않을 때 불안을 느끼는 심리는 자본주의 사회에서 구조적인 문제다. 누구나 조금씩 그 불안을 느낀다. 왜냐하면 동물과 달리 사람은 생존에 필요한 대부분의 일을 분업에 맡기기 때문이다.

분업은 자본주의의 생산성을 비약적으로 높인 일등 공신이다. 경제학의 아버지 애덤 스미스(Adam Smith, 1729~1790)는 그 유명한 '핀 공장 실험'으로 분업의 효율성을 입증했다.

스미스는 핀을 만드는 공장에서 분업을 도입했다. 종전에는 철사를 나르고, 끝을 뾰족하게 갈고, 그것을 구부리고 두드리는 일을 모두 한 사람의 노동자가 담당했다. 당시만 해도 공장에서 노동자 한 명이 만드는 핀의 개수가 스무 개 남짓이었다.

스미스는 이 공장의 제조 단계를 스무 개로 나눈 뒤 한 노동자는 오로지 핀을 나르기만 하고, 다른 노동자는 오로지 핀을 구부리기만 하는 식으로 분업을 도입했다. 그 결과 노동자 한 명 당 생산량이 무려 4,800개로 늘어났다. 분업의 도입으로 효율성이 수백 배나 좋아진 것이다.

이후 자본주의 사회에서 분업은 놀라울 정도로 확산됐다. 공장 안에서 뿐 아니라 사회 전체적으로도 각자에게 일을 나눠 맡기는 것이 보편화됐다. 이런 시스템 탓에 사람들은 오로지 자신의 분야 일만 숙지하는 '부품 같은 존재'로 변해버렸다. 예를 들어 나는 글을 쓰는 일을 주로 하지만, 밥은 주로 식당에서 먹고, 이동은 주로 남이 운전해주는 대중교통을 이용한다.

그런데 이런 시스템에는 매우 큰 약점이 존재한다. 분업에 의지하다보니 한 개인이 자신의 생존에 필요한 대부분의 노동을 제대로 이해하지 못하게 된다는 점이다.

노동자가 혼자서 공장에서 핀을 만들면, 그는 핀을 만드는 전체 과정을 분명히 이해할 수 있다. 하지만 철사를 구부리는 일만 맡은 노동자는 자신이 핀을 만드는 과정에 참여하고서도, 핀이 어떻게 만들어지는지 모른다. 아니, 심지어 어떨 때에는 자기가 만드는 것이 핀인지조차 모를 때도 있다.

사회 전체적으로 봐도 마찬가지다. 누군가가 나 대신 나의 생존을 위한 다양한 일을 해주기 때문에 나는 내가 살아가는 데 무엇이 꼭 필요한 일인지를 잊어먹고 산다. 예를 들어 나만 해도 누군가가 배설물이 쌓인 우리집 정화조를 정기적으로 치워준다는 사실을 20대가 돼서야 알았다. 그것을 누가 치워주지 않는다면 나는 배변도 제대로 하지 못할 위기에 처할 텐데, 그 사실을 나는 몰랐다.

별생각 없이 누군가가 지어준 집에서 살다보니 집을 짓는 일이 얼마나 위험한 일인지도 몰랐다. 매년 건설 현장에서 수백 명의 노동자가 목숨을 잃는다는 사실을 안 것도 20대 후반의 일이었다. 아이들이 학교에서 급식을 먹는 것을 너무나 당연히 생각하지만, 그 급식에 하루 200인분의 밥을 지어야 하는 비정규직 노동자들의 삶이 묻어 있다는 사실은 잘 알지 못한다.

분업이 유발하는 가장 큰 문제가 이것이다. 생존에 필요한 일을 다른 이들에게 맡기는 바람에 사람의 완성도가 떨어지는 것이다. 살아가는 데 무엇이 필요하고, 무엇이 소중한지에 대한 인식 자체가 부족해진다. 칼 마르크스(Karl H. Marx, 1818~1883)는 분업으로 인해 인간의 완성도가 떨어지는 현상을 '인간소외'라고 불렀다.

이는 마르크스만의 걱정이 아니었다. 분업의 효율성을 역설했던 주류경제학의 아버지 애덤 스미스조차 「국부론」에 이런 말을 남겼을 정도다.

분업을 하면 노동으로 생활하는 사람들의 거의 대부분, 즉 국민 대부분의 직업이 한 두 가지의 매우 단순한 작업에 한정된다. 이런 사람들은 어려움을 없애기 위한 방법을 찾아내는 데 자신의 이해력을 발휘하거나 창의력을 발휘할 필요가 없다.

그래서 그는 자연히, 그런 노력의 습관을 잃어버리고, 일반적으로 인간으로서 최대한으로 어리석고 무지해진다. 정신의 활력을 잃음으로써, 그는 어떤 이성적인 대화를 즐길 수도, 거기에 참여할 수도 없을 뿐 아니라, 너그러움, 고귀함, 또는 부드러운 감정도 가질 수 없고, 그로 인해 사생활의 일반적인 의무에 대해서도 대부분 아무것도 정당한 판단을 내릴 수 없게 된다.

자기 나라의 중대하고 광범한 이해에 대해 그는 전혀 판단을 내릴 수가 없으며, 자신이 그렇게 되지 않도록 하기 위해 매우 특별한 노력이 이루어지지 않는 한, 그는 전쟁이 일어나도 자신의 나라를 방위할 수조차 없다.

몸의 활력조차 부패시켜, 지금까지 교육받은 일 외에는 어떤 일에도 정신적으로 참을성 있게 자신의 체력을 사용할 수 없게 만들어 버린다. 이것이 바로, 정부가 그것을 방지하기 위해 어느 정도 노력하지 않는 한, 개량되고 문명화한 모든 사회에서 노동 빈민, 즉 국민의 대부분이 필연적으로 빠지게 되는 상태이다.

타인에 대한 이해의 부족과 불안

실로 놀라운 통찰이다. 나이 든 부부가 싸움을 할 때 나오는 말들을 보라. 그 싸움은 백발백중 상대의 노동을 이해하지 못하기 때문에 시작된다.

남편은 "내가 돈 벌어오는 기계야?"라고 소리를 치고, 아내는 "내가 밥 짓는 기계야?"라고 소리를 친다. 이게 상대의 노동을 당연히 여기고, 내 노동만 이해하기 때문에 벌어지는 현상이다. 타인의 노동을 이해하지 못하면 그 노동이 나의 생존에 얼마나 필요한지 이해를 못한다. 그러니 상대를 무시하고 자기중심적인 세계관이 형성된다.

그런데 이런 생활이 익숙해지다 보면, 언젠가 불안이 엄습해 온다. "나는 한 번도 부엌에 들어간 적이 없다"며 큰소리를 빵빵 친 자유한국당 홍준표 전 대표 같은 사람이 백발백중 겪게 될 이야기다. 홍준표 씨, 잘 들으세요. 지금 댁 이야기 하는 겁니다!

이런 사람은 나중에 누군가가 자기를 위해 밥을 지어주지 못할 상황이 되면 극도로 불안해진다. 왜냐고? 평생 밥공기 안에 따뜻한 흰 쌀밥이 지어진 모습만 봤지, 그게 전기밥솥에서 어떻게 조리가 되는지 본 적이 없기 때문이다.

이런 사람은 변기가 막혀도 어떻게 뚫는지를 몰라 배변도 못한다. 빨래가 쌓여도 세탁기의 어떤 버튼을 눌러야 하는지도 모른다. 그래서 홍준표 같은 사람은 나이가 들면 배우자 손을 꼭 붙잡고 "여보, 제발 나보다 먼저 죽으면 안 돼"라며 애처롭게 호소한다. 그 말을 듣고 감동한 아내가 "이제 나에 대한 애정이 좀 느껴져요?"라고 살갑게 물으면 돌아오는 대답은 하나다.

"아니, 당신이 먼저 죽으면 내 밥은 누가 해 주냐고!"

스미스의 이야기를 다시 곱씹어보자. 스미스는 250년 뒤 황교안 대표의 단식을 하면서 느낀 불안을 정확히 짚어냈다.

분업화된 사회에서 다른 노동의 습관을 잃어버린 그는 스미스의 표현처럼 최대한 어리석고 무식해진 거다. "사생활의 일반적인 의무에 대해 아무것도 정당한 판단을 내릴 수 없어서" 극도로 불안하고 초조한 것이다. "교육받은 일 외에는 어떤 일에도 정

2019년 11월 23일 자유한국당 황교안 대표가 청와대 앞에서 단식 농성을 하는 모습

신적으로 참을성 있게 자신의 체력을 사용할 수 없는 상태"가 된 황 대표는 사법고시 공부 외에 다른 어떤 일에도 인내력을 발휘하지 못한다. 그래서 30분마다 누군가 자기의 건강을 체크해주지 않으면 불안과 걱정으로 인내력이 고갈된다.

어떻게 이런 일을 막을 수 있을까? 스미스는 "자신이 그렇게 되지 않도록 하기 위해 매우 특별한 노력이 이루어져야" 이런 사태를 막을 수 있다고 했다. 즉 인간으로서 완성도를 높이기 위한 가장 기초적인 방법은 상대의 노동을 존중하며 살아가는 것이다.

비록 내가 직접 그 일을 하지는 않지만 누군가가 나를 위해 물건을 배달해주면 그것에 감사하고, 누군가가 나를 병실에서 돌봐주면 그것에 고마워한다. 이런 특별한 노력을 기울인 사람들은 타인의 노동에 대한 이해도가 깊어 인간적 완성도도 자연히 높아진다.

반면 돌봄 노동을 '돈만 내면 얼마든지 얻을 수 있는 것'이라고 착각하는 자들은 황교안 대표처럼 누가 옆에서 돌봐주지 않으면 30분마다 불안해진다. 이런 사람은 무인도에 떨어지면 굶어죽는 게 아니라 불안해서 죽는다.

그래서 이런 사람은 정치를 하면 안 된다. 정치는 분업화된 한 가지 일을 하는 직업이 아니라 수백만 가지 다양한 일에 종사하는 민중들을 종합적으로 대변하는 직업이기 때문이다. 30분마다 돌봐주지 않으면 8일짜리 단식도 못 견디는 사람이, 자기 불안을 해소하기 위해 임산부 노동자를 12시간 야간 노동으로 내모는 사람이, 어떻게 수백만 가지 노동을 이해한다는 말인가?

부디 노동의 의미를 이해하고 인간으로서 완성도가 좀 더 높은 사람들이 정치를 하기를 간절히 바란다. 돌봄 노동을 이해하지 못하는 자, 정치를 할 자격이 없다는 이야기다.

멍청했던
자유한국당의 필리버스터

진정성 마케팅

장담하는데 노벨멍청상 같은 게 있다면 2019년 수상자는 단연 자유한국당이다. 삭발-단식-필리버스터 같은 훌륭한 투쟁 수단을 3연속 콤보로 말아먹기가 쉬운 일인가?

삭발은 탈모 논란으로 말아먹지, 단식은 황제 단식과 갑질 단식 논란으로 말아먹지, 게다가 필리버스터는 웃긴 마케팅 전략으로 말아먹지, 이게 말처럼 쉬운 일이 절대 아니다. 망하려고 작정한 정당이 아니고서야!

최근 10년 사이 경영학 마케팅 분야에서 떠오른 중요한 화두는 '진정성'이다. 제임스 길모어(James H. Gilmore)와 조지프 파인 2세(Joseph Pine II) 등 두 경영학자가 「진정성의 힘 : 소비자들이 진정으로 원하는 것은 무엇인가」라는 책을 출간한 이후 두드러진 현상이다.

진정성 마케팅은 "더 이상 소비자들은 브랜드를 소비하지 않는다. 진정성을 소비한다"는 전제로부터 출발한다. 온라인이 발전하면서 광고가 소비에 지대한 영향을 미치는 시대는 막을 내렸다. 아무리 광고를 그럴싸하게 해도 사람들은 5분 만에 그 제품의 진짜 품질을 파악한다. 과장광고로 소비자를 속이고 등쳐먹는 시대는 끝났다는 이야기다.

그래서 길모어는 말한다. "소비자는 고품질과 적정한 가격, 즉시 이용할 수 있는 서비스를 넘어 진짜 음식을 먹고, 진짜 이웃을 만나며, 진짜 차를 타고, 진짜 장소에 가서, 진짜 경험을 하기를 원한다"라고 말이다.

정치도 마찬가지다. 요즘 같은 시대에 필요한 정치적 기술은 단연 진정성이다. "나를 뽑으면 지역개발 왕창 해 줄게요" 같은 허위 공약은 유권자에게 금방 들통이 난다. 유권자는 말을 그럴싸하게 하는 사람이 아니라 진짜 나를 위하고, 진짜 절박하게 정치를 하며, 진짜 민중 속에서 몸을 부대끼는 진정성 있는 정치를 소비하려 한다.

진정성 마케팅의 사례

진정성 마케팅으로 성공을 거둔 대표적 사례는 2000년 로레알에 인수된 미국 화장품 브랜드 키엘(Kiehl)이다. 키엘은 "우리 제품 바르면 피부가 열 살은 젊어져요" 식의 허위광고가 아니라 초심과 천연성분이라는 두 가지 키워드로 승부를 걸었다.

이들은 1851년 뉴욕의 작은 약국에서 출발한 자신들의 역사를 강조한다. 화려한 용기 대신 수수한 용기에 화장품을 담는다. 수수한 용기가 천연재료라는 진정성을 표현하기에 더 적절하기 때문이다. 용기에는 화장품에 사용된 천연재료의 이름과 기능이 빼곡히 적혀 있다. 마치 제약설명서를 보는 기분이 들 정도다. 이런 진정성 마케팅 덕에 키엘은 로레알에 인수된 이후 10년 만에 매출을 5배 이상 늘렸다.

영국의 화장품 업체 러쉬(Lush)도 진정성 마케팅으로 성공한 기업이다. 이들은 매장을 아예 식료품 상점처럼 꾸몄다. 소비자가 야채가게에서 싱싱한 야채를 직접 고르

듯, 매장에서 화장품을 만져보고, 발라보고, 향기를 맡아볼 수 있게 한 것이다.

천연재료를 강조하기 위해 비누 안에 말린 살구, 건포도, 팥 알갱이 등을 그대로 넣었다. 솔직히 비누 안에 말린 살구가 들어있으면 사용하기 불편할 것 같은데, 사람들은 이 비누에 열광했다. 이들의 비누에는 '자연 그대로의 무엇'이라는 느낌이 있었기 때문이다.

비누 판매도 포장 단위로 하는 것이 아니라 커다란 비누 덩어리에서 소비자가 필요한 만큼을 잘라서 사도록 했다. 이러면 소비자들은 공산품을 사는 게 아니라 시골 농장에서 나를 위해 막 만든 치즈나, 막 도축된 돼지고기를 잘라서 사는 기분이 든다. 이런 마케팅 덕에 이 회사의 매출도 2002년부터 2011년까지 9배 가까이 성장했다.

2012년 LG경제연구원에서 발간한 「현명해진 소비자 : '진정성'에 주목한다」 보고서에는 이런 사례도 나와 있다. 2008년 문을 연 서울의 한 병원은 "의료란 인간이 인간을 위해 해줄 수 있는 무엇이다"라는 기치로 환자 한 명당 최소 30분 이상 진료를 했다는 것이다. 이 병원은 하루 환자 숫자를 최대 20명으로 제한했다고 한다.

환자는 편안한 소파에 앉고 의사는 그 옆 조그만 의자에 앉아 환자의 이야기를 듣는다. 어린이를 위한 곰 인형 청진기도 개발했다. 아이가 곰 인형을 껴안으면 속에 감춰진 무선 청진기로 숨소리를 듣는 것이다. 환자를 진심으로 위한다는 이미지가 물씬 풍겨나는 마케팅 전략이다.

연기를 못해도 이렇게 못해서야

길모어와 파인은 "기업은 진정성을 가져야 한다"라고 주장하는 하는 게 아니다. 말이야 바른 말이지, 이윤에 목숨을 건 기업에 진정성이 있으면 얼마나 있겠나? 자본의

2019년 12월 23일 국회 본회의에 선거법 개정안이 상정되면서 자유한국당의 필리버스터가시작되는 모습

관심은 오로지 물건 많이 팔아서 돈을 더 많이 버는 것일 뿐이다.

다만 길모어와 파인은 "소비자들이 진정성에 큰 가치를 두기 때문에 기업이 진정성을 잘 연출해야 한다"고 주장한다. 즉 물건 많이 팔고 싶으면 진실한 척 연기를 좀 잘해야 한다는 이야기다.

그런데 자유한국당의 필리버스터는 어떤가? 필리버스터가 유권자들에게 주는 가치는 단순히 법안 통과를 막는 것에만 있는 게 아니다. 필리버스터의 핵심은 진정성이다. 국회의원이 신념을 지키기 위해 단상 위에 서서, 대소변 참아가며 몇 시간을 버티는 그 절박한 모습을 국민들이 보고 싶어 한다는 이야기다.

그런데 노벨멍청상 후보 자격이 충분한 자유한국당은 "소속 의원들이 네 시간마다 교대해서 필리버스터를 한다"고 발표를 해버렸다. '네 시간마다 교대'가 들어가는 순간 이 필리버스터는 망한 거다!

유권자는 고통을 참아가며 절절하게 열변을 토하는 진정성을 소비하고 싶은데 이 자들은 시작도 하기 전에 "네 시간 넘어가면 너무 피곤하니까 우리 그때마다 교대하자고." 이러고 앉아있다. 그걸 보고 누가 감동할 것 같은가?

2010년 미국의 버니 샌더스(Bernie Sanders) 무소속 상원의원은 민주당과 공화당 양당의 부자 감세안 통과 시도에 반발해 무려 8시간 37분 동안 필리버스터를 했다. 이 장면이 전국에 중계되면서 무명의 샌더스는 일약 전국적인 정치인으로 떠올랐다.

왜 미국 민중들이 이 필리버스터에 열광했을까? 나이 일흔의 노장이 눈 하나 깜짝하지 않고 8시간 37분을 버티면서 사자후를 토하는 그 절박함, 그 진정성에 열광을 했던 거다. 노장의 분투를 보다 못한 두 명의 민주당 의원이 일부러 샌더스에게 질문을 던졌다. "샌더스 형님. 피곤하실 텐데 우리가 질문하는 동안 화장실이라도 잠깐 다녀오세요"라는 취지였다고 한다. 하지만 샌더스는 눈 하나 꿈쩍하지 않고 단상을 지켰다.

2016년 우리나라에서 벌어진 민주당의 필리버스터 때도 국민들이 가장 큰 감동을 받았던 장면은 12시간 31분 최장시간 기록을 경신한 이종걸 의원의 필리버스터가 아니었다. 젊었을 때 혹독한 고문을 당했던 은수미 의원이 툭 치면 쓰러질 것 같은 가냘픈 몸으로 10시간 18분 동안 열변을 토하는 그 모습에 열광을 한다. 이게 바로 진정성을 소비하고 싶은 국민들의 욕구다.

그런데 자유한국당 의원들은 시작도 하기 전에 "우리 많이 피곤할 것 같으니까 네 시간마다 교대하자고." 이러고 있다. 진정성이라고는 정말 단 1도 느껴지지 않는 정치 행위다.

2016년 2월 24일 은수미 의원이 필리버스터를 마친 뒤 동료 의원들의 격려를 받는 모습

그래서 제발 뭘 하려면 경영학 교수한테 5분이라도 자문을 좀 들어라. 그 정도 성의도 없으면서 무슨 제1야당을 한단 말인가? 하긴 그게 될 실력이면 이 처지가 되지도 않았을 것이다. 한편으로는 웃기기도 하면서, 한편으로는 계속 그렇게 한심했으면 싶기도 하고, 자유한국당이라는 정당이 기분을 참 알쏭달쏭하게 만든다.

II부

선거, 정치, 외교

돈을 가진 자,
정치를 지배한다

깅리치 혁명과 황금 후원자 군단

20년 전쯤, 알고 지내던 선배의 부친이 지방선거 기초자치단체장에 출마한 일이 있었다. 그 선배의 부친은 이미 두 차례 선거에서 낙선한 경험이 있었는데, 내가 보기에도 두 번 모두 너무 아슬아슬하게 떨어져서 안타까울 지경이었다.

그 선배는 "이번이 마지막이야. 이번에 또 떨어지면 우리 집은 망해"라며 비장한 표정으로 휴가를 내고 부친의 선거를 도우러 나섰다. 그 선배 집안은 그쪽 지방에서 오래된 지역유지로 살면서 재력도 상당하다고 들었다. 그런데도 "우리 집은 망해"라며 엄살을 떨기에 나는 선배에게 "선거에 그렇게 돈이 많이 들어요?"라고 물었다. 그때 선배의 답이 무척 인상 깊었다.

"야, 진짜 무서운 게 뭔지 알아? 돈을 썼는데 효과가 별로 없으면 그건 하나도 안 무서워. 왜냐고? 그러면 돈을 안 쓰면 되거든. 그런데 진짜 무서운 건, 돈을 쓰면 효과가 눈에 보인다는 거야. 투자하는 만큼 표가 움직이는 게 진짜로 보인다고. 그래서 선거 막판이 되면 전재산을 걸어서라도 이기고 싶어지는 게 선거야."

물론 이 이야기는 1998년, 즉 22년 전 이야기니 지금과는 상황이 많이 다를 것이다. 이후 선거제도가 엄격해져서 요즘은 그렇게까지 돈이 많이 안 든다는 이야기도 들린다. 하지만 그때는 그랬다. 후보자들이 진짜로 두려웠던 것은, 돈을 쓰면 효과가 분명하다는 점이었다. 효과가 분명한데 어찌 돈을 안 쓰고 버티겠는가?

한계생산성 체감의 법칙

경제학에는 한계생산성 체감의 법칙(The Law of Diminishing Marginal Product)이라는 법칙이 있다. 사전적 의미는 이렇다.

> 여러 가지 생산요소 중에서 여타 생산요소들의 투입량은 고정시켜둔 채 하나의 생산요소만이 한 단위씩 증가할 때마다 생산량이 증가한다면 그 생산요소의 증가분으로 인한 생산물의 증가분을 그 생산요소의 한계생산성(Marginal Productivity)이라 한다.
> 일반적으로 다른 생산요소는 불변으로 하고 한 요소만이 가변적일 때 그 요소의 한계생산성은 초기에는 증가하다가 어느 수준을 지나면 차차 감소하게 되는 경향을 보인다.

이렇게 어렵게 적으면 무슨 말인지 당최 이해할 수가 없으니(이게 경제학자들의 몹쓸 습관이기도 하다) 쉽게 예를 들어보자.

연필 공장에서 하루에 연필을 10자루 만든다고 치자. 이 공장에는 노동자 한 명이 일하고 있다. 그런데 연필이 잘 팔려서 공장에서 노동자 숫자를 두 명으로 늘리기로 했다. 이때 두 명의 노동자가 만든 연필의 숫자가 20자루면 계산이 쉽다. 한 사람이었을 때 10자루, 두 사람이면 20자루다. 노동자 한 명 당 10자루의 연필을 만든다는 계산이 나온다.

그런데 노동자를 두 명으로 늘렸더니 생산되는 연필이 20자루가 아니라 25자루가 됐다면 어떨까? 와, 이건 무척 신이 나는 일이다. 애초에는 한 명을 더 투입하면 10자루만 더 생산될 것이라고 기대했는데, 생산량이 예상보다 5자루나 더 늘어난 거다.

왜 이런 일이 생길까? 노동자가 두 명으로 늘어나면 분업이 이뤄져 효율성이 높아지기 때문이다. 이런 경우를 "한계생산성이 좋아졌다"라고 표현한다.

그렇다면 무작정 노동자 숫자를 늘리는 게 좋은 걸까? 그렇지 않다. 노동자 숫자를 늘렸는데 되레 효율성이 떨어지는 일이 언젠가 생긴다. 연필공장 사장님이 욕심을 부려 노동자 숫자만 열 명으로 늘렸다고 치자. 그때부터는 노동자를 관리하는 비용이 들기 시작한다. 늘어난 노동자들끼리 손발이 안 맞아서 다툼도 생긴다. 노동자 숫자는 늘었는데 공장은 옛날처럼 좁아터져서 일이 효율적으로 돌아가지 않는다.

그래서 한 명이 일할 때에는 10자루를 생산했는데 10명이 일을 하면 100자루가 아니라 80자루밖에 못 만드는 일이 벌어진다. 이렇게 투입 요소를 늘릴수록 효율성이 되레 낮아지는 상황을 "한계생산성이 체감한다"라고 표현한다.

앞에서 언급한 사전적 의미, 즉 "그 요소의 한계생산성은 초기에는 증가하다가 어느 수준을 지나면 차차 감소하게 되는 경향을 보인다"라는 설명이 바로 이런 뜻이다. 노동자가 한 명일 때보다 두 명일 때, 두 명일 때보다 세 명일 때 효율성이 좋아지는 경우가 있다. 그런데 일정 수준이 넘어가면 노동자 숫자가 늘어도 효율성이 그만큼 좋아지지 않는다는 이야기다.

선거에서 돈의 한계생산성

그렇다면 선거 때 쓰는 돈의 효율성은 어떨까? 한계생산성 체감의 법칙에 따르면 선거 때 쓰는 돈의 효과도 초반에는 커지지만, 금액이 계속 늘어날수록 점차 작아져야 한다. 예를 들어 1만 원을 썼을 때 한 표를 얻었다면, 2만 원을 쓰면 두 표가 아니라 세 표로 늘어난다. 10만 원을 쓰면 15표쯤 얻는 효과를 기대할 수도 있다. 여기까지는 한계생산성이 좋아지는 국면이다.

하지만 이는 초반에 잠깐 벌어지는 일이다. 1억 원을 쓰면 1만 표를 얻는 게 아니라 8,000표밖에 못 얻는다. 돈의 한계생산성이 체감했기 때문이다. 10억 원을 쓰면 10만 표는커녕 5만 표도 못 얻는 일이 벌어진다. 이게 경제학적 원리다.

그런데 이런 경제학적 기대를 박살내는 연구 결과가 2016년 8월 발표됐다. 미국 매사추세츠 대학교 정치학과 토마스 퍼거슨(Thomas Ferguson) 교수 팀이 발표한 「돈이 미국 의회 선거를 이끄는 방법(How Money Drives US Congressional Elections)」이라는 논문이 바로 그것이다.

퍼거슨 교수는 1980년~2014년 미국 상원과 하원의원 선거에서 사용된 선거자금의 액수와 주요 정당 후보자의 득표수 사이의 상관관계를 조사했다. 그런데 이들 선거에서는 돈을 쓴 만큼 표를 획득하는 놀라운 정비례 관계가 확인됐다. 만 원을 쓰면 만 원을 쓴 만큼 결과가 나타났고, 10만 원을 쓰면 10만 원을 쓴 만큼 결과가 나왔다는 이야기다. 다시 말해 선거에서 돈의 한계생산성은 절대 체감하지 않았다는 뜻이다.

이게 바로 후보가 모은 선거자금과 득표율의 상관관계를 나타내는 그래프다. 2012년 미국 하원의원 선거의 결과 그래프인데 보다시피 놀랍게도 돈과 득표율은 정확하게 정비례한다. 2012년 선거만 그랬던 게 아니다. 퍼거슨 팀의 연구 결과를 보면 모든

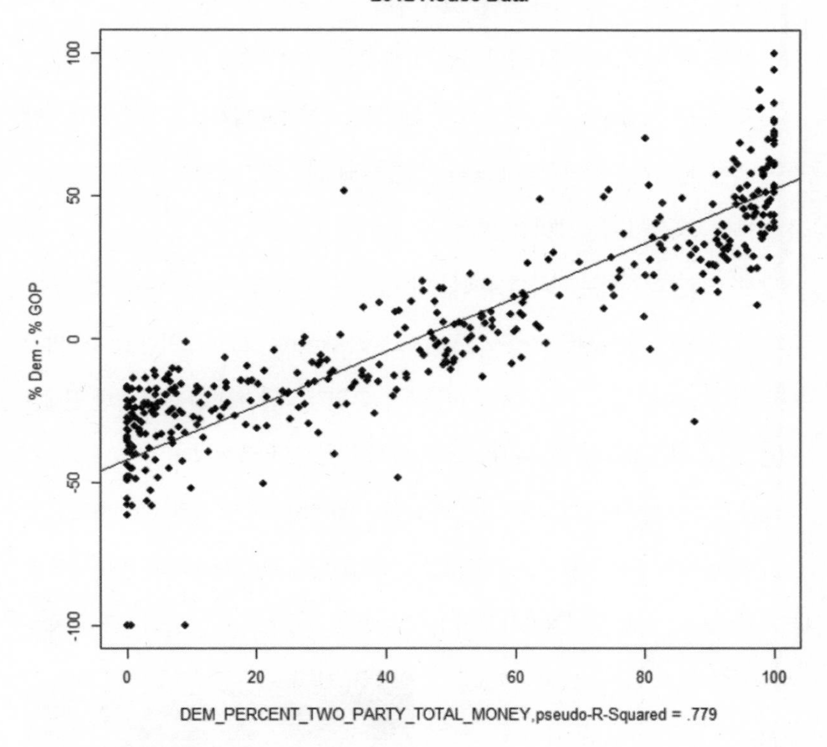

정비례 관계가 확인된 선거자금의 액수와 주요 정당 후보자의 득표수

선거에서 돈을 쓰는 족족 정확한 비율로 득표율을 높였다.

이는 실로 무서운 결론이다. 만약 선거에서 돈의 한계생산성이 체감한다면, 후보자들은 어느 시점에서 "더 이상 돈을 쓰는 건 무의미해"라며 지출을 줄일 것이다.

하지만 현실은 그렇지 않다. 10원을 쓰면 10원만큼, 10억 원을 쓰면 10억 원만큼 효과가 있다. "선거에서 진짜 무서운 건 돈을 쓰면 효과가 나타난다는 것"이라던 선배의 말이 엄살이 아니었다.

물론 이런 반론도 가능하다. "돈을 썼기 때문에 득표율이 높아진 게 아니고 이길 가능성이 높은 사람에게 선거 자금이 몰린 것 아니냐"는 반론이다.

하지만 퍼거슨 팀은 "그럴 가능성도 있지만, 아닌 경우도 명백히 존재한다"고 재반론을 펼친다. 퍼거슨 팀이 돈의 위력을 확인한 대표적 사례가 1994년 하원의원 중간선거에서 공화당이 거둔 대역전승이었다.

당시 공화당의 리더는 미국의 우파를 대표했던 뉴트 깅리치(Newt Gingrich)였다. 그리고 깅리치에게는 '황금 후원자 군단(Golden Horde of donors)'이라 불리던 막강한 부자 후원단이 있었다. 깅리치는 이들 황금 후원자 군단과 함께 선거 초반 열세를 뒤집고 공화당을 1954년 이후 처음으로 하원 다수당으로 만들어냈다.

이는 실로 대이변이었다. 1994년은 빌 클린턴(Bill Clinton)이 집권한 2년차 시기였다. 클린턴이 집권하기 전 공화당은 로널드 레이건(Ronald Reagan)과 아버지 조지 부시(George Bush)를 거치면서 무려 12년 동안 집권했다. 하지만 클린턴은 "문제는 경제야, 바보야"라는 놀라운 구호로 선거의 프레임을 바꾸며 마침내 공화당 집권 12년을 마무리했다. 그런 클린턴의 집권 2년차는 미국 진보의 전성기였다.

뉴트 깅리치

또 클린턴은 당시만 해도 매우 진보적인 대통령이었다. 아내 힐러리 클린턴(Hillary Rodham Clinton)을 앞세워 미국 민중들의 숙원이었던 의료보험 체제를 바꾸겠다고 나선 것도 이 무렵이었다. 월가 금융자본의 가장 아픈 곳을 건드렸을 정도로 클린턴의 기세가 드높았다. 물론 이 개혁은 월가의 공세에 클린턴이 후퇴하면서 실패로 돌아갔지만, 적어도 1994년의 클린턴은 매우 진보적이고 인기 있는 대통령이었다.

그런데도 민주당은 선거에서 참패했다. 선거 초반 여론조사에서도 민주당이 압도적으로 앞서나갔지만, 대역전패를 막지 못했다. 이 결과가 너무 충격적이어서 사람들은 이 선거를 '깅리치 혁명'이라고 부른다.

하지만 퍼거슨 팀은 전혀 다른 해석을 내렸다. 깅리치가 훌륭한 리더여서 대이변이 일어난 것이 아니라는 것이다. 민주당 집권으로 위기를 느낀 자본이 이른바 '황금 후원자 군단'을 구성해 엄청난 정치자금을 공화당에 쏟아 부은 덕에 선거 결과가 뒤집어졌다는 것이다.

중요한 선거라면 결과가 다르다

퍼거슨 팀이 내린 또 하나의 결론은 기업가들은 정치를 투자의 일환으로 생각한다는 점이다. 그들에게 정치는 매우 매력적인 투자처다. 왜냐하면 돈의 한계생산성이 전혀 체감하지 않기 때문이다. 쏟아 붓는 족족 그에 비례하는 결과를 가져다준다. 그래서 그들은 돈의 힘으로 얼마든지 정치를 지배할 수 있다는 자신감에 넘친다.

퍼거슨 팀에 따르면 그들은 길거리 시위도 투자 대상으로 삼는다. 미국에는 티파티 운동(Tea Party movement)이라는 보수층의 독특한 시위 문화가 있다.

18세기 영국의 식민지였던 미국 주민들이 영국의 과도한 세금 징수에 반발해 보스턴에서 홍차 상자를 바다에 내다버리는 투쟁을 벌인 적이 있었다. 그 투쟁의 이름이

'보스턴 차 사건(Boston Tea Party)'이다.

미국의 길거리 보수 티파티의 시위 모습

보수층 시위대는 이 사건에서 이름을 따 자신의 길거리 시위를 '티파티'라고 불렀다. 이들 티파티들은 버락 오바마(Barack Obama) 대통령의 의료보험 개혁에 반대하기 위해 길거리 시위를 시작했다. 요즘 광화문을 누비는 가스통 집회 같은 게 미국에도 있다고 보면 이해가 쉽다.

그런데 퍼거슨 팀은 "연구 결과 자본은 정당뿐 아니라 티파티에게도 적지 않은 돈을 투자했다. 미국 기업들은 '우리는 티파티를 재정적으로 지원하지 않는다'고 주장하는데, 이는 간단히 말해 거짓말이다"라고 단언했다.

그래서 이 연구 결과는 매우 슬프다. 근본적으로 진보는 보수에 비해 불리할 수밖에 없다는 뜻이기 때문이다. 진보보다 보수가 돈이 많다는 사실, 한국 재벌 같은 자본이 보수를 지지한다는 사실은 두말하면 잔소리다. 게다가 돈은 득표율에 매우 큰 영향을 미친다.

최근 광화문을 누비는 가스통 집회에 재벌들이 지원을 할까? 하지 않을까? 이에 대한 아무런 증거도 발견되지 않았다. 하지만 퍼거슨 팀의 연구에 따르면 미국의 자본가들이 "우리는 티파티를 지원하지 않는다"고 말하는 것은 거짓이었다. 그리고 나는 한국의 재벌들도 미국 자본과 마찬가지로 음양으로 가스통 집회를 지원하고 있을 것이라는 심증을 지우지 않는다. 한국 사회에서 진보는 정당정치뿐 아니라 거리 시위에서도 지독하게 불리한 전투를 벌여야 한다.

그렇다고 낙담만 하고 있을 수는 없다. 사실 우리가 언제 유리한 지형에서 싸운 적이 있었던가? 늘 불리한 지형에서 싸웠고, 그 속에서 역사의 진보를 만들어나갔다.

퍼거슨 팀의 연구에는 작지만 희망적인 요소도 하나 발견된다. 모든 의회 선거에서 돈과 득표율은 비례했다.

그런데 대선은 그렇지 않았다. 1992년 아버지 부시는 민주당 클린턴 후보에 맞서 무려 2억 7,000만 달러라는 천문학적인 돈을 썼다. 그런데도 부시는 선거에서 졌다. 2016년 대선도 마찬가지였다. 힐러리 클린턴이 도널드 트럼프보다 훨씬 많은 돈을 후원받았지만, 선거에서는 패했다.

퍼거슨 교수는 이런 현상에 대해 "대통령 선거는 국회의원 선거보다 훨씬 중요하기 때문에 국민들이 소신에 따라서 투표를 하는 성향이 강하다"라고 분석한다. 즉 국민들이 '이번 선거는 중요하다'라고 인식할수록 돈의 힘이 약해진다는 이야기다.

돈의 힘이 없는 우리나라 진보는 대부분의 선거에서 핸디캡을 안고 싸울 수밖에 없다. 그런데 이를 극복할 방안이 있다. 이 선거가 정말 중요한 선거라는 자각을 국민들에게 심어주는 것이다. 유권자 스스로 '이번 선거가 나와 국가의 운명에 엄청나게 중요한 선거다'라고 생각하면, 우리는 돈의 위력을 극복할 수 있다. 돈을 이길 유일한 힘은 국민의 깨어있는 의식에서 나온다.

퍼거슨 팀의 연구가 우리에게 주는 교훈이 이것이다. 돈의 힘은 우리가 생각했던 것보다 훨~씬 더 막강하다. 이 사실을 먼저 알아야 한다. 그래서 그것을 극복하기 위해 우리의 의식은 우리가 생각했던 것보다 훨~~~~씬 더 깨어있어야 한다. 자본주의 사회에서, 특히 한국처럼 재벌이 지배하는 압도적으로 기울어진 사회에서 유권자의 의식은 상상을 초월할 정도로 중요하다.

부자들,
돈의 힘으로 민주주의를 습격하다

부자들의 정책 선호도

2019년 4월 8일 대한항공 조양호 회장의 사망 소식이 전해지자 주식시장이 요동쳤다. 그런데 그 요동의 방향이 놀라웠다.

대한항공그룹 지주회사 한진칼의 주가가 무려 20.63%나 폭등한 것이다. 시가총액 1조 원이 넘는 대형주의 주가가 하루만에 20% 넘게 오른 것은 실로 드문 일이다.

한진칼만큼은 아니었지만 대한항공그룹에서 운송을 담당하는 자회사 한진의 주가도 15%가량 급등했다. 이외에 대한항공 주가도 1.88%, 진에어 주가도 3.40% 상승했다. 조양호 회장 사망소식이 전해진 당일, 대한항공그룹의 가치는 5,000억 원 가까이 상승했다.

상식적으로 이해가 되지 않는다. 선장을 잃었는데 기업 가치가 폭등을 한 셈이니 말이다. 하지만 이 현상이야말로 재벌이 이끄는 한국 사회의 현실을 적나라하게 드러낸다.

주식시장은 피도 눈물도 없는 미래가치의 냉정한 반영장이다. 그런데 투자자들은 조양호 회장의 죽음을 주가 급등으로 화답했다. 최소한 수장의 부재가 그 그룹 미래에 나쁜 영향을 미치지 않을 것이라는 확신, 아니 더 정확히 말하면 기업이 더 좋아질 것이라는 확신이 투자자들의 마음을 움직인 것이다. 이것이 바로 한국 재벌시스템이 안고 있는 슬픈 현실이다.

그런데 이 슬픈 현실을 개그로 승화하는 무리들이 등장했다. 예상대로 자유한국당 무리들이었다.

가장 먼저 등장한 주인공은 홍준표 전 자유한국당 대표였다. 그는 조 회장의 죽음에 대해 "국민연금을 악용해 기업을 빼앗는 데 사용해 연금 사회주의를 추구하던 문재인 정권의 첫 피해자가 오늘 영면했다"라는 글을 SNS에 올렸다.

뒤이어 김무성 의원이 자유한국당 의원들의 공부모임(응?)에서 "문재인 정부의 과도한 괴롭힘이 고인을 빨리 돌아가시게 했다"고 주장했다.

나경원 당시 원내대표도 "기업을 죽이는 것은 곧 민생 경제를 죽이는 것으로, 문재인 정권의 기업 수난사는 이제 멈춰야 한다"고 목소리를 높였다. 한 마디로 요약하자면 이들의 주장은 "문재인 정부가 조양호 회장을 괴롭혀서 죽였다"는 것이다.

부자들이 민주주의를 대하는 방식

이들이 정말로 이렇게 생각한다면 이건 너무 멍청한 거다. 논리적으로 생각해보라. 만약 조 회장이 스트레스를 받아서 병세가 악화된 게 사실이라면, 그건 당연히 쉴 새 없이 사고를 쳤던 그의 가족 탓이 가장 컸을 것이다.

대한항공에서 벌어진 경영권 분쟁도 그들 가족이 저지른 각종 사고로 시작됐다. 원인을 찾자면 거기서부터 시작하는 게 상식이다. 그런데도 이들은 애먼 정부 탓을 한다. 이 멍청한 논리는 도대체 뭐란 말이냐?

하지만 나는 그들이 그 정도로 멍청하다고는 생각하지 않는다. 그들의 말이 지극히 비논리적이기는 해도, 그 말 속에는 그들의 의중이 숨어있을 것이다. 그렇지 않으면 저런 비논리적 이야기를 저렇게 대놓고 할 수가 없다. 그렇다면 그들은 왜 이런 어처구니없는 논리를 들이미는 것일까?

해답을 짐작케 할 만한 연구가 있다. 2013년 미국 러셀세이지 재단(Russel Sage foundation)의 지원을 받아 벤저민 페이지(Benjamin Page), 래리 바텔스(Larry Bartels), 제이슨 시라이트(Jason Seawright) 등 3명의 학자가 실시한 '민주주의와 부유한 미국인들의 정책 선호도'라는 연구가 그것이다.

이들은 미국에서도 최상위 부유층에 속하는 1%의 고액 자산가들과 심층 면접을 가진 뒤 다음과 같은 결론을 발표했다.

첫째, 부자들의 정치 참여도는 놀라울 정도로 높았다. 면접 대상 부자들 중 대통령 선거에 참여한 이들의 비율은 무려 99%였다. 이는 50%를 겨우 웃도는 미국 국민들의 평균 투표율을 압도하는 수치다.

둘째, 이들 중 대부분(84%)이 정치에 관심이 컸고, 이들 중 3분의 2(68%)는 정치인들에게 기부금을 냈다. 이 수치 또한 일반 대중들의 선거자금 기부율(14%)과 비교할 수 없을 정도로 높았다.

셋째, 이들 중 무려 40%가 "지난 여섯 달 동안 상원의원과 접촉한 일이 있다"고 답했다. 이들 중 37%는 하원의원과 접촉했고, 규제정책 관련 공직자와 만난 이들도 21%나 됐다. 행정부 관료와 만난 이들은 14%, 백악관 관료들과 접촉한 이들도 12%나 됐다.

이 모든 일들이 고작 면접 직전 6개월 동안 벌어진 일이었다. 이게 얼마나 놀라운 숫자인지 지금 우리의 처지와 비교해보라. 지난 6개월 동안 국회의원과 만난 독자들이 얼마나 될까? 청와대 관료와 만난 독자들은 또 얼마나 될까? 실제 미국의 일반인들 중 직전 4년 동안 상원의원이나 하원의원을 만난 이들은 겨우 20%에 그쳤다. 그런데 부자들은 4년이 아니라 6개월 동안 40%가 국회의원을 만났고 12%나 백악관 관료들과 접촉했다. 상상을 초월할 정도의 격차인 셈이다.

정리해보자. 한 마디로 부자들은 정치에 매우 관심이 많고, 정치인들을 접할 기회도 일반인들과 비교조차 되지 않을 정도로 많이 누린다. 게다가 그들은 누구보다도 정치인들에게 많은 돈을 기부한다. 이 말은 곧 부자들은 자신의 의사를 '민주주의'라는 절차에 교묘히 녹일 능력이 있다는 뜻이다.

조금만 더 나아가보자. 이 연구에 따르면 미국 부자들은 정부가 건강보험에 투자하는 정책을 펼치는 것에 대해 무려 58%나 반대했다. 일반인들의 반대 비율은 고작 27%였는데도 말이다.

또 이들은 정부가 어린이들에게 훌륭한 공교육을 제공하는 정책에 대해서도 무려 65%나 반대했다. 일반인들의 반대는 고작 13%에 그쳤다. 실업자들에게 정부가 일자리를 제공하는 정책에 대해서도 부자들은 일반인들의 찬성률(53%)에 턱없이 못 미치는 8%만이 찬성했다. 부자들은 이토록 이기적이고 보수적이다. 문제는 이런 사상을 가진 부자들이 우리 민중들보다 훨씬 더 많이 정치인을 만나고, 훨씬 더 많은 돈을 기부한다는 데 있다. 그래서 미국 잡지 〈뉴요커〉의 만평에 등장한 한 갑부는 이런 멘트를 날리며 자신의 힘을 과시했다.

"나에게는 비행기 한 대, 요트 두 척, 집 네 채, 그리고 정치인 다섯 명이 있소이다."

재벌은 돈의 힘으로 민주주의를 좌우한다

그렇다. 이 연구에 따르면 부자 한 명이 정치인에 미치는 영향력은 우리 민중 한 명의 그것과 완전히 다르다. 그래서 미국의 부자들은 〈뉴요커〉의 만평처럼 정치인을 '거느린다'고 생각한다.

이 연구를 한국에 도입해보자. 한국 경제를 지배하는 재벌은 미국 연구의 상위 1%에 해당하는 자들이다. 그리고 장담컨대 이들은 그 누구보다도 정치인을 많이 접했을 것이고, 누구보다도 자주 자신의 이해관계를 정치인들에게 속삭였을 것이다. 한국의 재벌들에게는 비행기 한 대, 요트 두 척, 집 네 채 외에 거느린 정치인들이 열 명쯤 있을지도 모른다.

그들은 자신이 거느리는(!) 정치인에게 무엇을 주문할까? 당연히 자신이 가장 절실하게 필요한 문제들을 해결하라고 요구할 것이다. 그게 무엇일까? 단언컨대 그들이 원하는 것은 안전한 경영권의 확보, 그리고 자신들의 범죄를 은폐하는 일이다.

그래서 나경원 당시 원내대표는 "불공정 거래와 반(反)시장 행위는 처벌하고 갑질과 횡포는 규탄해야 하지만, 이것으로 기업인을 죄인 취급해서는 안 된다"는 황당한 주장을 펼친다.

이게 얼마나 황당한 이야기인가? 불공정 거래와 반(反)시장 행위는 범죄다. 그런데 그걸 저지른 자들을 죄인 취급을 해서는 안 된단다. 죄를 저질렀으면 당연히 죄인 취급을 해야지!

김무성 의원이 "국민연금은 국민의 돈인데, 정치권력이 기업을 괴롭히는 칼로 쓴다는 것은 전형적인 권력 남용이다"라며 국민연금을 공격하는 것도 같은 맥락이다. 모르긴 몰라도 김 의원은 저런 주장을 분명 재벌 누군가로부터 듣고 공론화를 부탁받았을 것이다. 국민연금의 주주행동으로 경영권을 잃을까봐 가장 두려워하는 이들이 바로 재벌들이기 때문이다.

나경원 전 자유한국당 원내대표

자유한국당 무리들이 조양호 회장의 죽음에 대해 엉뚱하게 정권 탓을 했던 이유도 그것이다. 그들의 목소리 뒤편에는 "제발 우리가 저지른 죄를 단죄하지 말라"며 의원들을 부추기는 재벌들의 본심이 숨어 있다. 그들은 그렇게 돈의 힘으로 민주주의를 주무른다.

민주주의는 매우 뛰어난 정치제도다. 하지만 빈부격차가 커지고 부자들(재벌들)의 힘이 강해질수록 민주주의는 안전하지 않다. 페이지-바텔스-시라이트의 연구가 밝혀냈듯이 그들은 압도적인 돈의 힘으로 민주주의조차 좌우한다.

민주주의의 공정함을 지키기 위해서는 돈의 힘을 막아야 한다. 그리고 돈의 힘에 이끌려 앵무새처럼 재벌들의 이해관계를 대변하는 자유한국당 무리들을 몰아내야 한다. 어떻게 지킨 민주주의인데, 저들의 손에 민주주의가 훼손되는 것을 두고 볼 수는 없지 않은가?

귀족은 민중을 거들떠보지 않는다

천민민주주의 이론과 귀족주의 사상

민주주의에 대해 깊이 생각할 일이 참 많은데, 뜻밖의 대목에서 새삼 민주주의의 본질을 떠올리게 됐다. 2019년 11월 28일 행정안전부 법안심사 회의에서 당시 바른미래당 소속 권은희 의원이 여순사건 진상규명을 촉구하는 한 시민의 대화 요청을 뿌리치는 동영상이 공개된 것이다.

그 시민은 "의원님 부탁드립니다. 자식을 두고, 두고두고 좋은 일 하는 겁니다. 부탁드립니다"라며 간절한 표정으로 대화를 요청했다. 하지만 권 의원은 "아이, 하지 마세요. 왜 이러세요. 진짜"라며 매몰차게 그 손을 뿌리쳤다. 내가 보기에 그 표정은 흡사 '무언가 더러운 것이 내 몸을 건드렸다'는 듯한 혐오의 표정이었다.

선거 때만 되면 권 의원 같은 정치인은 민중들의 손을 한 번이라도 더 잡아보겠다며 간절한 표정으로 표밭을 누빈다. 그런데 선거가 끝나면 그 사람들은 민중들을 벌레 대하듯 대한다.

우리가 꼭 알아야 할 것이 있다. 이런 태도는 단순한 실수가 아니라 귀족정치를 지향하는 자들의 본심이다. 귀족은 민중들을 언제나 아둔한 하급 동물로 취급했다.

'천민민주주의'라는 용어

천민민주주의라는 말이 있다. 학술적으로 인정받은 용어는 아니다. '천민자본주의'라는 학술 용어는 있다. 독일의 사회철학자 막스 베버(Max Weber, 1864~1920)가 떼돈을 번 자본가들의 비윤리적 행태를 비판하기 위해 사용한 말이다.

권은희 의원

그런데 2002년 한나라당 대선후보 이회창 씨가 가회동 빌라를 차명으로 구입했다는 의혹이 제기됐을 때 "더러운 정쟁이다. 우리나라가 지금 천민민주주의로 가고 있다"는 발언을 하면서 이 생소한 용어가 탄생했다. 이후 한국에서 이 용어가 종종 사람들의 입에 오르내린다.

이 말을 즐겨 쓰는 자들은 우리나라의 지배자들이다. 이들은 "자격도 없는 개돼지 민중들이 한 표씩이나 행사하는 바람에 나라가 엉망진창이 됐다"는 뜻으로 천민민주주의라는 용어를 사용한다. 그래서 이들에게 민주주의는 너무 천박하다. 민주주의 세상에서 사는 현실도 너무 불행하다. 자기들처럼 똑똑한 귀족들이 나라를 다스려야 하는데 천민들이 득세하고 있기 때문이다.

"과장하지 말라. 때가 어느 때인데 누가 귀족정치를 운운한단 말이냐?"라는 반론은 너무 안이하다. 2016년 4월 전경련의 후원으로 운영되는 자유경제원(현 자유기업원)이 개원 19주년 기념토론회를 연 적이 있었다. 이 자리에서 신중섭 강원대 윤리교육과 교수가 '천민민주주의는 극복될 수 있을까?'라는 글을 발표했다. 이 글에는 천민민주주의에 관한 25명의 다양한 주장이 실려 있었다. 이들의 주장을 잠시 살펴보자.

"민주주의가 지배하는 사회는 천민이 지배하는 세상이고, 천민이 주인된 세상이 민주주의다. 그래서 역으로, 민주주의가 지탱되려면 귀족(nobility)이 그 척추를 이루어야 한다. '천하고 상스런 떼의 논리'를 막아주는 존재가 귀족이다. 그래서 민주주의를 지탱하기 위해서는 '귀족성'이 필요하다."

보라. 귀족정치 운운은 절대 과장이 아니다. 이들은 민중들의 의사표현을 '천하고 상스런 떼의 논리'라고 생각한다. 그래서 이 사회를 지탱하기 위해서는 '귀족성'이 필요하단다. 몇 가지 더 읽어보자.

"무책임한 대중을 천민민주주의의 주 원인으로 보아서는 안 된다는 주장도 있다. 대중이 어리석은 민중(愚衆)으로 전락하고 그들이 아무리 천박하고 미개(우리나라에서는 이 단어 잘못 쓰면 큰일 난다)하게 굴더라도 '귀족'들이 중심을 잡고 있으면 그 사회는 건재할 수 있다."

민중들은 천박하고 미개하단다. 반면 자기들을 뜻하는 귀족은 너무 훌륭하단다. 그래서 이들은 이런 자화자찬을 늘어놓는다.

"귀족은 교양, 상식, 소신, 애국심, 책임감, 비전, 배려 등 천민성과 대조되는 가치들을 체화한 진정한 의미에서의 엘리트를 말한다. 그들은 정치인일 수도, 관료일 수도, 군인일 수도, 기업인일 수도, 학자일 수도 있다."

그래서 이들은 "자유주의를 확산시켜, 천민민주주의를 없애고 민주주의를 통제해야 한다. 이를 위해서는 자유주의에 대한 확실한 지식과 견고한 믿음을 가진 '자유주의 시민'이 사회의 주류를 형성해야 한다"라는 결론에 이른다. 이제 너무나 분명해졌다. 이들의 목적은 민주주의를 발전시키려는 게 아니라 귀족들로 하여금 민주주의를 '통제'하려는 것이다.

아큐정전(?)에게 한 표를 줘서는 안 된다고?

아직 놀라기에 이르다. 더 충격적인 대목이 있다. 25명의 글 중에 숭실대 남정욱 문예창작과 겸임교수의 글이 있다. 대학교에서 무려 '문예창작'을 가르치는 교수의 수준을 보자.

"말은 아름답다. 백성이, 인민이 나라의 주인이라는 의미다. 딱 거기까지다. 취지를 빼고 나면 세상에서 더 이상 한심할 수 없는 게 민주주의다. 특히 1인1표 대의민주주의가 그렇다.

정규 분포(normal distribution)라고 들어보셨을 것이다. 수학 천재 가우스가 측정 오차의 분포에서 그 중요성을 강조했다고 해서 '가우스 곡선'이라고도 부르는 말이다. 신장, 지능, 지성의 분포 등을 설명할 때 흔히 활용되는데 이 곡선을 투표라고 하는 정치 형식에 넣어보자.

지능이 매우 뛰어난 상위 0.5%의 목소리는 같은 비율인 하위 0.5% 백치들의 목소리에 의해 사라진다. 평균보다 20% 이상 지성이 뛰어난 사람들의 분포는 25% 정도다. 이들의 의견 역시 같은 비율인 25%를 차지하는, 평균보다 20% 낮은 지성을 가진 사람들에 의해 상쇄된다. 그 결과로 남은 평균적인 지성을 가진 사람들의 목소리가 승리하게 된다. 어쨌거나 그들은 45% 이상이니까. 이게 1인1표 대의민주주의의 참상이다."

보라. 이들은 진심으로 1인1표제를 '참상'이라고 생각한다. 그런데 이 사람 주장 중 진짜 압권은 다음의 이 대목이다.

"아인슈타인도, 미제스도, 스티븐 호킹도 다 한 표다. 백치 아다다, 벙어리 삼룡이, 아큐정전도 다 한 표다. 이게 정상이냐. 그래서 우리가 민주주의라고 부르는 것은 결국 평균 정치다. 더 좋은 것, 더 나은 것이 눈앞에 있는데 태연하게 후진 것을 골라놓고, 좋은 것을 애써 외면하며 '참 잘 골랐네요' 서로 위안하는 멍청한 짓이 민주주의다."

나는 남정욱 씨가 대학에서 '문예창작'을 가르친다는 말을 지금도 믿을 수 없다. 혹시 '무뇌창작'의 오타 아니냐? 말의 옳고 그름을 떠나 이 주장은 그의 '무뇌'함이 얼마나 심각한지를 극명하게 드러낸다.

남정욱 씨. 차근차근 설명할 테니 잘 들으시라. 당신 이야기는 "아인슈타인, 미제스, 스티븐 호킹같이 훌륭한 사람들에게는 수만 표를 주고, 백치 아다다, 벙어리 삼룡이, 아큐정전같이 아둔한 민중들에게는 표를 제한해야 한다" 뭐 이런 이야기인 것 같다.

그런데 아큐정전은 사람 이름이 아니다. 백치 아다다, 벙어리 삼룡이는 사람 이름인데 아큐정전은 사람 이름이 아니고 '아큐(阿Q)에 관한 진짜 이야기'라는 뜻의 소설 제목이다. 즉 주인공은 아큐정전이 아니라 '아큐'라는 뜻이다.

「홍길동전」의 주인공 이름이 '홍길동전'이냐? 홍길동이지. 영화 〈트루먼 쇼〉의 주인공이 '트루먼쇼'냐고? 당연히 트루먼이지! 방송 작가가 노래 제목을 'cyber lover'라고 영어로 적었더니 생방송에서 이걸 "씨버 러버"라고 읽었다는 가수 김흥국 씨도 그 정도는 구분하겠다.

당신 논리대로라면 아큐정전과 아큐도 구분 못하는 당신 같은 사람에게는 투표권을 영원히 주지 말아야 한다. 하지만 우리는 천부인권사상을 지지하고 민주주의를 소중히 여기는 사람들이기에, 당신같이 무식한 인간에게도 한 표를 주라고 주장하는 것이다.

훨씬 많은 표를 줘야 하는 사람들로 아인슈타인, 미제스, 스티븐 호킹을 든 대목에서 진짜 빵 터졌다. 이 셋 중 남 씨 편인 사람은 자유주의 경제학의 대부 격인 루드비히 폰 미제스(Ludwig von Mises, 1881~1973) 한 명뿐이다. 나머지 두 사람은 너네 편이 아니다.

신자유주의 경제학의 대부로 꼽히는 경제학자 루드비히 폰 미제스

아인슈타인은 대놓고 사회주의를 지지했던 인물이다. 그는 미국의 대

표적 사회주의 잡지 「먼슬리 리뷰(Monthly Review)」에 '왜 사회주의인가?'라는 제목의 글까지 썼고, "자본주의 사회의 경제적 무질서야말로 악의 근원이다"라고 질타한 사람이다.

스티븐 호킹(Stephen William Hawking, 1942~2018)도 자본주의에 매우 비판적인 사람이었다. 그는 2016년 한 인터뷰에서 "우리가 진짜로 두려워해야 할 것은 인공지능이 아니라 자본주의다(We Should Really Be Scared Of Capitalism, Not Robots)"라는 말로 자본주의가 망칠 미래를 우려한 인물이다.

아큐정전과 아큐도 구분 못하는 문예창작과 남정욱 교수 의견대로 호킹이나 아인슈타인한테 수만 표를 몰아주면 어떻게 될 것 같은가? 남정욱 씨, 당신은 속된 말로 엿 되는 거다. 누가 우리편이고 누가 상대편인지도 구분 못하면서 무슨 문예를 창작한단 말인가?

귀족정치는 민주주의를 증오한다

다시 강조하지만 이들의 귀족정치 운운은 농담이 아니다. 천부인권 사상을 바탕으로 한 민주주의는 1인1표제를 기반으로 한다. 하지만 귀족정치 지지자들은 1인1표제를 혐오하고 1원1표제, 즉 가진 돈만큼 정치적 권한을 갖는 세상을 이상향이라고 생각한다.

그런데 이들에게는 심각한 문제가 있다. 꿈은 1원1표제를 향해 있는데 현실이 1인1표제로 운영된다는 점이다. 이들조차 선거철이 되면 민중들에게 고개를 굽실거려야 한다. 이게 그들에게 얼마나 고역이겠나? 귀족이 개돼지들에게 고개를 숙이는 판이니 말이다.

그래서 선거가 끝나자마자 기다렸다는 듯이 이들의 본심이 튀어나온다. 손을 잡아 주기를 간청하는 민중들 면전에 "이러지 마세요. 왜 이러세요"라며 경멸하는 표정을 짓는 이유다.

자유경제원의 사고는 전경련과 한국 재벌들, 지배계급의 생각을 대변한다. 당연히 그들의 지지를 등에 업은 보수 야당의 사고이기도 하다. 이런 자들에게는 일말의 동정도 필요하지 않다.

선거 때만 민중들에게 고개를 숙이다가, 권력자의 위치에 오르면 민중을 벌레 취급하는 1원1표제 지지자들에게 내어줄 공간은 한 평도 없다. 그것이 이 소중한 민주주의를 위해 목숨을 던진 수많은 열사들의 후손으로서 우리가 해야 할 일이다.

우리는
매력적인 진보가 돼야 한다

중위투표자 이론과 콩도르세의 역설

경제학에서도 투표는 매우 중요한 주제다. 예를 들면 중위투표자 이론(median voter theorem)은 왜 선거 때마다 각 정당의 공약이 비슷해지는지를 설명하는 매우 훌륭한 경제학 이론이다.

이 이론을 간단히 설명하면 이렇다. 유권자가 다섯 명이 있다고 가정해보자. 다섯 명의 이념 성향은 ①극진보 ②진보 ③중도 ④보수 ⑤극보수 등으로 골고루 퍼져있다.

이때 진보와 보수 두 정당이 경합을 한다. 두 정당은 자기 당의 이념을 어디쯤에 놓는 것이 가장 유리할까?

만약 진보정당이 "우리는 누가 뭐래도 매우 진보적인 길을 걸어야지!"라며 패기 있게 ①극진보의 이념으로 공약을 만들었다고 하자. 반면 보수정당은 "우리가 보수이긴 해도 그렇게까지 꼴통 보수는 아니잖아"라며 ④보수쯤에서 공약을 만들었다.

이 상황에서 투표를 진행하면 누가 이길까? 당연히 보수정당이 이긴다. ①극진보의 공약을 앞세운 진보정당은 ①번 유권자의 표를 얻는다. ④보수의 공약을 앞세운 보수정당도 ④번 유권자의 표를 얻는다. 이제 승패는 나머지 ②진보 ③중도 ⑤극보수 세 명의 유권자 손에서 결판이 난다.

이 중 ⑤번 유권자는 확실히 보수정당을 지지할 것이다. 왜냐하면 보수정당의 공약은 자신이 지지하는 ⑤극보수와는 일치하지 않지만, 그래도 자신의 이념과 차이가 한 칸 밖에 나지 않기 때문이다. ⑤번 유권자에게 ①극진보 정당은 멀어도 너무 멀다. 그래서 이 유권자는 보수정당을 찍는다.(보수정당 두 표 확보!)

②번에 위치한 진보 유권자도 생각에 빠진다. 이번 선거에서 자기 입맛에 딱 맞는 정당은 없다. 하지만 굳이 고르라면 ①극진보에 있는 진보정당이 ④보수에 있는 보수정당보다 가깝다. ①번과 ②번의 차이는 한 칸뿐이지만 ②번과 ④번의 차이는 두 칸이나 되기 때문이다. 그래서 ②번 유권자는 진보정당을 찍는다.(진보정당도 두 표 확보!)

이러면 승부는 ③번 중도 유권자의 손에서 갈린다. 그런데 이 유권자가 고민해보니 ①극진보 이념을 표방한 진보정당과 자신의 이념은 두 칸이나 차이가 난다. 반면 ④보수의 이념을 표방한 보수정당과 자신의 이념은 한 칸밖에 차이가 나지 않는다. 이러면 ③번 중도 유권자는 자신과 상대적으로 가까운 보수정당을 지지한다. 결국 이 선거는 보수 정당의 승리로 돌아간다.

왜 정당의 공약은 가운데로 몰리나?

이제 진보정당은 승리를 위해 새로운 전략을 짜야 한다. 지난번 선거에서는 너무 왼쪽으로 치우친 바람에 ③번 중도 유권자의 표를 잃어 패배했기 때문이다. 그래서 진보정당이 눈 딱 감고 자신의 공약을 정확히 중간인 ③번에 맞췄다. 진보정당이 아니라 중도정당으로 변신한 것이다. 반면 보수 정당은 그대로 ④보수에 머물러 있었다. 이 상태에서 새로 선거를 해보면 어떤 결과가 나올까?

일단 ③번에 위치한 중도정당은 ③번 중도 유권자의 표를 확실히 얻는다. ④번 보수에 위치한 보수정당도 ④번 보수 유권자의 표를 확실히 얻는다. 여기까지는 1대 1이다.

⑤번에 위치한 극보수 유권자도 선택을 바꿀 이유가 없다. 그는 여전히 ④번 보수를 찍을 것이다. ④번과 자신의 이념 차이는 고작 한 칸이지만 ③번과 자신의 이념 차이는 두 칸이나 되기 때문이다.

문제는 ①극진보와 ②진보 성향의 유권자다. 이들 둘에게는 자기 입맛에 딱 맞는 정당이 없다. 하지만 찍어야 한다면, 상대적으로 자신의 이념과 한 칸이라도 가까운 정당을 찍을 것이다. 그렇다면 이들은 당연히 ④번에 위치한 보수정당이 아니라 ③번에 위치한 중도정당을 찍는다. 그래서 투표 결과는 3대 2! 중도정당의 승리다.

자, 열 받은 보수정당은 새로운 선택을 해야 한다. ④보수나 ⑤극보수 쪽에 있는 한 ③번에 위치한 중도정당을 이길 수가 없다. 보수정당이 현실을 극복할 유일한 방법은 자신 또한 ③번으로 이동하는 것이다. 그래야 최소한 비길 수 있다.

이래서 양당제 제도 하에 선거를 하면 두 정당의 공약이 비슷비슷해진다. 양당 모두 중도를 공략해야 승산이 높아지기 때문이다.

"에이, 선거를 너무 단순화한 거 아니에요?"라는 반론은 당연히 옳다. 이 이론은 그야말로 선거라는 복잡한 정치 구조를 최대한 단순화한 모델이다. 또 이 이론은 양당제 때에는 비교적 잘 들어맞는데, 정당이 셋 이상으로 늘어나면 계산이 매우 복잡해진다. 셋 이상이면 정해진 정답이 없다. 속칭 '그때그때 달라요'가 정답이 된다.

예를 들어 한국에 방송사가 〈KBS〉와 〈MBC〉 둘 밖에 없었을 때, 두 방송사는 모두 메인 뉴스를 오후 9시에 틀었다.

이유는 하나다. 9시에 메인 뉴스를 보고자 하는 시청자가 전체 시청자 중 딱 중간값이었기 때문이다. 이러면 〈KBS〉건 〈MBC〉건 무조건 중간값을 공략하는 게 유리하다. 그때부터는 뉴스 품질로 승부를 걸어야 한다.

하지만 〈SBS〉가 생기고 난 다음 문제가 복잡해졌다. 중위투표자 이론은 양당제에서만 먹히는 이론이다. 영리한 〈SBS〉는 자기도 중간값인 9시에 뉴스를 방송하는 대신 그보다 한 시간 빠른 오후 8시에 메인 뉴스를 배치했다.

이러면 〈SBS〉는 9시에 뉴스를 보고 싶은 시청자와 9시 이후에 뉴스를 보고 싶은 시청자는 모두 놓친다. 대신 9시 이전에 뉴스를 보고 싶은 시청자는 독식할 수 있다. SBS의 전략은 "9시 이후를 원하는 시청자는 〈KBS〉와 〈MBC〉 둘이 나눠 드세요. 대신 나는 9시 이전을 원하는 시청자를 독식할 게요"라는 것이었다.

이 전략이 먹히자 〈KBS〉에 비해 상대적 열세에 놓였던 〈MBC〉가 바빠졌다. 어디에 있는 게 가장 유리한지 끝없이 머리를 굴려야 하는 상황이 온 것이다. 이후 〈MBC〉의 메인 뉴스가 8시와 9시 사이에서 몇 차례 갈팡질팡한 이유가 여기에 있다. 앞에서 설명했듯이 중위투표자 이론은 양당제에서는 잘 먹히지만 정당이 셋 이상이 되면 매우 복잡해진다.

콩도르세의 역설

이번 장의 주제인 '콩도르세의 역설'을 살펴보자. 마르퀴스 드 콩도르세(Marquis de Condorcet, 1743~1794)는 18세기 프랑스의 수학자이자 정치인이었다. 그는 수학을 통해 최다득표제가 민심을 정확하게 반영하지 못한다는 사실을 입증했다.

그리고 이 이론이 경제학에서 보다 정교하게 다듬어졌다. 1972년 당시로는 최연소 나이(51세)로 노벨경제학상을 수상한 케네스 애로(Kenneth Arrow, 1921~2017)는 "투표자들에게 세 개 이상의 서로 다른 대안이 제시될 때, 어떤 투표 제도도 공동체의 선호도를 적절하게 반영하지 못한다"는 사실을 수학적으로 입증했다. 이를 '애로의 불가능성 정리'라고 부른다.

프랑스의 수학자 콩도르세의 초상화

자, 이런 복잡하고 어려운 이야기 다 집어치우고 알아들을 수 있는 용어로 이 주장을 정리해보자.

세 명의 정치인과 세 명의 유권자가 있다. 편의상 세 정치인은 ①김총수 ②주기자 ③김엄마 라고 가정하겠다. 유권자는 A, B, C 세 사람이다.

유권자 세 명에게는 각자의 선호도가 있을 것이다. 그런데 이 셋의 선호도는 ①김총수 ②주기자 ③김엄마 세 명에게 골고루 나뉘어 있다. A는 김총수의 광팬이고, B는 주기자의 광팬이다. C는 김엄마를 절대적으로 지지한다.

세 명 중 누구를 선택할 것인가!

세 명의 정치인 중 두 명이 후보로 출마했다고 가정해보자. 예를 들어 ①김총수와 ②주기자만 출마를 한 거다. 이러면 A는 당연히 김총수를 찍고, B는 당연히 주기자를

찍는다. 그래서 이 선거의 승패는 C가 누구를 찍느냐에 달렸다. C는 김엄마의 지지자인데 김엄마가 출마하지 않았으므로 투표가 예측 불허 상태에 빠진다.

그런데 사람에게는 두 번째 선호체계라는 것이 있다. C는 분명히 김엄마를 지지하지만(이것이 첫 번째 선호체계다), 김엄마가 출마하지 않았을 때 김총수와 주기자 중 누구를 찍을지에 대한 선호도도 C에게 있다. 이게 바로 두 번째 선호체계다. 두 번째 선호체계까지 포함한 유권자의 선호체계를 다시 정리해보자.

A는 김총수의 광팬이다. 하지만 주기자와 김엄마 중에 하나를 고르라면 주기자를 더 좋아한다. A는 마른 사람을 더 선호하기 때문이다.

B는 주기자의 광팬이다. 하지만 김총수와 김엄마 중에 하나를 고르라면 김엄마를 더 좋아한다. B는 성대모사를 잘 하는 사람을 더 선호하기 때문이다.

C는 김엄마의 광팬이다. 하지만 김총수와 주기자 중에 하나를 고르라면 김총수를 더 좋아한다. C는 수염이 많이 난 사람을 더 선호하기 때문이다.

그러니까 ①김총수 ②주기자 ③김엄마 모두 광팬 1명씩을 보유하고 있고, 두 번째 선호체계에서도 각각 한 명씩의 지지를 받는다.

이 상황에서 다시 투표를 시작한다. 후보자는 아까와 마찬가지로 ①김총수 ②주기자 두 명이다. 그런데 이렇게 투표를 해보면 승리는 김총수에게 돌아간다. 왜냐하면 이 투표의 승패는 김엄마의 광팬인 C가 누구를 찍느냐에 달려있는데, C는 두 번째 선호체계에서 수염이 난 김총수를 주기자보다 더 좋아하기 때문이다. 따라서 이 투표에서는 김총수가 주기자보다 더 많은 여론의 지지를 받는다. 김총수, 주기자를 물리치고 거뜬히 1승!

이번에는 ②주기자와 ③김엄마가 출마했다고 생각해보자. 이 투표의 승자는 주기자가 될 것이다. 왜냐하면 주기자나 김엄마 모두 광팬으로부터 한 표씩을 얻는다. 결국 이 투표의 결과는 김총수의 광팬인 A의 손에 달렸다.

그런데 A는 두 번째 선호체계에 따라 마른 사람인 주기자를 김엄마보다 더 좋아한다. 따라서 이 투표에서는 주기자가 김엄마보다 더 많은 여론의 지지를 받는다. 주기자, 김엄마를 물리치고 거뜬히 1승!

이러면 세 번째 투표, 즉 ①김총수 VS ③김엄마의 대결은 해볼 필요도 없다. 앞선 두 투표가 민심을 제대로 반영했다면 이 대결에서 무조건 김총수가 이겨야 하기 때문이다.

그렇지 않은가? 김총수는 이미 주기자와의 대결에서 이겼다(김총수 〉 주기자). 그리고 주기자는 김엄마를 이겼다(주기자 〉 김엄마). 그러면 당연히 김총수는 김엄마를 이겨야 한다(김총수 〉 김엄마).

하지만 정작 ①김총수 VS ③김엄마의 대결이 벌어지면 뜻밖의 결과가 나온다. 김엄마가 승리를 차지하는 이변이 벌어진다.

일단 김총수와 김엄마는 각각 광팬으로부터 한 표를 얻을 것이다. 이 투표의 결과 또한 주기자의 지지자인 B에 달렸다. 그런데 B는 두 번째 선호체계에 따라 성대모사를 잘하는 김엄마를 김총수보다 더 좋아한다. 그래서 B는 김엄마를 찍을 것이고 김엄마는 선거에서 승리한다.

자, 진짜 이상해졌다. 김총수가 주기자를 이기고, 주기자가 김엄마를 이겼으면, 상식적으로 민심은 김총수 1등, 주기자 2등, 김엄마 3등이어야 한다. 그런데 투표 결과는 그렇지 않다. 3등과 1등이 붙었더니 3등이 이긴다. 김총수와 주기자가 붙으면 김총수가 이기고, 주기자와 김엄마가 붙으면 주기자가 이기는데, 김엄마와 김총수가 붙으면 김엄마가 이긴다.

그래서 두 명의 후보가 출마할 경우 어떤 승자도 민심을 제대로 반영하지 못하는 일이 생긴다. 이런 문제 때문에 다수결이 민심을 제대로 반영하지 못한다는 콩도르세의 역설이 성립한다.

매력적인 진보가 돼야 하는 이유

복잡한 수학 이야기를 참아주신 독자분들께 감사의 말씀을 드린다. 지금부터는 진짜로 이런 어려운 이야기 다 집어치우고, 콩도르세의 역설에서 얻을 수 있는 교훈을 함께 찾아보자.

콩도르세의 역설은 "다수결 투표는 민심을 제대로 반영하지 못한다"는 주장을 하지만, 나는 사실 이 주장에 큰 관심이 없다. 그런 경우가 분명히 있기는 한데, 그렇다고 매번 그런 경우가 발생하는 것은 아니기 때문이다. 그리고 많은 경우 다수결은 민심을 꽤 정확히 반영한다.

내가 이 이야기에 관심을 갖는 이유는 하나다. 사람에게는 첫 번째 선호체계만 있는 것이 아니라 두 번째 선호체계라는 것이 있다는 사실 때문이다. 그리고 많은 경우 대중들의 두 번째 선호체계에서 선거의 승패가 갈린다.

그래서 선거에서 이기기 위해서는 나를 지지하는 사람을 확보하는 것도 중요하지만(첫 번째 선호체계), 나를 지지하지 않는 사람들로부터 미움을 받지 않도록 노력하는 일도 중요하다.

선거는 진보와 보수, 양쪽 지지자의 숫자로만 결판나지 않는다. 양쪽을 딱히 지지하지 않는 사람들의 두 번째 선호체계에서 승패가 갈린다. 이때 중요한 것은 중간층에게 '나는 둘 다 지지하지 않지만, 굳이 둘 중 하나를 고르라면 진보를 선택하겠어'라는 생각을 갖도록 하는 것이다.

그래서 자유한국당이 가스통을 굴리는 무리들과 함께 광화문을 점거하는 것은 정말로 바보짓이다. 진보도, 보수도 아닌 사람들이 그 집회를 보고 보수를 지지하고 싶은 마음이 눈곱만큼이라도 생기겠나?

반면 2016년과 2017년 겨울을 뜨겁게 달군 촛불집회는 그래서 위대하다. 그 집회는 주변에 있기만 해도 사람들을 흥겹게 만들었다. 집회는 나의 한풀이를 하려고 여는 게 아니다. 사람들의 지지를 얻기 위해 여는 것이다.

그래서 나는 항상 "우리, 좀 멋지게 싸웁시다"라고 말한다. 집회를 할 때에도, 논쟁을 할 때에도, 쿨한 향기가 진동했으면 좋겠다. 그래야 첫 번째 선호체계에서 우리를

2017년 촛불집회

지지하지 않더라도, 두 번째 선호체계에서 우리를 선택할 마음이 생긴다. 이것이 우리가 매력적인 진보가 돼야 하는 이유다.

정치인과 관료의 이기심을 어떻게 극복할까?

관료포획과 유인설계 이론

이번 장에서는 노벨경제학상을 받은 두 주류경제학자의 이론을 살펴보려 한다. 주류경제학자답게 두 학자 모두 "인간은 이기적이다"라는 명제를 철저히 신봉한다.

여러 차례 언급했지만 나는 이런 전제에 전혀 동의하지 않는다. 그렇다고 내가 "인간은 선천적으로 협동적이다"라고 주장하는 것도 아니다. 인간은 그 중간 어디쯤에 있는 존재다. 그런데도 주류경제학은 이기적 인간을 지고지선의 진리로 여긴다. 나는 그게 웃기다고 생각할 뿐이다.

그런데도 내가 이번 장에서 이기적 인간을 굳게 믿는 두 주류경제학자를 소개하는 이유가 있다. 그들이 분석하는 대상이 정치인과 고위 관료들이기 때문이다.

우선 주인공들의 면면부터 살펴보자. 공공선택학파의 창시자로 불리는 제임스 뷰캐넌(James McGill Buchanan, 1919~2013)은 "정치는 비즈니스다"라는 독특한 주장으로 1986년 노벨경제학상을 거머쥐었다. 또 다른 주인공 조지 스티글러(George Joseph Stigler, 1911~1991)는 1982년 관료포획 이론으로 역시 노벨경제학상을 수상했다.

이 두 사람은 정치인과 고위 관료들을 분석 대상으로 삼았다. 그리고 이들 이론이 목표하는 바도 분명하다. "정부는 매우 비효율적인 조직이므로 결국 모든 것을 시장에 맡겨야 한다"는 주류경제학의 주장을 펼치는 것이다. 작은 정부와 거대한 시장은 주류경제학의 영원한 로망이다.

제임스 뷰캐넌 ⓒAtlas Network

반면 나는 강력한 정부와 통제된 시장을 꿈꾼다. 따라서 내가 이런 종류의 주장을 좋아할 이유가 없다. 그런데 나는 이기적 인간을 전제로 한 주류경제학 이론 중 이 둘의 의견은 경청하는 편이다. 물론 내가 이들의 목표와 이상에 동의한다는 이야기는 절대 아니다. 이들의 연구 중 우리가 참고해야 할 부분이 있다고 생각할 뿐이다.

정치는 비즈니스다

뷰캐넌의 주장은 "정치는 비즈니스다"라는 한 문장으로 요약할 수 있다. 뷰캐넌에 따르면 정치인은 국민을 위해 봉사하는 사람이 아니다. 그들도 우리와 똑같은 호모 에코노미쿠스다.

이건 관료들도 마찬가지다. 그래서 뷰캐넌은 정치인이나 고위 관료들을 '정치적 기업가(political entrepreneur)'라고 부른다. 이기심이라는 측면에서 이들은 돈만 좇는 기업가들과 다를 바가 하나도 없다는 것이다.

뷰캐넌에 따르면 국회의원들의 유일한 관심사는 다음 선거에서 당선되는 것이다. “원숭이는 나무에서 떨어져도 원숭이지만, 국회의원은 선거에서 떨어지면 사람도 아니다”라는 말이 있다. 그래서 국회의원은 국가를 위해 일하지 않는다. 어떻게든 지역 주민들의 환심을 살 방법만 고민한다. 공천을 준다는 곳으로 이리저리 당을 옮기는 철새 정치인들? 그거 다 이해해 줘야 된다. 그 자들은 애초부터 국민을 위해 일을 하려는 사람이 아니라 선거에서 이기기 위해 일을 하는 정치 비즈니스맨일 뿐이기 때문이다.

예를 들어보자. 미국은 우리나라와 달리 총기를 휴대하는 것이 허용된 나라다. 총기 구입이 운전면허 따는 것보다 쉽다. 미국 전체 가구의 절반가량이 총을 보유하고 있고, 개인이 갖고 있는 총기가 무려 2억 3,000만 정이나 된다.

또 미국은 총기 사고가 세계에서 가장 빈번하게 일어나는 나라이기도 하다. 총기 때문에 숨진 사람 숫자가 셀 수도 없을 정도다. 그렇다면 총기 휴대를 금지하면 문제가 해결되지 않을까?

하지만 미국 정치인들은 이를 단호히 거부한다. 그 배경에는 미국총기협회(NRA, The National Rifle Association of America)라는 단체가 있다.

NRA는 정부나 의회가 총기 사용에 대해 규제를 하려고 하면 필사적으로 로비를 한다. 정치인들 가운데 상당수가 NRA로부터 거액의 후원금을 받는다. 사정이 이렇다 보니 정치인들도 슬그머니 총기 규제 이야기를 멈춘다. 실제로 NRA는 미국 정치계에 가장 많은 정치 헌금을 퍼붓는 단체다.

또 미국은 설탕 가격이 국제 시세보다 세 배나 비싼 나라다. 이것도 설탕 생산업자들이 정치인들에게 로비를 벌여 벌어진 일이다. 미국은 우유 가격이 일정 수준 이하로 절대 떨어질 수 없도록 정부가 규제를 하는 나라이기도 하다. 이것도 우유생산자연합회라는 단체가 정치인들을 구워삶은 결과다.

이처럼 수많은 단체들이 돈을 들여 정치인들에게 로비를 한다. 정치인들은 이들이 주는 돈을 덥석 받는다. 왜냐고? 어차피 정치인들도 자기의 이익에만 충실한 호모 에코노미쿠스인데, 국민의 이익 따위에 왜 관심을 두겠나?

고위 관료들도 마찬가지다. 뷰캐넌에 따르면 뇌물을 받지 않는다 해도 관료들은 여전히 자신의 이익을 가장 중시하는 호모 에코노미쿠스다. 그래서 관료는 더 빨리 승진하고, 더 많은 월급과 연금을 받는 일에만 몰두한다.

그러기 위해서 관료는 자신이 하는 일이 중요하게 보이게끔 포장해야 한다. 대부분 관료들은 자기가 일하는 부서에 최대한 많은 예산이 배정되기를 원한다. 자신들의 담당 업무가 마치 국가를 위해서 꼭 필요한 일인 것처럼 과장을 한다.

이러다보니 정부가 비효율적으로 돌아간다. 미국 정부가 오랫동안 만성 적자에 시달린 것도 이런 이유 때문이라는 게 뷰캐넌의 설명이다. 예산을 짜보면 거의 모든 부서가 작년보다 훨씬 많은 예산을 요구한다. 그렇다면 그것이 과연 국가와 국민을 위한 행동일까? “그럴 리가 없어!”가 바로 뷰캐넌의 답이다.

그래서 뷰캐넌은 “정치인과 관료를 절대 믿지 말고, 정부의 역할을 최대한 축소해야 하며, 정부가 쓰는 예산도 계속 줄여야 한다”는 주류경제학의 소망을 정당화한다.

관료는 늘 포획된다

이번 장의 또 다른 주인공인 스티글러의 관료포획 이론을 살펴보자. 스티글러의 주장을 요약하자면 “관료는 늘 기업에 포획된다”는 것이다.

얼핏 이해가 가지 않는다. 관료는 기업을 규제하는 쪽이고, 기업은 관료로부터 규제를 받는 쪽이다. 갑을 관계를 따지면 관료가 갑이고 기업이 을이어야 정상이다.

하지만 현실은 그렇지 않다. 규제를 받는 기업이 규제를 하는 관료들을 대부분 매수했기 때문이다. 이게 바로 스티글러가 말하는 관료포획 현상이다.

우리나라에는 공정거래위원회라는 규제 기구가 있다. 이 기구의 목적은 시장 질서를 어지럽히는 재벌을 규제하는 것이다. 그런데 오랫동안 공정위는 재벌을 규제하는 기구가 아니라 재벌 편에서 일을 하는 기구 역할을 했다. 왜냐하면 그게 공정위 관료들에게 이익이기 때문이다. 말이야 바른 말이지 국민 편에서 재벌을 규제해봐야 돈이 나오나? 노후가 보장되나? 특히 이명박, 박근혜 정권 9년 동안 공정위는 완벽하게 재벌에게 포획됐다. 재벌을 규제하는 게 아니라 재벌에게 정당성을 부여했기 때문이다.

예를 들어보자. 한국 상법에는 금산분리 원칙이라는 것이 있다. 산업회사와 금융회사가 한 그룹 내에서 지배관계로 엮여서는 안 된다는 것이다.

금산분리는 매우 합리적인 원칙이다. 원래 제조업체라는 곳은 위기에 빠지면 돈이 필요하기 마련이다. 그리고 그 돈을 대부분 금융회사로부터 빌리려 한다.

이때 금융회사는 대출을 해 줄지 말지 여부를 신중하고 꼼꼼히 심사해야 한다. 왜냐하면 금융회사가 빌려주는 돈은, 자기 돈이 아니라 고객들이 맡긴 돈이기 때문이다. 만약 금융기업이 부실 회사에 돈을 빌려줬다가 그 회사가 부도라도 나면 손해는 고스란히 고객들의 몫이 된다.

그런데 한 그룹 안에 제조업과 금융업이 섞여 있으면, 이런 공정하고 꼼꼼한 심사가 불가능해진다. 그룹 계열사 중 한 곳이 위기에 빠졌을 때 오너가 "무조건 지원해!"라고 명령하면 금융회사는 고객 돈을 부실회사에 쏟아 붓는다. 왜? 오너가 명령했으니

서울고등법원에 출석하는 삼성전자 이재용 부회장

까!

실제 2000년 현대증권이 고객으로부터 모은 돈 수십조 원을 이용해 현대그룹 계열사 주가 조작에 나선 일도 있었다. 이 일로 고객들이 큰 손실을 입었다. 이런 일을 막기 위해 금산분리의 원칙을 만든 것이다.

그런데 삼성그룹은 금산분리가 전혀 안 돼 있다. 지주회사 격인 삼성물산 아래 삼성생명이라는 금융회사가 버젓이 존재한다. 제조회사가 금융회사의 주인 노릇을 하는 셈이다. 당연히 금산분리 원칙에 위배된다.

삼성은 이 문제를 해결해야 한다. 하지만 이 문제를 해결하려면 수십조 원의 돈을 써야 한다. 금산분리 이후에도 이재용이 삼성생명을 지배하려면 천문학적인 이재용 개인 돈도 필요하다. 물론 삼성과 이재용은 이런 정당한 일을 할 생각이 눈곱만큼도 없다.

그런데 이명박이 집권했던 2009년 공정거래위원회가 뜻밖의 아이디어를 들고 나왔다. '중간금융지주회사'라는 제도를 도입하겠다는 것이었다.

제도의 취지가 복잡한데 간단히 말하면 이렇다. 금융과 제조는 어떤 형태로건 한 지주회사 아래에서 섞여서는 안 된다는 것이 금산분리의 원칙인데, 삼성에 한해서만 예외를 인정해 주겠다는 것이다. 응? 도대체 왜?

나는 금산분리의 원칙이 철저히 지켜져야 한다고 믿지만, 누군가가 "삼성의 금산분리 문제는 좀 봐주자"라고 주장할 수 있다고 본다. 삼성으로부터 돈 받아먹은 자들도 있을 것이고, 삼성에 아부를 해야 하는 자도 있을 것이다. 보수언론과 재계가 삼성 편을 드는 것을 한두 번 본 것도 아니다. 삼성에 관해 비정상적인 주장이 난무했던 게 한국 사회이기도 하다.

그런데 말이다. 이 주장을 공정거래위원회가 했다는 게 정말로 이해가 되지 않는다. 산업통상자원부나 기획재정부가 그런 주장을 했다면 그러려니(열은 받지만) 하겠다. 그런데 재벌의 횡포를 막고 감시하라고 만들어 놓은 공정거래위원회가 이런 주장을 하다니, 공정위가 재벌 민원 들어주는 기관이냐? 재벌 신문고 같은 거냐고?

심지어 2017년 1월에도 공정위는 새해 목표로 "삼성의 금산분리 어려움을 구해주자"라는 것을 발표했다. 2017년 1월이면 촛불 혁명이 한창이었고, 정권교체 가능성도 어느 때보다 높았던 때다. 그런데 그 와중에 공정위는 "우리의 올해 목표는 삼성의 어려움을 풀어주는 겁니다" 이러고 앉아있다. '미친 거 아냐?'라는 생각이 드는데, 스티글러가 말하는 '관료가 기업에 포획되는 현상'을 생각해보면 불가능한 일도 아니다. 이처럼 관료는 늘 돈을 쓰는 자본의 입맛에 맞게 행동하는 경향이 있다.

유인설계와 민주적 통제

스티글러의 이론도 주류경제학의 시각을 옹호한다. 관료가 기업에 포획된다는 시각은 관료 역시 자기의 이익만 추구하는 비즈니스맨이라는 뷰캐넌의 주장과 일맥상통한다.

그래서 이들 두 경제학자의 주장은 정부에 대한 불신을 조장한다. 그들이 원하는 세상은 강한 시장이 지배하는 세상이다. 그리고 이런 철학은 내 생각과 아~주 멀리 동떨어져 있다.

그런데도 내가 이들의 이론을 인용하는 이유가 있다. 나는 "모든 인간은 호모 에코노미쿠스다"라는 주장에 콧방귀를 뀌지만, 적어도 관료나 정치인들은 매우 호모 에코노미쿠스에 가깝다고 생각하기 때문이다.

실제 행동경제학자들이 실험을 해보면 유난히 이기적 성향이 강한 사람들이 있다. 어떤 사람들이냐? 바로 명문대 출신들이다. 명문대 출신으로 출세 지향적인 사람들 중 상당수는 호모 에코노미쿠스에 가깝다. 그리고 고위 관료나 선출직 정치인 중 상당수가 이런 명문대 출신들이다.

그래서 나는 민중들을 분석할 때와 달리 정치인이나 고위 관료를 분석할 때에는 호모 에코노미쿠스를 전제로 분석을 하는 것이 상당히 정확하다고 믿는다. 이게 바로 내가 뷰캐넌과 스티글러 두 주류경제학자의 이야기를 경청하는 이유다.

하지만 이들의 이야기를 경청하는 것은 딱 여기까지다. 더 이상 이들의 이야기를 받아들여 "모든 것을 시장에 맡기자"는 주장이 수용되면 세상이 진짜로 이상해진다.

정치인과 관료를 못 믿는다고 시장에 모든 것을 맡기면 세상이 좋아질까? 웃기는 이야기다. 시장은 그야말로 호모 에코노미쿠스의 천국이고, 그들은 국민의 행복과 공공의 이익에 아무런 관심이 없다. 신자유주의 40년 동안 망가진 전 세계 민중들의 삶이 이를 증명한다.

어떻게 이 딜레마를 해결해야 할까? 경제학에서는 '유인설계 이론'이라는 이름으로 해법을 제시한다. 정치인이건 관료건 어차피 자기 이익만 좇는 비즈니스맨이라면, 그들이 기업이나 권력자를 위해 일할 때보다 민중들을 위해 일할 때 그들에게 더 큰 이익을 안겨주자는 것이다. 즉 그들이 재벌을 위해 일했을 때 얻는 이익이 10이라면, 공공을 위해 일했을 때 얻는 이익을 20쯤으로 높여야 한다는 이야기다.

그야말로 전형적인 인센티브 시스템을 도입하자는 건데, 나는 이 의견에 비교적 동의한다. 인센티브 시스템은 인간이 호모 에코노미쿠스라는 전제가 있을 때에만 먹힌다. 그런데 정치인과 고위 관료는 내가 보기에도 호모 에코노미쿠스에 매우 가깝다.

더 간단히 이야기하면 이렇다. 정치에 대한 민주적 통제가 강해져야 한다. 사익을 추구하거나 지역구만 챙기는 국회의원은 다음에 반드시 낙선시켜야 한다. 반면 사익이 아니라 공익을 추구하는 국회의원은 반드시 당선시켜야 한다.

정치인은 어차피 자신의 이익을 좇는 존재고 그들에게 가장 큰 이익은 선거에서 당선되는 것이다. 국민을 속인 정치인을 국민이 낙선시키면 이기적인 정치인은 다음 선거에서 당선되기 위해서라도 국민을 속이는 일을 멈출 것이다.

2017년 봄, 대한민국은 4개월 동안의 촛불집회를 통해 부패한 대통령을 자리에서 끌어내렸다. 세계사에 기록될 대단한 혁명이었다. 만약 이런 민중들의 통제가 없었다면 지금도 여전히 많은 정치인들은 부패한 정치인으로 남아 자기 호주머니 챙기는 일에 급급했을 것이다. 하지만 한국의 민중들은 기꺼이 자기 시간과 노력을 들여 부패한 지도자를 끌어내렸다. 자기 이익만 챙기는 이명박, 박근혜 같은 비즈니스맨들에게 국민적 응징을 가한 것이다. 이게 바로 민주적 통제의 첫 걸음이다.

뷰캐넌과 스티글러의 이론 중 참고할 것은 기꺼이 참고하자. 그리고 그 참고를 바탕으로 우리의 세상을 향해 한 걸음 더 나아가야 한다. 어려운 일이지만 불가능한 일이 아니다. 국민들이 눈을 크게 뜨고, 정치인과 관료에 대한 민주적 통제를 강화하는 일에 주저하지 않는다면 말이다.

미국과의 '엮임'에서 풀려날 방법

동맹의 딜레마

한국 사회에서 미국만큼 극단적인 평가를 받는 국가는 드물다. 일각에서는 그들을 '천조국'이자 우리를 구한 은인으로 숭배한다. 반대편에서는 그들을 제국주의적 착취로 한국 사회를 난도질한 범죄자들로 취급한다.

이러다보니 주한미군 방위비 분담금 협상 같은 문제가 불거지면(이에 대해서는 뒤에서 자세히 다룰 예정이다) 양쪽의 시각이 극단적으로 갈린다. "한미 동맹을 지키는 데 돈이 아까울 게 뭔가?"라는 목소리와 "아예 주한미군을 철수하라"는 목소리가 각 진영에서 나온다. "미국 만세"와 "양키 고 홈"이 공존하는 나라, 그곳이 바로 지금의 대한민국이다.

그런데 이 문제를 경제학적으로 바라보면 시각이 조금 달라진다. 경제학에서 국가란 오로지 자국의 이익을 극대화하는 이기적 존재, 즉 호모 에코노미쿠스의 총체다. 미국이 한국에 남긴 수많은 유산들(그것이 긍정적이건 부정적이건)도 결국 자국의 이익을 극대화하기 위한 전략이었다는 이야기다.

이런 관점으로 보면 한 가지는 분명해진다. 일단 미국은 우리의 은인이 아니다. 미국이 우리에게 뭔가를 베푼 것이 있다면 그것은 우리가 예뻐서가 아니라 자국의 이익을 위해서였다. 수십 년 동안 주류경제학을 숭배한 이들이 '공짜 점심은 없다'는 주류경제학의 전제조차 이해하지 못한다면 더 이상 논쟁은 불가능하다.

그래서 동맹은 어렵다. 겉으로 아무리 친한 척을 해도 자국의 이해관계가 걸리면 동맹의 맹세는 휴지조각이 될 뿐이다.

국제관계론을 다루는 학문에서는 '동맹의 안보 딜레마(alliance's security dilemma)'라는 이론으로 이 문제를 설명한다. 노스캐롤라이나 대학교 정치학과 교수였던 글랜 스나이더(Glenn Snyder)가 정립한 이론이다.

호구와 왕따 사이, 옭임과 버림의 딜레마

동맹의 딜레마를 한 문장으로 요약하자면 "약소국에게 동맹이란 옭임(entrapment)과 버림(abandonment) 사이의 줄타기"라는 것이다. '옭임'이나 '버림'이라는 단어가 익숙하지 않으니 더 친근한 단어로 바꿔보자. 다시 정리하자면 약소국에게 동맹이란 '호구'가 될 가능성과, '왕따'를 당할 가능성 사이에서 겪는 갈등이라는 뜻이다. 즉 약소국에게 동맹은 전혀 행복한 그 무엇이 아니다. 잘해도 호구가 되고, 잘못하면 왕따가 된다.

호구와 왕따가 반복되는 과정은 이렇다. 약소국은 강대국에게 "나를 지켜주세요"라고 부탁한다. 그런데 강대국이 왜 약소국을 돕겠나? 돕는다면 이유는 단 하나, 그것이 강대국에게 이익이 되기 때문이다. 만약 이익이 되지 않는다면 강대국은 헌신짝처럼 약소국을 버릴 것이다.

강대국으로부터 왕따를 당하지 않기 위해 약소국이 해야 할 일은 최대한 강대국과 엮이는 것이다. 그런데 이렇게 엮이기 위해서는 강대국이 시키는 짓을 다 하는 호구가 돼야 한다. 강대국이 방위비 분담금을 올리라면 올리고, 시장을 개방하라면 해야 한다. 심지어 강대국의 전쟁에 "너희도 군대 보내라"고 명령(!)하면 약소국은 고분고분 시키는 대로 해야 한다. 약소국은 이렇게 호구가 된다.

그런데 호구 짓의 대가는 엄청나기 마련이다. 강대국이 시키는 대로 하다보면 경제가 뒤틀리고 안보가 엉망이 된다. 국제 사회에서 여기저기 원수도 만든다.

그래서 약소국이 조금씩 반항을 한다. 약소국도 자국의 이익을 극대화해야 하는 사명이 있기는 마찬가지다. 그렇게 강대국의 지시를 조금씩 거부하다보면, 강대국은 "더 이상 너희를 지켜주지 않겠어"라며 약소국을 버린다. 호구를 벗어나려니 왕따가 되고, 왕따를 벗어나려니 호구가 된다. 이것이 바로 약소국이 겪는 동맹의 딜레마다.

일본이 겪는 동맹의 딜레마

동맹의 딜레마를 겪어 호구가 된 대표적 나라가 일본이다. 그렇지 않아도 미국을 형님 국가로 모시는 전통이 공고한 일본은, 한국과 무역분쟁을 시작한 이후 혹시 미국의 버림을 받을까봐 전전긍긍했다. 왕따가 되는 것이 두려워 철저히 호구가 되기로 한 것이다.

그 결과가 굴욕적인 옥수수 시장 개방이었다. 2019년 8월 일본 아베 총리는 "옥수수가 남아도는데 너희가 좀 사줘야겠다"는 트럼프 미국 대통령의 한마디에 필요도 없는 옥수수를 무려 8조 원어치나 사주겠다고 약속했다.

그런데 이렇게 호구 짓을 계속하다보면 아베도 무사하지 않다. 일본 국내 여론이 극악으로 치닫기 때문이다. 아베가 뒤늦게 "미국으로부터 옥수수를 사주기로 한 적 없다"고 발뺌을 한 이유가 그것이다. 그런데 이게 또 문제를 낳는다. 그렇게 호구 짓을 멈추면 형님 나라 미국으로부터 왕따를 당할 걱정을 해야 한다.

딜레마란 이러지도 저러지도 못하는 상황을 뜻한다. 동맹의 딜레마도 마찬가지다. 그래서 약소국 입장에서 강대국과 맺는 동맹은 절대 좋은 것이 아니다. 적자생존의 정글 사회에서 동맹이니 우정이니 하는 말은 전부 헛소리에 불과하다.

아베 일본 총리와 트럼프 미국 대통령이 골프를 치며 다정한 한 때를 보내는 모습 ⓒ아베트위터

이 딜레마에서 벗어날 유일한 해결책은 동맹이 불필요한 정세를 만드는 것이다. 남북 긴장이 계속되는 한 우리는 미국과 겪게 될 동맹의 딜레마에서 영원히 벗어나지 못한다. 그런 측면에서 보면 고의로 남북 긴장을 고조시켜 정치적 이익을 도모했던 이 나라 보수 정부는 정말로 역사에 큰 죄를 지었다.

중요한 것은 어떻게든 한반도에 평화를 정착시키는 것이다. 민족의 평화를 민족 스스로 찾아낼 길을 열면, 우리는 동맹의 딜레마를 걱정할 필요가 없다. 이건 보수냐 진보냐의 문제가 아니다. 국가정보원 산하 국가안보전략연구원이 2011년 학술대회에서 발표한 자료에 이런 내용이 있다.

"상대적으로 국력 차이가 나는 국가들 간에 맺어지는 동맹관계를 소위 '비대칭적 동맹'이라고 한다. 안보 자율성 동맹에서 약소국은 동맹 파트너인 강대국으로부터 군사적인 지원을 받아 안보를 확보하고, 강대국은 약소국에 대한 영향력을 행사할 수 있게 된다.

따라서 약소국의 경우 안보를 확보하는 대신 국가 정책적 자율성을 일정부분 희생하게 되는 것이다. 한미동맹은 이러한 안보 자율성 교환동맹의 전형적인 사례의 하나로 꼽힌다. 특히 스나이더가 제시한 '연루'와 '방기'의 관점에서 보았을 때 한국은 동맹 형성 이후 연루보다도 유난히 방기에 대한 두려움이 컸고 이것이 대미의존도 강화와 자율성 희생의 주요 원인으로 작용했다고 볼 수 있다."

"미국에게 왕따 당할 두려움 때문에 대미의존도가 강해졌고, 국가 자율성이 희생됐다"는 게 이 자료의 요지다. 이 자료는 민주정부 시절 국정원에서 만든 게 아니다. 이명박 정부 때 국정원 산하 기관이 만든 자료다.

이명박 시절에 국정원이 이런 이야기를 할 정도라면 한국이 겪는 동맹의 딜레마는 실로 심각한 수준이라는 뜻이다. 그래서 남북 평화는 단순한 감정의 문제가 아니라 실리와 국익의 문제다. 우리 스스로 미국과의 동맹이 필요 없는 상황을 만들 방법을 반드시 찾아내야 한다.

주한미군 방위비 분담금을 다시 생각해보자

첫인상이 모든 것을 결정한다

이 책을 선택해주신 소중한 독자분들에게 감사의 마음을 전하는 차원에서 큰 기회를 하나 드리려 한다. 2020년 12월 어느 날, 서울 모처에서 이완배 기자의 시 낭송회를 열 예정이다. 이완배 기자의 시 낭송회라니 얼마나 멋진가? 이건 정말 대단한 행사가 될 것이 분명하다.

당연히 이 책을 구입하신 독자분들에게 시 낭송회에 참여할 기회를 먼저 드리겠다. 시 낭송회는 1부, 2부, 3부로 구성되어 있는데 1부만 들을 분들에게는 특별히 할인된 가격 1만 원에 티켓을 발송해 드리겠다. 2부까지 들으실 분들은 2만 원, 3부까지 다 들으실 분들은 3만 원에 모신다. 이 책 맨 뒷장에 쿠폰이 있으니 쿠폰과 함께 현금을 동봉해 보내주시면 티켓을 발송해 드린다.(누가 봐도 농담입니다. 책 맨 뒷장에 쿠폰 같은 거 없으니까 찾는 수고를 하지 말아주셔요!)

이 대목에서 수많은 독자분들이 '이 자식이 마침내 돌았나?' 싶으셨을 거다. 웃기려고 한 이야기일 뿐, 설마 내가 이런 미친 짓을 할 정도로 바보가 아님을 알아주셨으면 한다.

그런데 말이다. 만약 진짜로 내가 이런 공고를 내면 의외로 돈을 내고 참여하는 분들이 꼭 생긴다. 이 내용을 방송에서 이야기했을 때, 유튜브 댓글에 "나는 이완배 기자가 시 낭송회를 하면 진짜로 돈 내고 갈 거예요"라고 말씀해주신 분이 있었다. 거짓말하지 말라고요? 진짜 그런 분이 있으셨다니까요!

자, 이번에는 다른 부탁을 하나 독자 여러분들에게 드리겠다. 내가 사실 요즘 시 낭송 대회에 나갈 준비를 하는 중이다. 이 따위 목소리로 말이다. 하하하. 내가 생각해도 웃긴다. 아무튼 그래서 요즘 시 낭송 연습을 맹렬히 한다. 독자 여러분들이 나를 좀 도와 주셨으면 좋겠다.

2020년 연말 주말 하루를 골라 서울의 한 카페를 빌려서 독자 여러분들을 초청하려 한다. 시 낭송 대회 리허설 행사다. 독자 여러분들이 이 자리에 오셔서 내가 시 낭송하는 것을 좀 들어주셨으면 좋겠다. 심각한 시선 공포증이 있는 나에게는 독자 여러분들이 시 낭송을 들어주시는 것만으로도 큰 도움이 된다.

물론 나는 염치가 있는 사람이기에 이런 부탁을 공짜로 드리지는 않는다. 주말 귀중한 시간을 내 주시는 분들을 위해, 1부를 들어주시는 분들에게 현금 1만 원을 드린다. 2부까지 들어주시면 2만 원, 3부까지 다 들어주시면 3만 원을 드린다. (이것도 농담입니다. 시 낭송회는 열리지 않아요!)

사실 이것도 웃기는 부탁이다. 주말 그 귀한 시간에 누가 미쳤다고 이완배 따위의 시 낭송을 듣는단 말인가? 그런데 이것도 해 보면 신청하시는 분들이 분명히 나온다. '저 놈 목소리야 듣기 싫지만 1시간에 만 원이면 나쁘지 않은 아르바이트잖아?'라는 생각으로 말이다.

여기까지 읽은 독자분들은 뭔가 이상하다는 것을 느끼셨을 거다. 지금 이 두 상황은 하나하나 따로 나누면 충분히 벌어질 만한 것들이다. 그런데 두 개 상황을 연이어 읽으면 이야기가 진짜 웃기게 돼버린다.

첫 번째 상황에서 이완배한테 사기(!)를 당한 분들과, 두 번째 상황에서 이완배가 제시한 아르바이트를 받아들인 분들이 앞으로 겪어야 하는 일은 완벽하게 똑같다. 양쪽 다 이완배 기자가 구린 목소리로 시 낭송 하는 것을 들어야 한다.

그런데 두 상황에는 놀라운 차이점이 있다. 첫 번째 상황에 걸린 분들은 돈을 내야 한다. 반면 두 번째 상황에 참여하는 분들은 돈을 받는다. 뭐 이런 웃긴 이야기가 다 있나?

첫인상이 상품의 성격을 결정한다

이 이야기는 내가 지어낸 것이 아니다. 최근 각광받는 행동경제학자 댄 애리얼리(Dan Ariely) 듀크 대학교 경제학과 교수가 자신의 책 「상식 밖의 경제학」에 소개한 사례다.

애리얼리 교수는 "내가 시 낭송을 할 텐데"라며 내가 했던 제안과 똑같은 제안을 학생들에게 제시했다. 그런데 진짜로 돈을 내고 들으려는 신청자도 생겼고, 돈을 받고 듣겠다는 신청자도 생겼다. 그래서 애리얼리 교수는 "내 목소리는 진짜 형편없는데요. 돈을 내고 내 시 낭송을 들겠

댄 애리얼리 듀크대학교 경제학과 교수

다는 학생이 꽤 나오더라고요. 이거 잘하면 경제학 교수 때려치우고 시 낭송만으로도 먹고 살겠는데요?"라는 농담을 던진다.

실제 신청을 받은 결과 돈을 내겠다고 한 학생들은 짧은 시 한 편에 1달러, 중간 길이 시 한 편에 2달러, 긴 시 한 편의 낭송을 듣는 데에는 3달러까지 낼 용의가 있다고 적었다.

반대로 돈을 주겠다고 했을 때, 학생들은 짧은 시에는 1달러 30센트를 받겠다고 요청했고, 중간 길이의 시에는 2달러 70센트, 긴 시를 참고 들어주는 데에는 4달러 80센트를 요구했다. 가격도 별로 차이가 나지 않는다.

왜 이런 황당한 일이 벌어질까? 우리가 알아야 할 사실은, 인간은 예상 밖으로 상품의 가치를 정확하게 판단하지 못한다는 점이다. 사실 이완배의 시 낭송을 듣는 건 고문이다. 그 고문을 이기는 행위는 매우 힘든 노동이므로 당연히 돈을 받아야 한다. 그런데 때로는 사람들이 이완배 따위의 시 낭송을 돈을 내고 듣기도 한다.

'그렇기는 하네. 살짝 방심하면 만 원짜리 상품을 3만 원에 사는 바가지를 쓰잖아?'라고 간단히 생각한다면 아직도 방심하고 있는 거다. 이건 싼 걸 비싸게 사는 바가지 차원의 문제가 아니다. 돈을 받아야 하는 일에 되레 돈을 주는 황당한 일에 관한 이야기다.

애리얼리는 이 실험을 소개하며 "모든 것은 첫인상에서 결정된다"고 주장한다. 사람은 상품의 가치를 꼼꼼히 따지기보다 처음 상품을 접할 때의 인상에 따라 상품의 가치를 어림짐작한다. 누군가가 "이 상품은 돈을 받고 파는 겁니다"라는 첫인상을 심어주면, 이완배 따위의 시 낭송도 돈을 받고 파는 상품이 될 수 있다. 애리얼리의 설명을 직접 읽어보자.

「톰 소여의 모험」에서 톰이 폴리 아줌마 집 담을 흰색 페인트로 칠하는 일을 가지고 친구들을 속여 먹은 유명한 일화를 기억하는가? 톰은 페인트칠을 마치 즐거운 놀이인 양 이야기했다. "이게 일이라고?" 톰은 친구들에게 말한다. "남자애가 담에 흰색 페인트칠을 할 수 있는 기회가 날이면 날마다 올 것 같아?" 이것을 새로운 정보로 받아들인 톰의 친구들은 흰색 페인트칠을 재미있다고 여기게 된다. 톰의 친구들은 그 특권을 누리기 위해 돈을 지불할 뿐만 아니라 페인트칠을 해서 진짜 즐거움까지 맛본다. 누이 좋고 매부 좋은 결과가 나온 것이다.

주한미군, 우리에게 은혜를 베풀까?

이 이론을 현실에 도입해보자. 우리나라에는 주한미군이 주둔하고 있다. 그리고 많은 국민들이 주한미군 주둔을 감사하게 생각한다. 그에 드는 비용은 우리가 내는 것이 당연하다고 믿는다.

그런데 과연 정말 그럴까? "당연하지! 미군이 우리를 지켜주는 건데!"라고 쉽게 이야기하지 않았으면 좋겠다. 앞에서 살펴봤듯 사람들은 돈을 받아야 하는 일에 되레 돈을 내는 아둔한 행동을 저지른다.

2019년 12월 20일 주한미군은 부산항 미군부대에서 생화학 방어체계를 운영하고 있다는 사실을 공식적으로 인정했다. 그런데 사실 이 의혹은 오래 전부터 계속 제기돼 왔던 것이다.

〈민중의소리〉와 〈부산일보〉, 부산지역 시민단체들은 2016년부터 주한미군이 생화학 물질을 부산에 몰래 들여왔다는 의혹을 제기했다. 그걸 2019년에야 주한미군이 인정한 것이다.

주한미군이 부산에 들여왔다고 인정한 물질은 보툴리눔 톡소이드, 포도상구균 톡소이드, 리신 등이다. 이런 물질을 부산항 8부두 시설뿐 아니라 평택기지 등에도 보냈단다. 그런데 보툴리눔 톡소이드는 신경조직을 마비시키고 파괴하는 매우 강력한 특수물질이란다. 1그램으로 무려 100만 명을 살상할 수 있다고 한다. 헉!

나는 정말로 궁금해 미치겠다. 이 위험한 물질을 한국에 왜 들여왔냐는 거다. 미군은 "화학 공격 방어를 위해서 들여온 것이고, 매우 안전하기까지 하다"라고 설명했다. 지금 장난하냐? 내가 문과 출신이라고 무시하는 거냐고!

문과 출신인 내가 보기에도 이건 하나도 안전해 보이지 않는다. 1그램으로 100만 명을 살상하는 세균을 남의 나라에 몰래 들여와 놓고 안전하다고 말하면 그걸 누가 믿겠나? 그렇게 안전하면 그 보툴 어쩌고를 백악관에 들여놓고 실험하라. 방어시스템이라면서? 백악관부터 방어하는 게 미군의 기본 임무 아닌가? 그런데 그렇게는 절대 못하지? 왜 못할까? 안전하지 않으니까 못하는 거다.

나는 이 사실만 봐도 의심스럽다. 미군이 진짜로 우리를 돕고 있기는 한 건가? 우리는 상당한 액수의 주한미군 방위비 분담금을 내며 미군에게 도움을 받고 있는 건가? 나는 진심으로 그게 아닐지도 모른다는 생각이 들었다.

저 정도 위험한 세균을 제멋대로 우리나라에 들여오는 일은 절대로 허용하면 안 된다. 그런데 백만의 하나, "돈만 벌 수 있으면 뭐든 할 수 있다"는 주류경제학자들의 논리를 받아들여 이런 일을 허용할 수도 있다고 치자.

그러면 우리는 저런 세균을 우리나라에 들여와서 실험을 하는 일에 돈을 내야 하나? 돈을 받아야 하나? 당연히 받아야 한다. 그것도 왕창 받아야 한다. 최소한 30조 원쯤은 받아야 하는 거 아닌가?

평택 캠프험프리, 부산항 8부두 주피터프로그램(생물무기훈련) 중단을 촉구하는 시민들

그래서 나는 이 사태를 보면서 우리가 돈을 받아도 모자랄 일에 지금까지 돈을 내고 있었던 게 아닌가 하는 생각이 들었다. "에이, 그건 오버지"라고 단정하지 말자. 사람은 돈을 내야 하는 대목과 받아야 하는 대목을 구분하는 일에도 많은 착각을 저지른다.

"주한미군을 당장 철수하자!"는 주장을 하는 게 아니다. 나는 친미주의자도 아니고, 반미주의자도 아니다. 내가 하려는 이야기는 주한미군이 주둔하더라도 그게 미국이 우리에게 은혜를 베푸는 일인지, 우리가 당하는 일인지는 알아야 한다는 거다. 당하지 않는 게 가장 좋지만, 설혹 당하더라도 알고 당하는 것과 "미국은 우리의 은인이어요. 미국 만세!"를 외치며 당하는 것은 완전히 다르다.

힘이 약해서 당하더라도 그 사실을 알면 이를 갈고 힘을 키운다. "다시는 당하지 않겠다"는 결의도 한다. 나는 이 일을 겪으면서 미국이 우리에게 돈을 내고 부탁해야 될 일을, 우리에게 돈을 받고 거들먹거리고 있다는 생각을 지울 수가 없었다.

III부

복지와 재정

정부 재정에 대한 첫 번째 거짓말

황교안 대표의 거짓 선동

이 책 3부에서는 정부의 재정과 복지 정책에 대한 다양한 이야기를 나눌 것이다. 정부가 한 해 살림을 운영하는 것을 '재정'이라고 부른다.

이야기를 시작하기 전에 우리의 고정관념에 대해 먼저 짚어보자. 예를 들어 이런 장면을 상상해본다. 중세시대에 두 농부가 만났다. 두 농부는 각각 다른 성, 다른 영주 밑에서 살고 있었다. 농부 A가 푸념을 늘어놓는다.

"우리 영주님 때문에 미치겠어. 안 그래도 흉년인데 올해 세금을 작년보다 더 많이 내라는군. 이런 못된 영주 밑에서 살려니까 허리가 휘어지네."

농부 B는 불쌍하다는 듯이 보다가 자랑을 시작한다.

"에구, 힘들겠네. 우리 영주님은 항상 세금을 적게 받으려고 애쓰시는데. 올해도 세금을 작년보다 내려주신다고 하더라고. 자네에 비하면 우리는 천국에서 사는 셈이지."

역사 드라마를 보면 항상 접하는 이야기가 이런 것이다. 인류의 역사가 시작되고 왕과 지배계급이 나타난 이래 세금은 언제나 민중들을 힘들게 했던 심각한 문제였다. 기록을 살펴봐도 좋은 왕일수록 세금을 적게 걷었고, 폭군일수록 세금을 많이 걷었다. 세금이 적었던 시기 백성들은 행복했고, 세금이 많을수록 백성들이 고달파 했다.

인간은 경험을 중시하는 동물이다. 이런 오랜 역사의 경험 탓에 사람들 머리에는 '세금은 국민을 힘들게 하는 것'이라는 고정 관념이 강하게 자리 잡았다. 그래서 국가가 세금을 조금만 올리려고 하면 국민들은 엄청난 적대감을 갖는다. 그래서 10여 년 전 한 개그맨이 이런 유행어를 만든 적이 있다.

"국가가 나한테 해준 게 뭐가 있어!"

이처럼 우리에게는 '정부가 나에게 해 준 것이 없고, 그래서 세금을 내는 것은 아까운 일'이라고 믿는 고정관념이 있다. 정부가 빚을 내면 그 이자를 국민 세금으로 물어야 하기에 정부의 빚도 무조건 잘못된 것이라는 선입관이 있다. 보수는 이런 국민의 반감을 교묘히 이용한다. 그래서 이 싸움은 늘 거짓을 말하는 보수가 진실을 말하는 진보보다 유리하게 전개된다.

황교안 대표의 국어 실력

2019년 11월, 자유한국당 황교안 대표가 이듬해 예산안에 대해 잔뜩 화를 냈다. 황 대표는 공식 석상에서 "513조 원 규모의 슈퍼예산을 편성하고, 그 중 60조 원은 적자부채, 국채를 발행해서 하겠다고 한다. 빚놀이를 하겠다는 것이다. 빚을 내 내년 총선

자유한국당 황교안 대표가 2019년 12월 11일 국회 본회의장 입구에서 열린 '예산안 날치기 세금도둑 규탄대회'에서 발언하는 모습

을 앞두고 표가 되는 곳에 뿌리겠다는 것으로 보인다"고 열을 올렸다. 그는 이어 "국민 세금을 이용한 부도덕한 매표 행위"라거나, "국가부도의 지름길" 같은 험악한 단어를 거침없이 내뱉었다.

이 말의 진위는 지금부터 따져볼 참인데, 그 전에 제1야당 대표의 한심한 국어 실력부터 지적하지 않을 수 없다.

일단 '빚놀이'는 바른 표현이 아니다. '돈놀이'라고 써야 맞다. 그런데 정치를 하다보면 비속어를 쓸 수도 있고, 사투리를 쓸 수도 있는 법이니 이건 넘어갈 수 있다.

문제는 빚놀이, 혹은 돈놀이가 '남에게 돈을 빌려 주고 이자를 받는 것을 업으로 하는 일'이라는 뜻이라는 점이다. 즉 빚놀이는 고리대금업자나 사채업자들이 하는 짓처럼 돈을 '빌려주고(빌리는 게 아니고!)' 이자를 받는 행위를 뜻한다.

그런데 2020년 정부의 슈퍼예산은 국채 등을 발행해 돈을 '빌려서(빌려주는 게 아니고!)' 마련하는 것이다. 이자를 받는 게 아니라 이자를 물어야 한다. 이처럼 '빌리다'와 '빌려주다'를 헷갈리면 말의 뜻이 거꾸로 전달된다.

이 정도로 친절하게 설명했으니 황 대표도 뭘 잘못 말했는지 대충 알아들었으리라 믿는다. 그래도 이해가 안 간다면 영어로 borrow(빌리다)와 lend(빌려주다)가 다른 뜻이라는 사실을 참고하시라. 그래도 이해가 안 가면 국어사전에 나온 예문 "그는 돈놀이로 먹고사는 사람이다"라는 문장을 열 번 정도 읽어보시고.

그 당이 하도 '종북종북' 거리는 당이니 하나만 더 이야기한다. 빚놀이는 돈놀이라는 표준어의 북한식 표현이기도 하다. 공당의 대표가 멀쩡한 한국말 놔두고 북한말을 사용하다니! 황교안 동무, 사상성이 좀 의심스럽습네다?

IMF의 조언도 듣지 못했나?

경제학 역사를 보면 보수와 진보는 늘 "정부가 돈을 더 써야 하느냐, 덜 써야 하느냐"로 싸웠다. 보수는 "정부는 씀씀이를 줄이고 모든 것을 시장에 맡겨라"라고 주장했고, 진보는 "정부가 씀씀이를 늘려 적극적으로 시장에 개입해야 한다"고 주장했다.

그래서 '정부가 빚을 더 내 돈을 써야 하느냐'는 논쟁은 일종의 경제 철학적 대립이다. 결론이 나지 않는 논쟁이라는 이야기다.

그런데도 보수든 진보든 정부가 빚을 내 돈을 더 쓰는 일에 공감하는 시점이 있다. 두 가지 전제조건이 충족됐을 때, 즉 ①경기가 부진한데 ②정부가 빚을 낼 여력이 충분할 때가 바로 그때다.

보수 쪽에서는 당연히 '지금이 그때라고 어떻게 장담하나?'라고 반론할 수도 있다.

이럴 때에는 권위 있는 제3자의 이야기를 들어볼 필요가 있다.

2019년 10월 국제통화기금(IMF)의 새 수장에 오른 크리스탈리나 게오르기에바(Kristalina Georgieva) 신임 IMF 총재 정도면 충분히 권위 있는 제3자일 것이다. 게다가 IMF는 진보가 아니라 보수 쪽에 훨씬 가까운 기구이니 게오르기에바 총재를 제3자로 지목한다면 보수도 불만이 없을 것이다.

그런데 게오르기에바 총재가 이 해 10월 9일 취임 연설에서 한국과 독일, 네덜란드 세 나라를 콕 집어 "세 나라의 재정 확대가 필요하다"고 주장했다. 그는 "전반적으로 국제 경기가 심각한 침체 국면에 들어섰다"면서 "한국, 독일, 네덜란드 등 3개국처럼 재정에 여유 있는 국가들이 재정 화력을 배치해야 할 때"라고 목소리를 높였다.

게오르기에바 총재가 지목한 세 나라는 국내총생산(GDP) 대비 정부 부채 비율이 매우 낮은 나라들이다. 독일의 GDP 대비 정부 부채는 66%, 네덜란드는 59% 선이다. 그런데 한국은 이들보다도 낮은 40% 선에 머무르고 있다.

90%를 넘긴 영국이나 100%를 오르내리는 미국, 110%를 넘긴 프랑스는 물론이고 200%를 훌쩍 넘긴 일본에 비해 한국 정부의 부채 규모는 작아도 너무 작다. IMF 총재가 한국을 콕 집어 "제발 정부가 빚을 좀 더 내서 돈을 더 써라"고 목소리를 높이는 이유가 여기에 있다.

크리스탈리나 게오르기에바 IMF 총재

비열한 국민 속이기 놀이

그래서 정부는 통상적으로 경기가 안

좋으면 보수, 진보를 막론하고 적극적으로 돈을 풀어야 한다. 반대로 경기가 좋으면 빚을 갚아 재정 건전성을 높인다. 이게 경제학의 상식이다.

보수가 그토록 좋아하는 미국도 마찬가지다. 2000년 빌 클린턴 대통령 시절 6,000조 원 정도였던 미국의 국가부채는 조지 부시 대통령 시절 1경 1,000조 원으로 갑절 가까이 껑충 뛰었다. 헛갈릴까봐 이야기하자면 부시는 너희 편이다.

그리고 그 국가부채는 버락 오바마 대통령 시절에 1경 6,000조 원을 돌파했다. "그건 오바마가 진보니까 그렇지"라고 열 내지 마시라. 공화당 트럼프 대통령이 집권한 지금 미국 정부의 부채는 2경 2,000조 원을 넘어섰다.

2020년 한국 정부 예산은 2019년에 비해 9.3% 정도 늘어났다. 하지만 내가 보기에 이는 여전히 부족하다. 경제협력개발기구(OECD) 국가 중 부채비율이 가장 낮은 한국은, 오히려 빚을 더 내서 돈을 더 쓰는 게 바람직하다. 지금 빚놀이 타령하고 있을 때가 아니라는 이야기다.

황교안 대표가 이 사실을 몰랐을 리가 없다. 그런데도 그가 빚놀이라는 엉터리 단어까지 써가며 이 문제에 열을 낸 이유는 명백하다. 국민들이 은연중에 '빚은 나쁜 것이다'라고 생각하는 경향이 있기 때문이다. 그래서 국가가 빚을 늘린다고 하면 국민들은 "그 이자를 내가 낸 세금으로 무는데 정부는 뭘 하고 있는 거야?"라며 화부터 낸다.

정치의 임무는 국민들의 이런 오해를 풀어주는 것이다. 하지만 황 대표는 나라 경제가 어떻게 되건, 국민들의 오해를 이용해 선동으로 표를 끌어 모을 생각부터 하고 있다. 그래서 그의 발언은 매우 비열한 국민 속이기 놀이에 해당한다.

정부 재정에 대한 두 번째 거짓말

신재민 씨의 폭로

2018년 12월 신재민 전 기획재정부 사무관이 "청와대가 나에게 부당한 외압을 가했다"며 폭로 기자회견을 열었다. 폭로의 내용은 "나는 정부 빚을 줄이려 노력했는데, 청와대가 부당한 압력을 가해 정부 빚을 불어나게 만들었다"는 것이었다.

나는 당시 그 폭로를 보면서 혹세무민, 곡학아세, 아전인수, 견강부회, 좌정관천, 우이독경, 목불인견 등등 별의별 사자성어가 다 떠올랐다. 하지만 그의 발언을 요약하기에 가장 적절한 표현은 "당신이 틀렸다. 그것도 아주 왕창!"이었다.

나는 신재민 씨가 연기를 한 건지, 아니면 진짜로 그렇게 비장했던 건지 아직도 잘 모르겠지만 부디 그의 비장함이 연기이기를 바랐다. 정말로 신 씨가 그렇게 비장한 거라면 그는 부처의 역할에 대한 이해도가 아예 없는 공무원이었고, 민주주의의 의미와 대통령의 역할도 모르는 아둔한 자였기 때문이다.

신 씨는 처음 올린 폭로 글에서 "2017년 업무를 처음 담당했을 때부터, 적자성 국채 발행을 조금이나마 줄이는 것이 내 역할이라 생각했다. 얼마나 명확한가? 5조 원 발행을 줄이면 연간 1,000억 원이었다. 조금만 노력하면 평생 국가 세금을 받고 살아도

떳떳할 수 있을 업무였다. 채무를 줄이고 싶었다"라며 비장해 했다.

그런데 여기서부터 벌써 코미디가 시작된다. 5조 원 국채 발행을 줄여 연 이자 1,000억 원을 아끼면 그게 신재민 씨의 공인가? 그리고 적자성 국채발행을 줄이는 게 마치 절대적 선(善)인 것처럼 포장하는 경제학은 어디서 배우셨나?

미국을 대공황에서 구원한 루스벨트 행정부는 집권 기간 동안 국채 발행액을 무려 91%나 늘렸다. 루스벨트 1기였던 1933~1936년 미국 정부의 세수는 정부 지출의 절반에도 못 미쳐 매년 심각한 적자에 시달렸다. 하지만 루스벨트는 조금도 주저하지 않고 국채 발행을 늘렸다. 그 돈으로 과감하게 시장에 개입해 지긋지긋한 대공황을 끝냈다.

당시 미국 정부는 매년 400억 달러에 육박하는 국채를 찍어냈는데, 신재민 씨 논리대로라면 당시 국채 금리가 3~5% 선이었으니 루스벨트는 매년 20억 달러씩 낭비한 매국노였겠네?

그렇게 비장할 일이 아니었다

정부는 기업과 달라서 흑자를 목표로 하는 곳이 아니다. 그렇다고 적자를 목표로 하는 곳도 아니다. 정부는 경기 상황에 따라 적자를 감수하고서라도 적극적으로 돈을 쓸 수도 있고, 여유가 있으면 돈을 갚을 수도 있는 곳이다.

정부는 통상적으로 경기가 안 좋으면 적자를 감수하고서라도 적극적으로 돈을 푼다. 경기가 좋으면 빚을 갚아 재정 건전성을 높인다. 그리고 2018년은 누가 봐도 경기가 별로인 시점이어서 정부가 적극적으로 돈을 푸는 게 전혀 이상하지 않았다.

앞 장에서도 언급했지만 미국의 재정 적자는 2000년 6,000조 원에서 2018년까지 2

경 2,000조 원까지 치솟았다. 이게 미국에 신재민 씨처럼 애국적인 공무원이 없어서 생긴 일이 아니다. 그럴 필요가 있기 때문에 내린 결정이라는 이야기다.

신재민 전 기획재정부 사무관이 기자회견장에서 발언하는 모습

신 씨의 주장 중 또 하나의 코미디가 있다. 청와대가 정부 빚을 늘리라고 기획재정부에 외압(응?)을 가했다는 주장이다. 외압이라는 단어가 무슨 뜻인지 잘 모르는 건가?

외압이란 압력을 가해서는 안 되는 곳에 압력을 가했을 때 쓰는 말이다. "청와대가 기재부에 외압을 가했다"라는 문장이 옳다면, 청와대는 기재부에 압력을 가하면 안 되는 조직이라는 뜻이 된다. 물론 당시 기재부는 "청와대가 그런 압력을 가한 적이 없다"고 해명하기는 했다.

하지만 그 해명이 맞건 틀리건 아무 상관이 없다. 청와대가 설혹 "국채 발행을 늘려라"고 했다거나 혹은 "빚을 나중에 갚아라"고 지시했다 한들, 그것은 절대 압력이 아니기 때문이다.

대통령은 민주적 선거에 의해 뽑힌 행정부의 수반이고, 기재부는 그 행정부의 한 부처다. 그리고 신 씨가 일했다는 국고국은 기재부에 소속된 조직이다. 당연히 최종 결정권은 청와대와 대통령에게 있는 거다. 청와대가 기업의 의사결정에 압력을 넣으면 외압이지만, 기재부 의사결정에 간여하면 그건 외압이 아니다.

청와대의 판단이 틀렸다고 비판할 수 있다. 하지만 청와대가 판단을 하고 결정을 하는 것을 외압이라고 주장하면, 민주공화국이고 나발이고 다 쓸데없는 짓이 된다. 그럴 거면 선거는 왜 하고 대통령은 왜 뽑나? 행정고시 패스한 공무원들이 나라를 쥐락펴락 하도록 놔두면 되지!

심지어 신 씨 자신이 올린 글에 따르면 "빚을 지금 갚아야 한다"는 국고국의 주장을 강하게 질타한 인물이 김동연 당시 부총리였다. 그러면 국고국의 주장에 반대한 김 전 부총리는 내압(!)을 가한 것인가?

진짜 외압은 이런 것이다

신 씨의 주장 중에는 헛웃음을 유발하는 대목이 한두 가지가 아니었다. 하나만 더 예를 들어보자. 신 씨는 유튜브 동영상을 통해 "적자국채에 관한 비망록이 있다"는 주장을 펼쳤다. 기재부의 여성 서기관이 "나중에 정권이 바뀌면 큰 문제가 될 수 있으니 나에게 비망록을 쓰라고 했다"는 것이었다.

그런데 정작 자신은 그 지시를 따르지 않았단다. 대신 옆에 있던 다른 사무관이 비망록을 썼단다. 그래서 그 비망록이 어디 있다는 건가? 신 씨는 안타깝게도 "그 사무관이 나를 위해 (비망록을) 공개하지는 못할 것이다"라고 말했다. 요약하자면 "청와대 외압의 분명한 증거가 있는데 어디 있는지는 모르겠다"는 이야기다.

이런 말까지는 안 하려고 했는데, 내가 성격이 겸손해서 자랑을 안 했을 뿐이지 사실 나는 왕년에 '가리봉동 피 묻은 고무장갑'이라는 별명을 갖고 있었던 동네 짱이었다. 내가 1980년대에 가리봉동 일대를 걸어가면 사람들이 홍해 갈라지듯 좌우로 쫙쫙 갈라졌었다고!

증거 있냐고? 당연히 없지! 아, 그때 사진을 찍어뒀어야 했는데, 그걸 까먹고 안 찍

박근혜 정권 시절 '한국형 양적완화'라는 개념을 제시했던 강봉균 새누리당 공동선대위원장

었네! 누군가가 그 사진을 찍었을 텐데, 아마 그걸 공개하지는 못할 거다. 뭐 이런 비슷한 이야기인 거다.

지금부터 진짜 외압이 어떤 것인지 보여주겠다. 신 씨에 따르면 국고국 공무원들이 청와대의 개입을 다 외압이라고 생각했고 비분강개했다는데(이 말도 사실인지 알 수 없지만), 그들이 진짜 분노해야 할 일은 이런 것이다.

2016년 4월 28일 박근혜 전 대통령은 국무회의에서 '한국형 양적완화'를 본격적으로 추진하겠다는 의지를 표명했다. 양적완화란 돈을 새로 더 찍어내는 일을 뜻한다. 시중에 돈이 더 풀리면 아무래도 단기적 경제 지표가 좋아진다. 그래서 양적완화는 재정지출을 늘리는 것과 더불어 대표적인 경기 부양책으로 꼽힌다.

하지만 정부가 돈을 더 푸는 것과, 새로 돈을 찍는 것은 완전히 다른 문제다. 국채를 발행하거나 빚을 늘리고, 그 돈을 시중에 푸는 건 원래 정부의 일이다. 기재부가 그 일의 주무부처다.

그런데 돈을 새로 더 찍어서 푸는 일은 정부의 몫이 아니다. 이 일을 담당하는 곳은 한국은행이다. 그리고 한국은행은 대통령의 통솔을 받는 행정부의 하위기관이 아니다. 그래서 대통령이 한은에게 "돈을 더 찍어라"라고 지시해서는 안 된다.

그런데도 박근혜 전 대통령은 양적완화를 본격화하겠다고 했다. 도대체 무슨 권한으로? 이런 게 바로 부당한 개입이고 외압이다. 그런데 당시 이런 대통령의 태도에 반기를 든 공무원이 있다는 이야기는 한 번도 들어보지 못했다.

신 씨의 행동은 "팀장님이 내 뜻을 받아들이지 않고 묵살했어요"라고 징징거리는 것과 비슷하다. 대한민국은 징징거릴 자유가 있는 나라이니 얼마든지 징징거려도 좋다. 하지만 그게 징징거림에서 그쳐야지 "팀장님이 나한테 외압을 가했어요"라며 투사 흉내를 내면 곤란하다. 팀장님은 업무 지시를 했을 뿐 외압을 가한 게 아니기 때문이다. 그래서 신 씨의 주장은 논리적으로도, 학문적으로도 모두 왕창 틀렸다!

부동산 보유세와 재산세 논쟁

세금 폭탄 프레임

"만약 당신이 백만장자가 된다면 무엇부터 하시겠습니까?"

"당장 자살해야지."

"아니 왜요?"

"난 지금 억만장자거든."

이 시답잖은 농담이 미국 사회에서 퍼진 때는 20세기 초반이었다. 컨베이어 벨트 시스템의 도입으로 자본이 거대화되면서 미국 사회는 그야말로 억만장자들이 지배하기 시작했다. 철강왕 앤드루 카네기(Andrew Carnegie), 석유왕 존 데이비슨 록펠러(John Davison Rockefeller), 자동차왕 헨리 포드(Henry Ford) 등이 이 시대를 주름잡은 억만장자들이었다.

대공황을 극복하고 복지의 시대를 활짝 연 프랭클린 루스벨트(Franklin Roosevelt, 재임 1933~1945) 대통령은 엄청난 증세 정책을 펼친 것으로도 유명하다. 그는 요즘 말로 소득주도 성장론의 지지자였고, 증세를 통한 복지정책 강화를 신

념처럼 여겼다.

루스벨트는 당선 직후 최고소득세율을 무려 63%(오타 아님!)로 올렸다. 이게 얼마나 드라마틱한 인상이었냐면, 1920년대 미국의 소득세율은 단 1%였다. 아무리 돈을 많이 벌어도 1%만 세금으로 내면 괜찮았던 1920년대, 미국은 분명 부자들에게 천국이었을 것이다.

하지만 부자들의 세상이 대공황을 유발한 이후 루스벨트는 단호하게 소득세율을 급등시켰다. 급기야 루스벨트는 1935년 최고소득세율을 79%(이것도 오타 아님!)로 다시 끌어올렸다. 20%에 머물러있던 상속세율도 77%까지 끌어올렸다.

한 해도 거르는 법이 없는 세금 폭탄 프레임

종부세나 재산세를 내야하는 때가 오면 보수 언론과 자유한국당은 한 해도 거르지 않고 '세금 폭탄'이라는 무시무시한 단어를 꺼낸다. 그런데 세금 폭탄이라고 부르려면 최소한 루스벨트 정도는 돼야 하는 거 아닌가? 1% 하던 최고소득세율이 79%로 오르면 나도 그 정도는 세금 폭탄이라고 불러도 반대하지 않겠다.

그런데 한국에서 세금 폭탄 운운하는 이들이 들이미는 숫자를 들여다보면 헛웃음이 나올 정도다.

예를 들어보자. 2018년 종부세 강화로 세금이 늘어난 사람은 15만 명 정도였다. 이는 자기 집을 가진 사람의 고작 1% 남짓에 불과했다. 또 당시 기준으로 종부세가 늘어나려면 시가 18억 원이 넘는 집을 가져야 했다. 그나마 1주택자라면 18억 원짜리 집을 보유하고도 10만 원 정도만 더 내면 된다. 게다가 당시 강남 부동산 가격 급등으로 부동산 부자들 집값은 1년에 대부분 수억 원씩 올랐다. 18억 원짜리 집에서 살면서 집

김동연 경제부총리 겸 기획재정부 장관이 정부서울청사에서 기자회견을 갖고 종합부동산세 개편 방안을 발표하는 모습

값은 수억 원이 올랐는데, 1년에 10만 원 세금 더 내는 게 진짜로 세금 폭탄이냐?

2019년 3월 〈매일경제〉의 '아파트 공시가격 인상 쇼크 : 강남 1주택자 재산세·종부세 폭탄 덜덜'이라는 제목의 기사를 보자. 이 기사에 나오는 케이스는 코미디에 가깝다.

> 서울 광진구 자양동에 거주하는 이 모 씨는 요즘 밤잠을 설친다. 부동산 경기가 호황을 보이자 그는 최근 1~2년 새 서울 마포구, 경기도 평촌신도시 30평대 아파트를 갭투자해 3채를 보유한 다주택자가 됐다. 하지만 정부가 아파트 공시가격을 올리면서 보유세 부담이 급증한 데다 부동산 경기도 침체돼 이참에 한두 채를 팔아야 할지 걱정이다.

수도권에 아파트를 무려 세 채나 보유한 인물이 지금 밤잠을 설친단다. 도대체 왜? 이분은 집이 세 채라서 너무 좋아서 밤에 잠이 안 오시나?

이런 식으로 보수언론은 강남에 거주하는 A씨와 B씨 등을 마구잡이로 동원해 "그냥 내 집에서 살았을 뿐인데 왜 세금폭탄을 맞아야 하느냐"는 불만의 목소리를 전한다.

하지만 A씨와 B씨가 실존인물이라면 그들에게 반드시 전해주고픈 이야기가 있다. "그냥 내 집에서 살았을 뿐인데" 20억 원의 자산소득이 뚝 하고 생겼다면, 우리는 당신들이 정말 부럽다고 말이다.

1920년 고작 1%였던 미국의 소득세율이 1935년 무려 79%로 급등했을 때, 석유왕으로 불렸던 록펠러는 당연히 79%의 최고소득세율 대상자가 됐다. 소득의 79%를 세금으로 내게 된 록펠러는 "빨갱이들이 내 재산을 빼앗아간다"고 난리를 쳤을까? 천만의 말씀이다. 그는 아무런 불평 없이 그 세금을 냈다. 심지어 그의 가족들도 77%로 치솟은 상속세를 묵묵히 받아들였다.

2016년 미국 뉴욕 주의 갑부 40여 명이 뉴욕 주 정부에 "상위 1% 부자들에게 부유세를 더 물려라"라는 청원을 넣은 적이 있다. 이들은 "어린이 빈곤과 노숙자 문제, 노후한 교량과 도로 등 사회기반시설을 보수하는 일에 주 정부 재정을 추가로 투입해야 한다. 우리 같은 부유한 뉴요커들은 공정한 몫을 부담할 용의가 있고, 능력도 있다"고 주장했다.

그런데 이들 40여 명의 갑부 중 록펠러 가문의 5대손인 스티븐 C. 록펠러도 이름을 올렸다. 이들은 자신이 부자임을 부끄러워하지 않으며, 부자로서 세금을 더 내는 것을 자랑스러운 명예라고 믿는다. 또 '위대한 반대 의견자'로 불렸던 미국 대법관 올리버 홈스(Oliver Wendell Holmes, 1841~1935)는 "나는 세금 내는 것을 즐긴다. 왜냐하면 세금을 내야 진정한 시민이 될 수 있기 때문이다"라고 말한 바 있다.

아무 일도 하지 않고 집에서 살기만 했는데 수십 억 원이 생긴 한국의 부자들에게 이런 책임감은 바라지도 않는다. 하지만 적어도 보유세 몇 십만 원 오른 것으로 투덜대지는 말아야 할 것 아닌가? 거기에 세금 폭탄 운운하는 보수 언론은 일단 좀 닥쳐야 하고!

세상에서 가장 정당한 세금, 토지세

한걸음 더 나아가보자. 부동산 보유세에 관한 두 저명한 경제학자의 주장부터 소개한다.

"토지 임대료는 주택 임대료보다도 더 적합한 과세의 대상이다. 토지 임대료에 대한 세금은 주택의 임대료를 증가시키지 않는다. 세금은 토지 소유자가 전적으로 부담하게 될 것이기 때문이다."

"가장 부작용이 적은 세금은 개발되지 않은 토지 자체의 가치에 부과하는 재산세다. 헨리 조지가 아주 오래 전에 주장했던 것처럼 말이다."

이 말은 좌파 경제학자들의 주장이 아니다. 앞의 것은 현대 경제학의 창시자이자 보수 경제학의 아버지로 꼽히는 애덤 스미스(Adam Smith)의 말이다. 뒤의 것은 신자유주의자들이 신(神)으로 떠받드는 경제학자 밀턴 프리드먼(Milton Friedman)의 주장이다. 프리드먼은 "모든 세금은 악이다"라고 규정할 정도로 세금을 싫어했던 학자다.

신자유주의 경제학의 거장으로 불리는 미국의 경제학자 밀턴 프리드먼

부동산에 부과하는 재산세에는 두 가지 성격의 세금이 포함돼 있다. 하나는 땅에 부과되는 토지세이고, 다른 하나는 건축물에 부과하는 세금이다. 보수 경제학의 대부들조차도 적어도 토지에 매기는 토지세에 대해서는 매우 긍정적이었다.

보수 경제학자들이 세금을 싫어하는 이유는 세금이 공급을 위축시켜 시장을 왜곡하기 때문이다. 예를 들어 노동소득에 세금을 매기면 사람들은 일을 안 한다(일 해봐야 세금으로 다 뜯기는데!). 자본소득에 세금을 매기면 사람들은 투자를 꺼린다(투자해서 돈 벌어봐야 세금으로 다 뜯기는데!).

그런데 토지세는 아무리 세금을 물려도 토지의 공급이 줄어들지 않는다. 땅은 그 자체로 존재하기 때문이다. 스미스나 프리드먼이 토지세에 대해 긍정적인 이유가 이것이다. 토지세는 시장을 왜곡하지 않는다.

게다가 토지세를 제대로 매기지 않으면 다른 시장이 왜곡된다. 노동자들이 일을 해서 돈을 벌려 하지 않고, 자본가들이 투자를 해서 돈을 벌려 하지 않는다. 땅에 투자한 뒤 돈을 벌면 세금을 피할 수 있기 때문이다.

이 때문에 미국의 자본가들조차 토지세에 대해 매우 긍정적이었다. 자동차왕 헨리 포드는 "놀리는 모든 땅에 높은 세금을 매겨야 한다. 그래야 땅 소유자들이 땅을 가지고 생산적인 일을 한다"라고 일갈했다.

철강왕 앤드루 카네기는 "자본가가 수고하지 않고 가장 쉽게 자기 재산을 증식할 수 있는 방법은 돈을 모두 털어 땅을 산 뒤, 땅값이 오르기를 기다리는 것이다"라며 토지 불로소득을 비판했다.

"자본가가 기술을 개발하고 투자를 해야지, 땅 투기로 돈 벌면 되겠냐?"는 게 이들의 주장이었다. 요약하자면 토지에 매기는 세금은 보수 주류경제학자들과 자본가조차 전혀 반대하지 않는 세금이었다.

그렇다면 건축물은 어떨까? 총량이 정해진 땅과 달리 세금이 부과되면 건축물의 공급은 줄어들 수 있다. "세금 내기 싫으니 건물 안 지어!"라는 생각이 가능하다는 이야기다. 주류경제학자들에 따르면 이런 세금은 바람직하지 않다.

그래서 우리는 중요한 합의를 해야 한다. 나 같은 사람은 "건물이건 토지건 상관없이 부동산 보유세를 강화해야 한다"고 주장한다. 반면 주류경제학의 거장들은 "시장을 어지럽히지 않으려면 건물이 아니라 토지에만 보유세를 매겨야 한다"고 주장한다.

좋다. 내가 양보하겠다. 주류경제학 거장들의 말을 받아들여 보유세를 건물이 아니라 토지에 매기자!

이 관점에서 볼 때 한국에서는 어떤 부동산에 보유세를 물리는 것이 적절할까? 서울 강남 일대에 몰려있는 고가(高價) 주택과 아파트들이 그 대상이다. 이곳 30평대 아파트 가격이 30억 원을 호가하는 이유는 건축물이 특별해서가 아니다. 강남이라는 땅의 가치 때문이다.

반면 지방 중소도시의 30평대 아파트가 3억 원쯤 하는 것은 땅값 때문이 아니라 건축물에 든 비용 때문이다. 지방의 땅값은 얼마 하지도 않는다.

그래서 부동산 보유세는 강남 일대에 몰려있는 고가의 주택이나 아파트에 부과되는 것이 맞다. 이곳 부동산의 가격은 건물의 가치가 아니라 강남이라는 토지의 가치이기 때문이다. 그리고 그 토지에 세금을 물린다고 강남의 땅 넓이는 줄어들지 않는다. 다시 한 번 강조하지만 애덤 스미스나 밀턴 프리드먼 같은 자유주의의 거장들조차 토지에 세금을 부과하는 것에는 찬성했다.

그런데 자기들이 신처럼 물고 빠는 경제학 거장들조차 찬성하는 토지세에 보수 언론이 게거품을 물고 반대하는 이유는 무엇일까? 그들이 그런 전술로 참여정부를 무너뜨렸던 기억이 있기 때문이다. 누차 강조하지만 사람들은 세금을 싫어한다. 이 심리를 이용해 그들은 정권을 다시 손에 넣으려 한다.

하지만 민중들은 그들이 생각하는 것보다 훨씬 현명하다. 한 번은 속아도 두 번은 속지 않는다. 세금 폭탄 운운하는 보수언론의 협박에 사람들은 더 이상 현혹되지 않을 것이다. 게다가 세금 폭탄의 사례로 드는 게 고작 "갭 투자로 부동산 세 채 보유한 사람이 세금 걱정에 밤잠을 설친다"라니! 진짜 웃기고 자빠진 거다.

고가 주택에 대한 보유세 강화는 경제학적으로도 옳고, 돈을 제대로 돌게 한다는 관점에서도 옳다. 토지 보유자에게 토지세를! 이 경제학적 상식이 통용되는 사회가 더 빨리, 더 가까워져야 한다.

경남도 채무 제로의 으스스한 기억

홍준표 나무의 추억

시간이 지나서 겨우 잊을까 싶었는데, 당사자가 굳이 그 기억을 되살려 준다. 2019년 6월 3일 〈홍카레오(홍카콜라 + 알릴레오)〉 토론에서 홍준표 전 자유한국당 대표가 자기 입으로 '경남도 채무 제로' 사건을 꺼낸 그 일 이야기다.

유시민 노무현재단 이사장과의 토론 도중 홍 전 대표는 깨알같이 "내가 경남도지사 때 1조 원이 넘는 부채를 갚았다"고 자랑했다. 그는 이 일이 정말로 자랑스러웠던 모양이다. 얼마나 자랑스러웠는지 홍 전 지사와 경남도는 '빚이 한 푼도 없는, 채무로부터 해방된' 날을 기념한다며 도청 대강당에서 '채무제로 선포식'이라는 걸 가졌다.

그리고 후대에게 희망을 준다는 의미로 도청 앞마당에 사과나무를 심었다. "내일 지구의 종말이 오더라도 오늘 한 그루의 사과나무를 심겠다"는 철학자 스피노자의 흉내를 내고 싶었던 모양이다. 홍 전 지사는 "미래 세대에 빚이 아닌 희망을 물려준다는 의미로 사과나무를 심는다"며 한껏 아는 척을 했다.

또 홍 전 지사는 그 자리에서 지역 축제를 모조리 없앴다는 사실을 상기시키며 "내가 낭비적, 선심성 행사를 다 없앴다"고 자랑했다. 그런데 홍 지사님? 채무제로 선포식, 그런 행사야말로 대표적인 낭비성 행사라고 부르는 겁니다.

당시 경남도의 폭정에 분노한 주민들이 도지사 주민소환에 나서자 홍 전 지사는 기자들을 만나 "배은망덕하다. 이런 개같은 경우가 어디 있나?"라는 막말을 퍼부었다고 한다. 배은망덕? 선출직인 홍 지사는 자기가 도지사로 있는 것이 도민들에게 은혜를 베푸는 일이라고 생각하는 모양이다.

이 분은 경제도 잘못 배웠지만, 정치도 잘못 배웠다. 도지사는 도민들에게 은혜를 베풀라고 만든 자리가 아니다. 홍 전 지사가 했던 말을 그대로 돌려준다. 이런 사람이 한 도의 도지사를 맡아 도민들에게 배은망덕을 운운하다니, 이런 개같은 경우가 어디 있나?

홍준표 나무의 슬픈 운명

다시 경남도 채무 이야기로 돌아오자. 사실 이 사건은 지방정부의 수장이 정부의 역할을 이해하지 못하면 무슨 일이 벌어지는지를 제대로 보여준 경제적 참사였다.

이 일과 관련된 오싹한 괴담이 하나 있어 먼저 소개한다. 앞에서 언급한 것처럼 홍 전 지사는 2016년 6월 1일 사과나무 한 그루를 청사 앞마당에 심었다. 사람들은 그 나무를 '홍준표 나무'라고 불렀다.

그런데 그 홍준표 나무가! 4개월 만에 말라 죽어버렸다! 나무가 시들해지자 주변에서는 '성완종 리스트에 연루돼 1심 재판을 받을 예정인 홍 전 지사에게 불길한 징조가 아니냐?'는 말이 나돌았다.

경남도는 나무를 살리기 위해 필사적이었다. 가림막을 치고, 다양한 영양제 주사를 투여했다. 배수 시설도 정비했다. 평소 도정을 그렇게 열심히 할 것이지! 하지만 그

해 9월 홍 전 지사는 1심에서 유죄를 선고받았고, 다음달 시들했던 나무는 마침내 세상을 떠났다.

홍준표 전 경남도지사가 채무제로를 기념해 심었던 나무

경남도는 죽은 사과나무 대신 주목(朱木)을 새 '홍준표 나무'로 선정했다. 주목은 '살아서 천 년, 죽어서 천 년'이라는 말이 있을 정도로 이식이 쉽고 생존력이 강한 나무다. 4개월 만에 죽은 사과나무의 전철을 밟지 않겠다는 경남도의 의지가 엿보였다.

그런데 그 나무가! 또 반 년 만에 누렇게 말라서 죽어버렸다! 당황한 경남도는 2017년 4월 세 번째 '홍준표 나무'를 선정했다. 이번에도 품종은 주목이었는데, 사고를 방지하기 위해 아예 40년 된 건강한 주목을 도청 앞에 심었다.

그런데 그 나무가! 또 말라비틀어지기 시작했다! 경남도는 2018년 6월 결국 이 나무를 철거했다. 아이고 무서워라. 무슨 나무가 '홍준표' 이름만 붙으면 족족 죽는단 말인가?

몇몇 이들은 "김경수 지사가 전임 지사의 공적을 지우기 위해 나무를 철거했다"는 가짜 뉴스를 퍼뜨렸지만 이는 사실이 아니었다. 나무를 철거한 당사자는 홍준표 전 지사가 대선에 출마하려고 사퇴하자 지사 권한대행이 된 한경호 행정부지사였다. 당시 경남도는 "나무가 죽기 직전이어서 도저히 살릴 수 없었다"고 고백했다.

후세에 빚이 아닌 희망을 물려주고자 했던 홍 전 지사의 원대한 꿈은 이렇게 오싹한 괴담과 함께 사라졌다. 슬프면서도 무서운데, 잘 생각해보면 좀 웃기기도 하다. 그런데 죽은 나무가 불쌍해 함부로 웃지도 못하겠다. 그런 이야기가 지금도 전설처럼 전해지는 중이다.

진짜 호러는 다른 곳에 있었다

괴담은 괴담일 뿐, 괴담에 무게를 둘 이유는 없다. '홍준표 나무'가 죽었다고 무서운 것도 아니다. 무서운 이야기는 따로 있다. 채무 제로라는 허황된 목표를 달성하느라 망가진 경남 도민의 삶이 진짜 호러다.

홍 전 지사에 따르면 경남도는 부채와 이자 등 1조 5,000억 원을 3년 6개월 만에 다 갚았다. 일단 그 말이 사실이라면(엄밀히 말해 이는 사실도 아니다), 경남도는 어떻게 그 많은 돈을 단시간에 갚을 수 있었을까를 살펴봐야 한다.

홍 전 지사가 제일 먼저 꺼내든 카드는 경남도 초등학교 무상급식 중단과 공공의료기관이었던 진주의료원 폐쇄였다. 18개 시·군에 보내기로 약속했던 200억 원씩의 보조금도 삭감했다.

아무리 빚을 졌어도 아이들 먹는 밥그릇을 뺏거나, 아픈 자식을 병원에서 끌어내 빚 갚는 부모는 없는 법이다. 그런데 홍 전 지사는 그 짓을 하면서 빚을 갚았다. 진지하게 묻는다. 이게 자랑할 일인가?

한 마디 덧붙이자면 홍준표 전 지사는 한나라당 대표로 재직했던 2011년 7월부터 약 5개월 동안 식사비로만 무려 1억 5,000만 원을 넘게 쓴 전력이 있다. 초등학생 줄 밥은 돈 아낀다고 끊은 사람이, 도대체 5개월 동안 뭘 쳐드셨기에 식사비로 1억 5,000만 원이나 썼는지 해명 좀 들어보자.

시·군으로 보내기로 한 예산을 삭감한 것도 그렇다. 경기가 안 좋을 때 정부가 적극적으로 돈을 풀어 경기를 활성화하는 것은 경제학의 상식이다. 국제통화기금(IMF)조

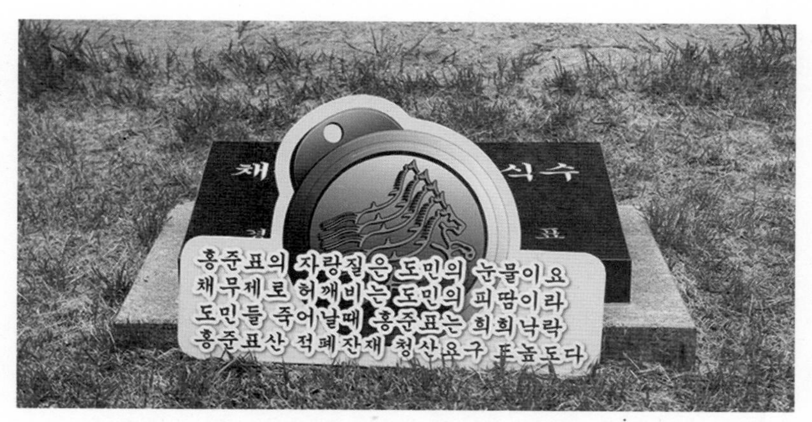

경남지역 시민단체가 경남도청 정문 화단에 심어진 홍준표 전 경남지사의 '채무제로 나무' 표지석 앞에 세운 팻말

차 한국 정부를 향해 "더 적극적인 재정정책을 펼쳐야 한다"고 권한다. 그런데 홍 전 지사는 지역 경제에 공급해야 할 예산을 모조리 삭감했다. 또 한 번 진지하게 묻는다. 이게 자랑할 일인가?

2018년 7월 김경수 경남도지사의 도정 인수위원회인 '새로운경남위원회'의 이은진 공동위원장(경남대 명예교수)이 기자회견을 열어 경남도 재정 상황을 설명한 적이 있었다. 이 위원장의 이야기를 들어보자.

"인수위원회에서 검토한 결과 지난 도정의 재정 운영과 현재의 재정은 비정상적인 상황으로 판단된다. 도의 재정상황이 이렇게 비정상적인 원인은 전임 도정에서 무리하게 추진된 채무제로 정책 때문인 것으로 분석되었다. 경남도는 단기간에 가시적인 성과를 내기 위해 채무감축 추진 중에 비정상적인 재정 운영을 강행했다. 반드시 편성해야 하는 예산을 편성하지 않고 차기로 넘겨왔다.

2012년 이후 도의 경제상황은 주력산업의 위기가 심화되고 실업률이 급격히 상승하는 등 악화되고 있는 상황이었다. 이럴 때일수록 적극적인 재정정책을 통해 떨어진 경제 활력을 높일 수 있는 대책을 강구해야 했다. 그러나 도가 채무제로를 달성하기 위해서 재정을 긴축한 것은 납득하기 어렵다."

쉽게 말해 써야 할 곳에 돈을 안 써서 지역경제가 악화됐고, 도의 재정도 엉망진창으로 엉켰다는 이야기다. 홍 전 지사가 미뤄놓은 예산 집행하느라 새로 드는 돈이 무려 4,800억 원이란다. 그 뒤치다꺼리를 김경수 지사가 하는 중이다. 이럴 거면 홍 전 지사는 경남도지사를 왜 맡았나? 저축협회 회장이나 할 것이지!

"빚이 얼마나 위험한데" 수준의 인식으로 정부를 운영하면 결과가 이렇게 된다. 그 저열한 인식이 경상남도를 얼마나 망쳤는지를 반면교사로 삼아야 한다. 지금은 지방정부건 중앙정부건 적극적으로 돈을 푸는 재정정책을 펼쳐야 할 때다. 경남도가 보여준 '홍준표 호러'를 반복해서는 안 될 것 아닌가?

주한미군 방위비 분담금 94%가 국내 경제로 돌아온다고?

깨진 유리창의 오류

최근 2년째 이슈가 됐던 주한미군 방위비 분담금 협상 과정에서 희대의 코미디가 하나 있었다. 2019년 1월 25일 전직 장군들로 구성된 '대한민국 수호 예비역 장성단' 이라는 단체가 〈조선일보〉 31면에 광고를 낸 것이다.

'주한미군 방위비 분담금 보충, 국민성금으로!'라는 제목의 광고가 주장하는 바는 하나다. 부족한 주한미군 방위비 분담금, 자기들이 성금을 걷어 마련하겠다는 것이다. 오 예! 그것 참 좋은 생각입니다!

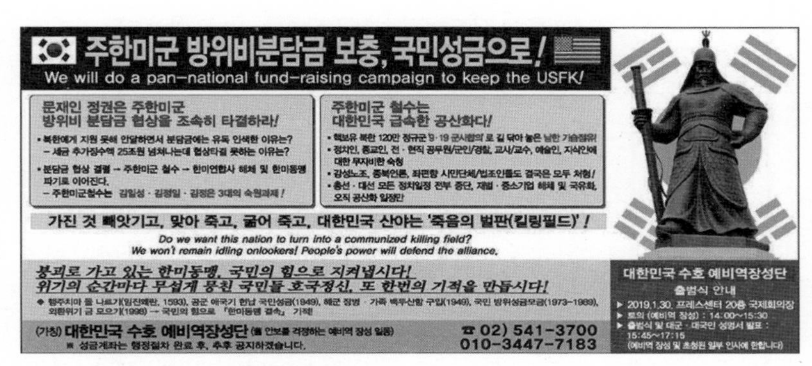

〈조선일보〉에 실린 대한민국 수호 예비역 장성단의 광고

보다시피 광고에는 성조기가 자랑스럽게(!) 걸려 있다. 이들은 광고에서 "주한미군 철수는 대한민국 급속한 공산화다!"라고 주장하더니 "주한미군이 철수하면 북한 120만 정규군이 남한을 기습 점유"한다고 목소리를 높였다. 뭐 이까지는 그러려니 했다.

그런데 정말 황당했던 것은 "공산화가 되면 강성노조, 종북언론, 좌편향 시민단체/법조인들도 결국은 모두 처형!"이라고 적은 대목이었다. 응? 도대체 왜? 그리고 강성노조, 종북언론, 좌편향 시민단체/법조인들이 처형되면 그쪽도 좋은 것 아닌가요?

그래서 이들은 "붕괴로 가고 있는 한미동맹, 국민의 힘으로 지켜냅시다!"라며 성금 모금을 독려한다. 그래야 강성노조, 종북언론, 좌편향 시민단체도 처형을 면할 수 있단다.

그래요, 잘 알겠습니다. 정말 대단한 일 하시네요. 그런데 자신들의 모금 운동을 임진왜란 행주치마 돌 나르기 운동과 비교한 건 좀 심한 거 아닙니까? 그러라고 우리 선조들이 행주치마로 돌을 나른 게 아닐 텐데요?

아무튼 이들은 주한미군 방위비 분담금을 국민 성금으로 모으겠고 나섰다. 그들의 시각에 〈민중의소리〉도 당연히 종북언론일 테니 그곳에 소속된 기자로서 나는 당시 마음을 담아 이 운동을 지지했다. 나도 아직 처형을 당하고 싶지는 않았거든. 부디 힘들 팍팍 좀 내십쇼!

보수 언론의 황당한 선동

그런데 이 코미디를 단순히 웃고 넘길 수만은 없는 이유가 있다. 보수 언론이 이를 하나의 이데올로기로 만들었기 때문이다. 예를 들어 〈중앙일보〉는 1월 7일자 지면에 공로명 동아시아재단 이사장(YS정부 시절 외교부장관)의 인터뷰를 대문짝만하게 실었는데 제목이 "한국 방위비 분담금 2배 못 낼 건 뭔가, 안보 구두쇠 안 돼"였다.

위대한 미국과 친분을 강화하기 위해 분담금을 갑절로 올려도 된다는 이야기다. 그런데 분담금이 두 배로 뛰면 그 돈을 공로명 씨가 물어 줄 건가? 남의 돈이라고 함부로 이야기하면 안 되는 법이다. 아, 분담금이 두 배로 뛰면 그것도 국민성금으로 모금하려나?

〈조선일보〉의 주장은 더 구체적이었다. 〈조선일보〉는 1월 26일자 '팩트 체크 : 우리가 낸 방위비 분담금, 최대 94% 국내경제에 흡수'라는 제목의 기사에서 분담금 90% 이상이 우리나라 경제로 돌아온다고 주장했다.

분담금의 대부분이 장비, 용역, 건설 수요와 한국 노동자 일자리를 창출하는 데 쓰이기 때문이라는 것이다. 조선일보는 이 기사를 통해 "주한미군 분담금을 마음껏 올려도 된다"고 부추긴 셈이다.

하지만 경제학을 조금만 공부한 사람이라면 이 주장이 얼마나 황당한 것인지 금방 알 수 있다.

이 주장대로라면 정부가 아예 예산 10조 원쯤을 5만 원짜리 지폐로 바꾼 뒤 광화문 광장에서 뿌리면 어떤가? 이 돈은 모조리 한국인들이 집어갈 것이다. 그리고 그 돈은 94%가 아니라 100% 국내 경제로 돌아온다. 그때 〈조선일보〉는 '팩트 체크 : 광화문에서 뿌린 10조 원, 100% 국내경제에 흡수'라는 제목의 기사를 낼 건가? 안 낼 거지? 그것 봐라. 그러니까 그따위 기사를 함부로 쓰면 안 되는 거다.

깨진 유리창의 오류

경제학에는 깨진 유리창의 오류(Parable of the broken window)라는 이론이 있다. 프랑스 출신 주류경제학자 클로드 프레데릭 바스티아(Claude Frederic Bastiat, 1801~1850)의 이론이다. 바스티아의 이야기는 이렇다.

클로드 프레데릭 바스티아의 동상

빵집 자식이 자기 집 유리창을 깼다. 빵집 주인이 자식을 심하게 야단치자 이웃이 말리며 이렇게 말한다. "자식이 유리창을 깼으니 손해인 것 같지만, 네가 새 유리창을 사면 유리창집 사장님이 돈을 벌 거야. 유리창집 사장님도 번 돈을 쓸 것이기 때문에 또 다른 소비를 유발하겠지. 네 아들이 유리창을 깨는 바람에 결과적으로 우리 마을의 소득과 고용이 늘었어. 얼마나 다행한 일이야? 그러니 오히려 아들을 칭찬해 줘"라고 말이다.

이 말이 맞을까? 웃기는 소리다. 자녀가 유리창을 깨지 않았다면 빵집 주인은 그 돈으로 다른 것을 살 수 있다. 신상 운동화를 한 켤레 샀다면 운동화 가게 사장님이 돈을 벌고, 그 돈이 마을에 돌아 아까와 마찬가지로 고용과 소비를 유발한다.

자녀가 유리창을 깨서 마을 경제가 활성화된 게 아니라는 이야기다. 어차피 그 돈은 쓸 돈이었기에 신발을 사도 마을 경제가 활성화되는 것은 마찬가지다. 유리창을 깨는 바람에 빵집 주인이 사고 싶었던 신발을 못 사는 손해를 입었을 뿐이다.

이 말은 정부가 무작정 돈을 푼다고 다 좋은 게 아니라는 이야기다. 돈을 쓰더라도 유리창 수리에 쓰는 게 아니라 꼭 필요한 신발 구입에 쓰도록 유도하는 게 정부의 임무다. 그래야 국민들의 만족도가 높아진다.

그래서 전직 대통령 이명박이 벌인 4대강 사업은 완전히 엉터리다. 일각에서는 "정부가 돈을 써서 고용이 늘고 건설 경기가 활성화됐으니 좋은 것 아니냐?"고 주장하지만, 그 돈을 훨씬 더 효율적으로 쓸 수 있었다는 게 함정이다.

예를 들어 김대중 정부는 인터넷 인프라를 까는 데 정부 예산 47조 원을 썼다. 그 덕에 지금 한국은 세계적인 인터넷 강국의 기반을 닦았다. 정부 예산은 이렇게 써야 한다. 4대강을 녹조라떼로 만들 돈으로 이런 곳에 투자했다면 한국 경제가 지금보다 훨씬 선진화됐을 것이라는 이야기다.

〈조선일보〉의 논리가 바로 이런 오류다. 훨씬 더 효율적인 곳에 쓸 수 있는 돈을 주한미군 막사 짓는데 쓰는 게 어떻게 효율적인가? 하지만 그들은 그럴싸한 언어로 혹세무민을 일삼는다. 그러다보니 아둔한 보수층은 "분담금 올려도 우리 경제로 돌아오는데 뭐가 문제냐?"는 헛소리를 하고 다닌다.

협상의 ABC도 모르는 한심한 자들

더 심각한 문제가 있다. 대한민국 수호 예비역 장성단이 행주산성 정신(!)으로 국민성금을 모금하는 것은 그냥 웃고 넘어가면 된다. 하지만 유력 일간지가 이런 헛소리를 해대면 방위비 분담금 협상 자체가 꼬인다.

한미 방위비 분담금 협상은 최대한 버텨야 하나라도 더 얻는 게 생기는 줄다리기 게임이다. 정부가 그 힘을 얻기 위해서는 여론이 "절대 분담금 올려주지 마세요!"로 모아져야 한다. 그래야 정부가 협상 테이블에서 미국 쪽에 꺼낼 카드가 하나라도 더 생긴다.

그런데 협상 중에 미국도 아니고 한국의 주요 일간지들이 "우리가 돈을 더 내야 한다"라며 떠들고 나섰다. 이런 이야기를 들으면 미국이 뭐라고 생각하겠나? "한국 국민들은 더 내자고 난린데 왜 한국 정부가 깎자고 버티느냐"라며 협상 테이블에서 더 고압적으로 나올 게 뻔하다.

우리야 〈조선일보〉나 〈중앙일보〉를 허접하게 여기지만 그쪽에서 보기에 이 신문들은 한국의 유력 일간지다. 여기에 자유한국당까지 붙어서 "더 못 낼 게 뭐냐"라고 맞장구를 치면, 협상은 완전히 망가진다. 안 그래도 쉽지 않은 협상인데 주요 일간지들이 정부 등 뒤에서 칼질을 해 대는 꼴이다.

〈조선일보〉건, 〈중앙일보〉건, 대한민국 수호 예비역 장성단이건, 앞으로도 그 따위로 떠들려면 한 가지 약속을 해야 한다. 당신들 때문에 더 물어야 할 분담금이 생기면 진짜로 그 돈은 당신들이 물어야 한다. 그렇게 못하겠다고? 그러면 제발 좀 닥치고 있던가!

누가 감히
태양에 특허를 걸 수 있을까?

의료의 공공성

2012년 미국 〈CBS〉가 '60분(60minutes)'이라는 다큐멘터리 프로그램에서 미국의 3대 영리병원 중 하나인 HMA(Health Management Associates)의 사기 행각을 폭로한 적이 있었다. HMA는 15개 주에 71곳의 병원을 운영하며, 허가받은 공식 병실만 1만 1,000개를 보유한 거대 병원 체인이다.

〈CBS〉는 전직 직원들로부터 "HMA가 아프지도 않은 환자들을 억지로 입원시킨 뒤 비싼 병원비를 뜯어냈다"는 폭로를 받아냈다. 폭로에 따르면 HMA는 의사들에게 "응급실을 찾은 환자의 20% 이상은 무조건 입원시켜라"거나, "65세 이상 노인은 50% 이상 무조건 입원시켜라" 등의 지침을 내렸다.

HMA는 정상 체온의 아기도 고열을 이유로 입원시켰고, 심지어 무릎에 가벼운 상처가 난 청소년에게도 입원을 강요했다. HMA는 입원 환자 숫자를 제대로 채우지 못한 의사들을 해고하기도 했다.

왜 이런 처참한 일이 벌어지나? 바로 돈 때문이다. HMA는 영리병원이다. 돈을 많이 버는 것을 목적으로 하는 병원이라는 뜻이다. 이 때문에 영리병원은 환자의 건강보다 돈을 더 중시한다. 아프지도 않은 환자들을 억지로 입원시키는 만행은 돈에 대한 탐욕으로부터 비롯된 것이다.

녹지국제병원 개원 무산과 영리병원

제주도에서 문을 열 예정이었던 국내 첫 영리병원(녹지국제병원)의 개원이 2019년 3월 무산됐다. 의료법이 정한 시한 안에 병원이 문을 열지 않아 제주도가 허가 취소 절차에 돌입한 것이다.

공론화위원회의 여론조사 결과까지 무시하면서 개원을 밀어붙였던 원희룡 제주지사는 뻘쭘해졌다. 하지만 사태가 이렇게 전개될지 몰랐다면 원 지사는 실로 아둔하다. 이윤을 추구하는 병원을 허가해 주고 "외국인 관광객들만 진료하라"고 요구하면 그들이 "네, 그러겠습니다"라며 순순히 응할 것이라고 생각한 건가?

중국 자본이 주축이 된 녹지국제병원은 내국인 진료도 하겠다고 우기며 병원 개원을 사실상 거부했다. 녹지국제병원은 제주도를 상대로 "진료 대상자를 외국인 의료관광객으로 제한한 것은 위법"이라며 행정처분 소송을 제기한 상태다. 2020년 2월까지 이 소송의 결말은 나지 않았다. 자칫하면 원 지사의 아둔한 선택 탓에 도민의 세금이 소송 비용으로 낭비될 판이다.

제주 서귀포시 토평동에 위치한 녹지국제병원

영리병원과 달리 비영리병원은 돈을 버는 것을 목적으로 하지 않는다. 따라서 두 병원은 벌어들인 돈을 처리하는 방식이 완전히 다르다.

영리병원은 벌어들인 돈 대부분

을 투자자들이 나눠 갖는다. 반면 비영리병원은 병원에서 번 돈을 외부로 빼내지 못한다. 벌어들인 돈은 병원의 발전을 위해서만, 예를 들어 새로운 의료기계를 도입하거나, 시설을 확충하거나, 의사와 간호사를 더 고용하거나 하는 데에만 쓰도록 정해져 있다.

그리고 우리나라는 원칙적으로 영리병원을 세울 수 없는 나라다. 의료 분야야말로 공공영역이라는 사회적 믿음이 확산돼 있기 때문이다. 하지만 재벌들의 생각은 다르다. 특히 바이오 분야를 차세대 사업으로 점찍은 이재용 부회장과 삼성의 행보는 매우 위험하다.

삼성서울병원은 비영리병원이어서 병원에서 번 돈을 삼성이 가져가지 못한다. 하지만 삼성은 어떻게든 이 장벽을 뚫고 환자들로부터 돈을 벌고 싶어 한다. 영리병원의 물꼬를 터주는 것이 매우 위험한 이유가 바로 여기에 있다. 삼성은 돈벌이에서 물러날 집단이 절대 아니고, 한국은 지금까지 삼성의 야욕을 충분히 제어하지 못했다.

히포크라테스 선서가 말하는 의사

영리병원 도입을 찬성하는 쪽에서 목소리를 높이는 대목은 "병원의 영리를 인정해줘야 의술이 발달한다"는 것이다. 인센티브가 걸려야 의사들이 환자를 더 열심히 치료할 것이라는 논리다.

그런데 이 이야기는 너무 참혹하지 않나? 의사들이 높은 소득을 올려야 한다는 데 나는 동의한다. 의사가 준공무원 대접을 받으며 국가로부터 월급을 받는 영국에서도 그들의 연봉은 1억 5,000만 원~2억 원 정도 된다. 그 정도 안정적인 소득이 있어야 의사도 환자를 편안히 돌볼 수 있다.

하지만 그 선을 넘어 "연 10억쯤 주면 사람을 잘 살려주고 1억쯤 주면 덜 살려주겠다"라고 말하는 것이 의사 정신에 합당한 일인가?

의사들은 면허를 받을 때 히포크라테스 선서라는 걸 한다. 선서의 내용이 이렇다.

이제 의업에 종사할 허락을 받으매 나의 생애를 인류봉사에 바칠 것을 엄숙히 서약하노라.

· 나의 은사에 대하여 존경과 감사를 드리겠노라.

· 나의 양심과 위엄으로서 의술을 베풀겠노라.

· 나는 환자의 건강과 생명을 첫째로 생각하겠노라.

· 나는 환자가 알려준 모든 내정의 비밀을 지키겠노라.

· 나는 의업의 고귀한 전통과 명예를 유지하겠노라.

· 나는 동업자를 형제처럼 생각하겠노라.

· 나는 인종, 종교, 국적, 정당 정파, 또는 사회적 지위 여하를 초월하여 오직 환자에 대한 나의 의무를 지키겠노라.

· 나는 인간의 생명을 수태된 때로부터 지상의 것으로 존중히 여기겠노라.

· 비록 위협을 당할지라도 나의 지식을 인도에 어긋나게 쓰지 않겠노라.

이상의 서약을 나의 자유의사로 나의 명예를 받들어 하노라.

그런데 선서 어디에도 돈에 관한 이야기는 없다. 선서에서 나타났듯 의사는 명예로운 직업이지 탐욕의 직업이 아니다. 그런데도 영리병원을 찬성하는 쪽은 "인센티브가 걸려야 사람을 더 잘 살려준다"고 주장한다. 그럴 거면 히포크라테스 선서부터 집어 치우는 게 맞지 않겠나?

태양에 특허를 낼 수 없듯이…

미국에 조너스 소크(Jonas Salk, 1914~1995)라는 의사가 있었다. 소아마비 백신을 개발한 인물이다. 지금은 그렇게 무서운 병이 아니지만, 1950년대까지만 해도 소아마비는 공포의 질병이었다.

1952년 미국에서만 5만 8,000건의 소아마비 환자가 보고됐고 이 중 2만 1,269명이 실제 마비를 앓았으며 3,145명이 죽었다. 미국 최초의 4선 대통령 프랭클린 루스벨트도 소아마비 환자였다. 그래서 미국에서는 "핵폭탄만큼 무서운 게 소아마비다"라는 말까지 나돌았다.

그런데 소크 박사가 1954년 백신을 개발했다. 전 신문 1면 톱이 백신 개발 소식이었을 정도로 미국이 열광했다. 마침내 지긋지긋한 소아마비의 공포로부터 벗어나게 된 것이다.

문제는 백신의 가격이었다. 수많은 제약회사들이 소크 박사에게 특허권을 팔라고 간청했다. 소크 박사가 특허권을 팔았다면 그가 벌어들였을 돈은 무려 8조 원 정도로 추정됐다. 하지만 소크 박사는 제약회사의 제안을 단칼에 거절했다. 그리고 특허를 풀어 백신 제조법을 모두에게 공개했다.

"지금도 의사로서 충분히 여유롭게 살고 있다. 백신 개발은 환자를 치유하기 위한 것이지 돈을 벌기 위한 것이 아니다"라는 것이 그의 설명이었다. 그 덕에 지금 소아마비 백신 공급 단가는 고작 100원이다. 전 세계가 소아마비의 공포로부터 벗어난 것이다.

TV 인터뷰에서 사회자가 "백신의 특허권을 누가 갖나요?"라고 소크 박사에게 물었을 때 그는 미소를 띠며 이렇게 말했다.

"특허는 민중(people)들이 갖게 될 겁니다. 특허라고 할 게 없어요. 당신은 태양에도 특허를 낼 겁니까?"

민중들이 누려야 마땅한 태양에 누군가가 특허를 내고 독점할 수 없듯이, 사람의 생명을 구하는 백신에 누군가가 특허를 내고 독점할 수 없다. 이 차이가 바로 우리가 사는 세상의 모습을 가른다.

의술은 돈벌이의 기술인가, 사람을 치유하는 공공의 영역인가? 의사가 존경받는 공익적 사회와, 병원이 돈을 버는 사익의 사회 중 우리는 무엇을 선택할 것인가? 그 답은 모든 의사들이 자유의지로 선서했다는 히포크라테스 선서의 첫 줄에 이미 나와 있다.

"이제 의업에 종사할 허락을 받으매 나의 생애를 인류봉사에 바칠 것을 엄숙히 서약하노라."

루스벨트 대통령(왼쪽)과 만난 조너스 소크 박사(오른쪽)

동물이 가족계획을 하는 이유

이기적 유전자의 본능

촛불혁명이 한창이던 2016년 12월 행정안전부가 '대한민국 출산지도'라는 것을 만들어 발표한 일이 있다. 이게 그 대한민국 출산지도라는 것이다.

이 지도에서 시군구를 클릭하면 출산에 관계된 각종 통계가 나온다. 합계출산율 통계도 있고, 출생아 숫자 통계도 있다. 이까지는 충분히 이해할 수 있다.

그런데 이 지도에는 '가임기 여성 수'라는 탭이 있었다. 이걸 누르면 지역별 우리나라 가임기 여성의 숫자가 나왔다. 지역별 순위까지 매겨졌다.

어떤 놈 대가리(머리라고 도저히 불러 줄 수가 없다)에서 이런 발상이 나온 건가?

여성이 아기를 낳는 도구냐? 게다가 그걸 지역별로 순위를 매겨? 진짜 다이내믹하게 미친놈들 아닌가? 이 미친 인간들은 이걸 또 온 국민이 편안하게 보라고 스마트폰 앱으로 만들기로 했단다. 반발이 거세지면서 계획은 없던 일이 됐지만, 이런 발상을 한다는 자체가 실로 경악스럽다.

동물의 가족계획

나만 해도 어렸을 때 "아들 딸 구별 말고 둘만 낳아 잘 기르자", 혹은 "둘도 많다. 하나면 충분하다"는 이야기를 듣고 살았다. 이른바 가족계획이라는 것이다. "인구가 많아질수록 살기가 더 어려워지니 자식 숫자를 조절해 함께 살기 좋은 세상을 만들자"는 게 가족계획의 요지다.

그런데 놀라운 사실이 있다. 가족계획은 인간의 전유물이 아니다. 동물도 가족계획이라는 것을 한다.

1960년대 가족계획 포스터 ⓒ국립한글박물관

이 견해는 현대 생물학의 새로운 지평을 연 것으로 평가받는 영국의 진화생물학자 리처드 도킨스(Richard Dawkins, 1941~)로부터 나왔다. 1976년 도킨스가 출간한 「이기적 유전자(The Selfish Gene)」는 인간의 본질에 대한 근원적인 물음을 던진 20세기 최고의 역작으로 평가받는다.

주의할 점이 있다. 이 책의 제목이

'이기적 유전자'인 탓에 도킨스가 마치 주류경제학이 칭송하는 '이기적 인간'의 지지자인 것처럼 오해를 받는데 이는 사실이 아니다. 도킨스는 반대로 협력적 사회를 적극적으로 지지한 인물이었다.

「이기적 유전자」의 저자 리처드 도킨스

그런데도 그가 '이기적 유전자'라는 용어를 사용한 이유가 있다. 도킨스 주장의 핵심은 "모든 생명체는 유전자에 의해서 규정된다"는 것이다. 그리고 유전자는 오로지 자신의 종족을 최대한 번성시키려는 본능에 따라 움직인다. 도킨스는 유전자의 이런 본능을 '이기적'이라고 본 것이다.

도킨스에 따르면 동물은 때로는 이기적인 길을 선택하기도 하고, 때로는 협력적인 길을 선택하기도 한다. 그런데 어떤 길을 선택하건 이유는 하나다. 자신의 유전자를 후손에 더 많이 퍼뜨리기 위해서다.

달리 말하면 협동적으로 사는 게 유전자 번식에 도움을 준다면 구성원들은 모두 협동적인 삶을 살게 될 것이다. 반대로 이기적으로 사는 게 유전자 번식에 도움을 준다면 구성원들은 당연히 이기적인 삶을 살게 될 것이다.

이것이 바로 동물이 가족계획을 하는 이유다. 동물의 유전자 또한 자신이 처한 상황에서 유전자를 최대한 널리 퍼뜨리고 싶어 한다. 그래서 유전자는 늘 계산한다. 얼마의 자식을 낳아야 가장 안전하게 개체수를 늘리고 보존할 수 있을지를 고민하는 것이다.

예를 들어보자. 동물에게 자기 영역은 매우 중요하다. 이 영역은 사람의 집이나 일

터와 같다. 영역이 충분히 넓고 안전하면 암컷은 기꺼이 많은 새끼를 낳는다. 하지만 영역이 너무 좁아서 안전하지 않거나, 먹이가 부족하면 암컷은 새끼의 숫자를 줄인다.

또 수컷의 세력 범위가 지나치게 넓은 경우에도 암컷이 새끼 숫자를 줄인다. 수컷이 커버해야하는 지역이 너무 넓기 때문이다. 이럴 때 새끼를 많이 낳으면, 새끼가 죽을 위험에 처했을 때 도움을 줄 수 없다. 그래서 도킨스는 "자기 종족을 최대한 잘 보존하기 위해서는 새끼의 수가 지나치게 많아도 안 되고 지나치게 적어도 안 된다"고 말한다. 그 적절한 선을 유전자가 본능적으로 판단한다는 이야기다.

낮은 출생률, 무엇이 원인인가?

그렇다면 인간 사회를 살펴보자. 나는 개인적으로 "인구가 감소하는 것이 위기다"는 시각에 그다지 동의하지 않는다. 이에 대해서는 「경제의 속살」 2권에서 상세히 다룬 바 있으므로 이 책에서는 생략한다.

그런데 낮은 출생률이 정말 문제라면 원인을 잘 살펴봐야 한다. 동물조차도 가족계획을 한다. 언제 하느냐? 많이 나아봐야 새끼들이 안전하게 자랄 가능성이 없을 때 한다. 유전자는 이것을 본능적으로 알고 있다.

그렇다면 왜 지금 우리 사회가 심각한 저출생 문제에 직면했을까? 다른 이유를 아무리 대봐도 원인은 하나다. 인간의 유전자는 본능적으로 알고 있다. 지금 아이를 많이 낳으면 절대로 그들을 안전하게 키울 수 없다는 사실을 말이다. 그래서 우리는 신자유주의가 시작된 이후 저출생 현상이 극심해졌다는 사실을 정말로 진지하게 고민해야 한다.

이걸 훈계와 교육으로 바꿀 수 있을까? 절대 해결되지 않는다. 이건 지식이나 이해의 문제가 아니고 유전자 본능의 문제이기 때문이다.

행정안전부 누구의 대가리에서 나온 발상처럼 전국의 가임기 여성 숫자를 일목요연하게 국민들에게 보여주면 저출생 문제가 해결될까? 당연히 해결될 리가 없다. 그런 그래프를 보면 유전자는 세상에 대해 더 비관적인 시각을 갖는다. '이 세상은 사람을 아이 낳는 기계로 보는구나. 내 자식을 따뜻하게 맞아줄 생각이 없구나'라는 본능이 발동된다. 당연히 아이를 낳는 것을 더 꺼린다.

한 발 더 나아가보자. 최근 우리가 겪은 일 중 가장 큰 트라우마를 꼽으라면 나는 단언코 세월호 참사를 꼽는다. 그런데 그 트라우마는 우리 유전자에 본능적으로 각인된다. 그러면, 그 사건을 기억하는 우리 유전자가 더 많은 자손을 낳고 싶겠나? 안 낳고 싶겠나?

수컷의 세력권이 조금만 넓어져도 암컷의 유전자는 자식 보호가 어렵다고 판단해 개체수를 줄인다. 그런데 눈앞에서 그런 사건이 벌어졌는데도 대통령이라는 자는 7시간 동안 코빼기도 안 보였다. 보수 정치인들은 "이제 세월호를 잊자, 그건 교통사고였다"는 망언을 일삼는다. 그것을 경험한 우리의 유전자가 어떤 판단을 내리겠느냐는 말이다.

내가 장담하는 게 하나 있다. 세월호 유족들 앞에서 피자 처먹고 치킨 처먹은 인간 말종들이 있었다. 그런데 그 말종들이 자식을 많이 낳을 것 같은가? 웃기는 소리다.

그 말종들이 아무리 세월호 유족들을 능욕해도, 그 말종의 유전자조차 자식 낳는 일을 꺼린다. 낳으면 위험하다는 것을 알기 때문이다. 이건 머리와 이성, 보수와 진보의 문제가 아니다. 유전자의 본능이다.

출산주도 성장이라고?

다른 예를 들어보자. 2018년 9월 자유한국당 김성태 당시 원내대표가 국회 교섭단체 대표연설에서 "소득주도성장 대신 출산주도성장"을 운운했다. 그런데 이게 얼마나 처참한 관점인가?

역사적으로 자본은 늘 많은 인구를 원했다. 자본이 덩치를 불리는 가장 쉬운 방법이 노동자들을 최대한 싼 임금으로 착취하는 것이기 때문이다. 이를 위해서는 "임금이 낮아도 좋으니 제발 일자리를 주세요"라고 간청하는 가난한 실업자들이 득실대야 한다.

산업혁명 때도 그랬고 1970년대 한국 재벌들이 덩치를 불릴 때도 그랬다. 먼저 농토를 박살내고, 농민들을 갈 곳이 없게 만든다. 그리고 자본은 이들을 도시로 끌어들여 저임금 노동자로 전락시킨 뒤 마음껏 착취했다. 자본은 그 와중에 사람이 죽어나가는 일에는 아무 관심이 없었다.

그런데 이까지만 해도 이들의 관점은 '경제 성장을 위해 가난한 사람이 죽는 것은 어쩔 수 없다' 정도였지 '경제 성장을 위해 사람을 더 생산해야 한다'는 패륜까지는 아니었다. 김성태 씨에게 하나만 물어보자. 사람이 천연자원이냐? 경제성장을 위해 더 많이 '생산'하게?

친구를 집에 초대할 때에도 청소를 하고 음식을 준비한다. 우리가 사는 사회에 새로운 생명을 초대하려면 그들을 따뜻이 맞이할 자세가 돼있어야 한다. 새 생명이 태어났는데 "와, 경제성장을 위해 또 한 명의 자원이 태어났네요" 이러고 자빠져 있으면 어느 유전자가 종족을 번식하고 싶겠냔 말이다.

지금 부족한 것은 인구가 아니라 분배와 복지다. 사람을 많이 '생산'해야 경제가 성장하는 게 아니다. 부(富)가 골고루 분배돼 누구나 인간답게 사는 세상이 돼야 인구가 늘어난다. 그런 세상이 되지 않으면 유전자는 본능적으로 가족계획을 실시한다.

나는 인구 부족이 문제라는 시각에 동의하지 않지만, 정말로 인구가 부족한 것이 문제라면 제발 좀 사람에 대한 존중을 보여라. 인간이 먼저 되라는 뜻이다. 김성태 씨, 딴 데 보지 마세요. 당신 이야기입니다!

‘말뫼의 눈물’과 타다 금지법 논쟁

산업구조조정과 사회의 철학

“조선업의 경우 비대해진 인력과 설비 등 몸집을 줄이고 불필요한 비용을 삭감하는 과감한 구조조정을 추진하지 않으면 해당 기업은 물론 우리 산업 전체의 미래를 기약하기 어렵습니다. 구조조정을 지금 해내지 못하면 스웨덴 말뫼의 세계적인 조선업체 코쿰스가 문을 닫으면서 골리앗 크레인이라 불린 핵심 설비를 단돈 1달러에 넘긴 ‘말뫼의 눈물’이 우리의 눈물이 될 수도 있음을 알아야 합니다.”

2016년 6월 13일 전직 대통령 박근혜가 20대 국회 개원 국회연설에서 남긴 말이다. 박근혜가 이른바 ‘말뫼의 눈물’을 공식적으로 언급한 것이다.

나로서는 헛웃음이 나왔다. 물론 말뫼의 눈물을 저렇게 해석할 수도 있다. 하지만 그걸 떠나서 나는 속으로 ‘저 사람이 말뫼가 어디인지는 알기나 할까?’라는 생각을 지울 수 없었다.

이후 많은 사람들이 말뫼의 눈물을 함부로 이야기하기 시작했다. 말뫼의 눈물에는 구조조정 좋아하는 사람들이 입방아를 찧기에 흥미로운 요소가 포함된 것도 사실이다.

하지만 이 이야기의 진실은 그렇게 간단하지 않다. 그리고 이 이야기야말로 4차 산업혁명을 맞는 한 사회의 자세에 대해 진지한 질문을 우리에게 던지고 있다.

박 대통령의 말뫼와 지금의 말뫼

박근혜가 언급한 말뫼의 눈물 사건은 이렇다.

원래 스웨덴과 덴마크 등 북유럽 국가들은 1980년대까지 조선업계의 강자였다. 그런데 이 업종의 주도권이 1980년대 들어 빠른 속도로 한국과 일본 등 아시아 국가로 넘어왔다. 이러면서 스웨덴 조선업계는 1990년대와 2000년대 초반 극심한 불황을 겪었다.

말뫼는 스웨덴을 대표하는 조선 도시였다. 하지만 스웨덴 조선업종의 침체로 도시 경제도 극도로 나빠졌다.

이 도시에는 '코쿰스 크레인'으로 불리는 초대형 크레인이 있었다. 사실 이름이 '코쿰스 크레인'이어서 그렇지, 코쿰스라는 회사는 이미 오래 전(1987년)에 파산했다.

말뫼의 눈물 사건이 터진 2002년, 코쿰스 크레인은 덴마크 회사의 소유였다. 하지만 코쿰스를 인수한 BWS(Burmeister Wain Ship)도 결국 파산을 했다. 파산 과정에서 BWS는 코쿰스 크레인을 매각하기로 했다. 이 크레인을 인수한 회사가 바로 현대중공업이었다.

이까지는 아무런 감흥 없는 이야기다. 파산한 회사가 남은 자산을 파는 것은 너무나 당연한 일이기 때문이다.

이 사건이 국제적으로 유명해진 이유는 따로 있었다. 초대형 크레인의 매각 가격이 단돈 1달러였기 때문이었다. 현대중공업은 크레인 가격으로는 1달러만 내고, 대신 해체와 운송을 모두 자기 비용으로 부담키로 했다.

현대중공업의 골리앗 크레인

사실 1달러라는 금액은 상징적인 가격일 뿐이다. 파산한 BWS가 직접 그 크레인을 해체하고 처리하려면 수백억 원이 든다. BWS는 크레인을 현대중공업에 넘김으로써 이 해체 비용을 절약한 것이다.

현대중공업도 이 크레인을 얻는 데 단돈 1달러만 쓴 것이 아니었다. 크레인을 해체하고 울산까지 운송하는 데에 든 비용이 약 220억 원이었기 때문이다. 양측 다 충분히 합리적인 거래를 한 셈이다.

문제는 '매각 가격 1달러'라는 숫자가 주는 충격이 너무 컸다는 점에 있었다. 북유럽을 대표하는 조선 도시 말뫼의 시민들은 도시의 자부심과 같았던 코쿰스 크레인이 단돈 1달러에 팔려간다는 사실에 큰 충격을 받았다.

2002년 9월 25일 크레인이 해체될 때, 말뫼 시민들은 그 모습을 보며 눈물을 흘렸다. 스웨덴 국영방송은 그 장면을 장송곡과 함께 내보내면서 '말뫼의 눈물'이라는 제목으로 보도했다. 이게 바로 박근혜가 언급한 말뫼의 눈물에 관한 스토리다.

말뫼에 대한 진짜 이야기

하지만 말뫼 스토리는 이것으로 끝나지 않았다. 진짜 이야기가 지금부터 시작된다. 조선소가 문을 닫자 말뫼는 도시 인구의 10%에 이르는 2만 7,000명이 일자리를 잃고

거리로 내몰리는 수난을 겪었다. 우리의 상식이라면 이 도시는 몇 년 안에 망하는 게 당연해 보였다.

하지만 말뫼는 망하지 않았다. 아니, 망한 것이 아니라 눈부신 변신에 성공했다. 조선소가 문을 닫은 뒤 스웨덴 정부는 말뫼와 덴마크 코펜하겐을 바닷길로 잇는 7.8㎞의 다리를 건설했다. 대규모 공공투자로 실업자를 흡수해 해고 노동자들의 삶부터 챙긴 것이다.

그리고 조선업의 연명을 위해 썼던 재원을 과감하게 신재생에너지와 정보기술(IT), 바이오 등 신산업 분야에 집중적으로 투입했다. 현재 이 도시에서 가장 각광받는 산업은 태양열과 풍력 등 신재생에너지다. 이 덕에 말뫼는 유럽을 대표하는 생태 도시로 탈바꿈했다.

여기에 정부 차원의 복지 시스템이 힘을 보탰다. 스웨덴 정부는 조선업의 구조조정을 말뫼라는 일개 도시의 문제로, 혹은 조선업이라는 한 산업의 문제로만 보지 않았다. 어차피 경제가 고도화될수록 제조업의 쇠퇴는 막을 수 없는 일이다. 또 의학의 발전으로 고령화의 흐름도 거스를 수 없다.

이때 스웨덴 정부가 병행한 것이 강도 높은 연금과 복지제도의 확충이었다. 그 결과 스웨덴의 1인당 국내총생산(GDP)은 1990년 2만 9,794달러에서 2017년 5만 4,000달러로 급등했다. 복지를 기반으로 산업구조의 고도화와 성장을 모두 이뤄낸 셈이다.

그래서 지금 말뫼는 '말뫼의 눈물'이 아니라 '말뫼의 터닝' 혹은 '말뫼의 변신'이라는 용어로 더 널리 알려져 있다. 유럽을 대표하는 친환경 에코시티 말뫼를 가리키는 제1의 수식어도 '눈물의 도시'가 아니라 '내일의 도시(City of Tomorrow)'다.

말뫼를 상징했던 코쿰스 조선소의 대형 크레인 자리에는 '터닝 토르소(Turning

Torso)'라는 고층 건물이 들어섰다. '북유럽에서 가장 창의적인 디자인의 건물'이라는 칭송을 받는 이 터닝 토르소는 최소의 탄소배출량과 최대의 효율적 에너지 관리로 그 명성이 드높다.

스웨덴 도시 말뫼의 랜드마크 빌딩 터닝 토르소. 이 건물은 현대중공업에 팔린 옛 골리앗 크레인 자리에 지어졌으며 이후 도시를 대표하는 상징물로 자리를 잡았다. ©Vask

쌍칠년도 제조업 마인드에서 도무지 벗어나지 못한 박근혜가 보기에 '말뫼의 눈물'은 '울산의 눈물'과 같은 것일지도 모른다. 하지만 살펴봤듯이 말뫼의 교훈은 전혀 다른 것이었다. 말뫼의 눈부신 변신은 뛰어난 복지 제도와 완벽에 가까운 실업자에 대한 사회 안전망 덕분이었다.

박근혜는 구조조정을 강조했지만, 나는 그가 임기 중 실업 노동자를 어떻게 구제할 것인가에 관해 고민한 흔적을 단 하나도 발견하지 못했다. 그런 그가 국회에서 말뫼의 눈물을 언급한 것은 "말뫼처럼 되지 않으려면 노동자들은 알아서 나가 죽어라"는 협박에 다름 아니다.

말뫼의 이야기를 다른 관점에서 보면 어떤 글이 나오는지 박근혜에게 보여주고 싶다. 박근혜가 말뫼의 눈물을 언급하기 한 달 전, 경북대 이정우 명예교수가 〈경향신문〉에 기고한 칼럼에서 말뫼의 눈물을 먼저 언급했다. 이 교수의 글과 박근혜의 시각을 비교해보자. 무엇이 말뫼를 보는 정상적인 시각인지 금방 구분이 될 것이다.

"우리가 구조조정을 하기 어려운 이유는 평소 복지국가를 기피하고 사회안전망을 갖추지 않았기 때문이다. 반면 스웨덴, 덴마크 같은 복지국가는 사회안전망이 있어 구조조정에 저항이 적다.

2002년 스웨덴의 조선업이 사양산업이 되자 말뫼에 있던 조선소의 골리앗 크레인이 한국의 현대중공업에 단돈 1달러에 팔렸다. 크레인이 분해되어 배에 실려 떠나던 날 말뫼 시민들은 눈물을 흘렸다고 한다.

지금 말뫼는 신재생에너지, BT, IT 중심의 친환경 생태도시로 변신하는 데 성공했다. 복지국가이기에 이런 변신이 쉬웠다. 복지국가는 구조조정 하기 쉬우나, 한국과 같은 비복지국가는 구조조정 하기 정말 어렵다. 우리가 위기를 당해 이 교훈 하나는 꼭 마음에 새기자."

타다 금지법

2019년 말 '타다 금지법', 정확히 말하면 여객자동차운수사업법 개정에 대한 논란이 한국 사회를 달궜다. 새로운 대중교통 서비스 타다를 금지해야 하느냐, 허용해야 하느냐에 대한 논쟁이었다.

타다는 포털 사이트 〈다음〉의 창업자 이재웅 쏘카 대표가 선보인 교통 서비스다. 콜택시와 비슷한데, 콜택시보다는 조금 비싸지만 친절하고 편리하다는 특징이 있다.

문제는 택시 영업을 하려면 택시 면허가 있어야 하는데, 타다는 이 면허 없이 사업을 지속했다는 데 있다. 일반 승용차로 택시 영업을 하면 당연히 불법이다. 그래서 타다가 찾은 해법이 "우리는 택시가 아니고 렌터카입니다"라는 것이었다. 물론 원칙적으로 렌터카도 운전자가 운전 서비스를 제공해서는 안 된다. 그게 허용이 된다면 택시와 다를 바가 없기 때문이다.

이때 타다가 찾은 해법이 11인승 카니발 차량을 이용하는 것이었다. 기존 여객자동차운수사업법에 따르면 11인승 차량의 경우 렌터카에도 운전서비스를 제공할 수 있도록 돼 있었기 때문이다.

그 법의 취지는 11인승 차량으로 택시 영업을 하라는 게 아니었다. 10인 이상의 많은 사람들이 함께 여행을 하면서 차를 빌렸다면, 여행자의 편의를 위해 운전 서비스를 제공해도 괜찮다는 취지였다.

그런데 타다는 이 조항을 다른 방식으로 이용했다. 11인승 차량에는 운전자를 붙여도 되므로 타다는 11인승 카니발로 콜택시와 비슷한 영업을 한 것이다. 논란이 거세지자 국회에서는 이런 편법 택시 영업을 금지하는 법을 만들었다. 이에 대해 타다가 극렬히 반발하면서 논쟁이 거세진 것이다.

나는 개인적으로 이 논쟁에 끼어들 자신이 없다. 내 부족한 지식으로는 정말로 어느 쪽이 옳은지 잘 모르겠다. 타다가 대단한 혁신인지도 잘 모르겠고, 그렇다고 타다가 형편없는 서비스인지도 잘 모르겠다. 나도 택시를 타면서 여러 차례 불편을 느낀 적이 있기에 타다를 옹호하는 사람들의 심정도 충분히 이해가 간다.

그래서 지금부터의 글은 타다 편을 든다거나, 혹은 택시 기사 편을 드는 차원의 이야기가 아님을 먼저 밝힌다.

붉은 깃발법 논쟁

이 논쟁에서 꼭 하나 짚고 싶은 것이 있다. 이재웅 대표가 정부와 정치권을 비판하면서 여러 차례 인용한 '붉은 깃발법'에 관한 이야기다.

붉은 깃발법이란 1865년 영국에서 제정된 '세계 최초의 도로교통법'이다. 법의 내용은 이렇다. 빅토리아 여왕 시절 영국 길거리에 자동차가 등장했다. 그런데 생계의 위협을 느낀 마부들이 이에 대해 격렬한 항의를 하기 시작했다.

영국 왕실과 정치권은 마부들의 항의를 받아들였다. 그래서 만든 것이 붉은 깃발법이다. 법의 내용이 상당히 복잡한데 짧게 요약하자면 '자동차는 마차보다 빨리 달릴 수 없다'는 것이었다. 런던 거리에서 자동차를 운전하려면 붉은 깃발을 꽂아야 한다는 조항이 있었기 때문에 '붉은 깃발법'이라는 이름이 붙었다.

이 법은 혁신을 가로막는 멍청한 규제를 상징하는 용어이기도 하다.

이재웅 대표는 이 법을 근거로 "택시 기사 살리려고 타다를 규제하는 것이 마부 살리려고 자동차를 규제하는 것과 뭐가 다르냐?"는 주장을 펼쳤다. 이런 식으로 시대에 뒤떨어진 규제를 하면 새로운 혁신 산업은 시작도 못한다는 게 이재웅 대표의 주장이었다.

나는 일단 이런 의견에 동의한다. '일단'이라는 단서를 붙인 이유는 붉은 깃발법에 대한 오해가 좀 있기 때문이다. 알려진 것과 달리 이 법이 '마부를 살리려고 자동차 산업을 망친' 멍청한 법이었던 것은 절대 아니다.

당시 런던의 도로 사정은 매우 열악했고, 새로 등장한 자동차는 너무 거대했다. 게다가 도로에는 수많은 말들이 질주하고 있었다. 그 상황에서 거대한 자동차가 소음과 함께 도로를 누비면 도로는 엉망이 되고 말은 놀라서 날뛴다. 붉은 깃발법은 단순히 마부를 살리기 위한 법이었다기보다 도로 사정과 시민의 안전을 모두 감안해 만든 당시로는 꽤 합리적인 법이었다.

산업구조조정을 대하는 철학을 묻는다

하지만 이런 사실을 감안하더라도 이재웅 대표의 주장이 "과거를 지키기 위해서 혁신을 가로막아서는 안된다"는 것이라면 나는 그 취지에 동의한다. 기술은 발전하기 마련이고, 산업은 변하기 마련이다. 옛 산업이 사라지고 새로운 산업이 등장하는 산업구조조정은 피할 수 없다.

그리고 그 과정에서 옛 산업의 노동자는 일자리를 잃는다. 이 문제는 "노동자를 보호하기 위해 자본과 싸우자"는 차원의 이야기가 아니다. 아무리 자본에 대항해 잘 싸워도 산업 자체가 없어지면 소용이 없다.

나도 글을 쓰는 기자지만, 내 생각에 20년쯤 지나면 기자라는 직업이 아예 없어질 것 같다. 이때 기자들의 일자리를 보호한다고 노조를 만들어서 열심히 투쟁한들 무슨 소용이 있겠나?

문제는 이런 일이 앞으로도 필연적으로 계속될 텐데, 그때 우리 사회가 어떤 철학을 갖춰야 하느냐는 것이다. "마부는 후진 산업에 속한 노동자이니 죽어도 상관없다"고 말하는 게 옳을까? 아니면 "마부들이 죽을 위기에 처했으니 어떻게든 도울 방법을 찾아야 한다"고 말하는 게 옳을까?

이 차이는 실로 중요하다. 앞에서 언급한 조선업만 해도 언젠가 기술의 발전으로 사람 노동자가 거의 필요 없는 시대가 올 것이다. 이건 절대 농담이나 과장이 아니다.

옛 유통산업의 선두주자인 미국 월마트는 2017년 160만 명의 노동자를 고용했다.

그런데 온라인 유통산업의 선두주자이며 전 세계 유통산업을 집어삼키다시피 한 아마존의 2017년 노동자 숫자는 고작 34만 명이다.

미국 자동차 회사 제너럴모터스(GM)는 1964년 66만 명의 노동자를 고용했다. 그런데 지금 애플(Apple)에서 일하는 노동자는 8만 명밖에 되지 않는다. 미국을 대표하는 거대기업 제너럴일렉트릭(GE)은 1964년 26만 명의 노동자를 품었다. 하지만 현재를 대표하는 소셜 네트워크 서비스 기업 페이스북(Facebook)에서 일하는 노동자는 고작 2만 명이다. 2016년 힐튼호텔에서는 17만 명이 일했지만, 온라인 숙박 공유업체 에어비앤비(airbnb)에서는 3,100명만 일하고 있다.

우리는 미래를 너무 낙관하고 있다. 1, 2, 3차 산업혁명을 거치면서 옛 산업은 사라졌지만 그에 준하는 새로운 일자리가 생겼다. 그래서 4차 산업혁명 시대를 거치며 옛 산업 일자리가 사라져도 그에 준하는 새로운 일자리가 생길 것이라고 믿는다.

하지만 이건 정말로 장담할 수 없는 일이다. 4차 산업혁명의 핵심인 인공지능이 사람의 일자리를 얼마나 줄일지는 도무지 가늠조차 되지 않는다.

그런데 아무런 준비가 없는 상황에서 인공지능이 노동을 대체하면, 노동자들은 대부분 일자리를 잃을 것이다. 이건 마차 산업이 자동차 산업으로 바뀌는 차원의 간단한 문제가 아니다.

만약 4차 산업혁명이 1, 2, 3차 산업혁명과 달리 새로운 일자리를 충분히 만들지 못한다면? 그때부터 진짜 지옥이 시작될 것이다. 자본은 혁신을 빌미로 노동자들을 다 해고할 텐데, 그러면 자본이 만든 물건은 누가 사 줄 것인가? 실업자들이 사 줄 것인가? 무슨 돈으로? 그래서 전 세계적으로 소비가 줄어들면 기업은 어떻게 존속할 것인가? 이건 절대 간단한 문제가 아니다. 이런 이유로 스티븐 호킹(Stephen William

Hawking, 1942~2018) 같은 세계적 석학이 "인공지능 시대에 자본의 탐욕을 멈추지 못한다면 인류는 공멸의 위기에 처할 것이다"라고 경고한 것이다.

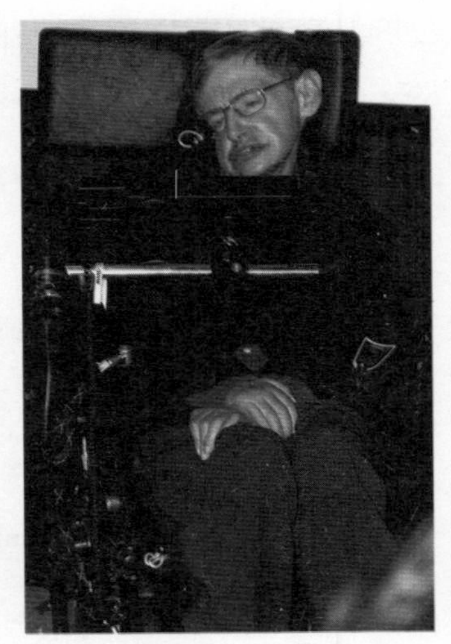
스티븐 호킹 박사

이재웅 대표 같은 자본가들은 "우리는 혁신가지 그런 문제를 고민하는 사람들이 아니다"라고 발뺌한다. 그런데 그러다가 정말 큰 코 다친다. 이미 선진 사회의 자본가들은 문제의 심각성을 인식하고 대안을 모색한다. 빌 게이츠(Bill Gates) 마이크로소프트 창업자가 로봇세(稅) 도입을 주장하고, 마크 저커버그(Mark Elliot Zuckerberg) 페이스북 창업자가 기본소득의 필요성을 언급하는 이유다. 이들은 인공지능으로 줄어드는 일자리 문제를 해결하지 못하면 인류에게 미래가 없다는 사실을 누구보다도 잘 알고 있다.

나는 타다가 혁신 산업인지 정말로 잘 모르겠지만, 한 가지 확실한 것은 그런 새로운 산업이 시작될 때 옛 산업의 노동자들이 반드시 곤경에 처한다는 점이다. 다시 한번 강조하지만 나는 "마부를 보호하기 위해 자동차를 탄압하자"고 주장하는 사람이 아니다. 자동차 산업의 등장이라는 역사의 필연 앞에서 옛 산업인 마부들에게 "너희들은 죽어도 싸다"라고 말해서는 안 된다는 이야기를 하는 것이다.

나도 혁신을 하자는 데 동의한다. 혁신은 당연히 필요하다. 그런데 스웨덴처럼 옛 산업 노동자를 보호하겠다는 의지가 있는 국가는 혁신을 해도 말뫼의 터닝과 같은 아름다운 스토리를 만들며 멋지게 해낸다.

하지만 박근혜처럼 "옛 산업 노동자? 걔들이 죽건 말건 뭔 상관이야?"는 식으로 산업구조조정을 대하면 한국 사회는 실로 심각한 갈등 비용을 치러야 한다. 그리고 이는 단지 갈등 비용의 문제로만 그치지 않을 것이다. 호킹 박사의 경고처럼 이 문제를 해결하지 못하면 한국 사회는 공멸의 위기를 맞을 것이다.

혁신을 운운하며 이 문제를 모른 척 하는 자본가들은 그래서 무책임하다. 한국 사회는 이런 종류의 사회적 갈등을 앞으로 최소한 수백 차례 더 마주해야 한다. 그때 우리에게 필요한 것이 무엇일까? 나는 확신한다. 우리에게 필요한 것은 "마부들은 죽어도 돼"라는 무책임한 시각이 아니라 어떻게든 함께 사는 공존의 길을 모색하는 마음이다.

IV부

일본

멍청한 아베, 자국 기업의 심장을 찔렀다 - 소재 수출 규제
일본의 갑질은 반드시 대가를 치른다 - 홀드 업(hold-up) 이론
일본에게 알려줘야 할 것은 주제 파악이다 - 국화와 칼
일본의 대국론과 노동 착취형 성장 - 제업즉수행
일본이 대국이면 일본 국민은 행복할까? - 체제정당화 이론
반일 정서와 일제 불매 운동 - 발목 잡히기(hand-tying) 전략
일본이 보통국가를 원할 자격이 있나? - 보통국가론

멍청한 아베,
자국 기업의 심장을 찔렀다

소재 수출 규제

2019년 7월 일본이 한국에 무역 제재라는 칼을 빼들었다. 야심차게 칼을 휙~ 휘둘렀는데, 어라? 뭔가 이상하다. 그 칼끝이 겨눈 곳이 한국이 아니라 자국 기업들이기 때문이다.

일본 정부가 휘두른 칼은 한국에 수출해 왔던 플루오린 폴리이미드, 포토리지스트, 에칭가스 등의 수출을 규제하겠다는 것이다. 이들은 반도체나 LCD를 만들 때 반드시 필요한 필수 소재들이다. 일본 기업들의 세계 시장점유율이 70~90% 정도나 되는 품목들이다.

일본 정부는 이 제품들을 한국에 수출할 때 심사를 깐깐히 하겠다고 밝혔다. 한국 대법원의 강제징용 피해자 배상판결이 마음에 안 든다는 이유다.

그런데 아무리 생각해도 이상하다. 무역분쟁이 벌어졌을 때 기본적인 태도는 "우리는 너희 나라가 한 짓에 기분이 상했으니 너희 나라가 파는 물건은 안 산다!"라는 것이다.

한참동안 치고받았던 미국과 중국의 무역분쟁도 이런 것이다. 피차 상대국 제품에

아베 신조(安倍晋三) 일본 총리 ©Ajswab

고액의 관세를 물려 "너희 나라 제품은 안 산다"며 으름장을 놓는다. 불매운동도 마찬가지다. "당신네 기업이 하는 짓이 싫으니 우리는 당신 기업 제품을 안 사겠소"가 기본적인 보복의 방식이다.

그런데 일본은 "우리는 한국 대법원이 한 짓에 기분이 상했으니 너희 나라에 물건을 팔지 않겠다"고 나섰다. 한국 물건을 안 사는 게 아니고 일본 물건을 안 팔겠다고? 참으로 희한한 경제 제재다.

아마 일본은 2010년 센카쿠 열도 문제로 중국과 분쟁을 겪었을 때 중국이 희토류 수출 중단 카드를 꺼내든 전례를 참고한 듯하다. 당시 세계 희토류 시장의 97%를 장악했던 중국은 희토류 수출 중단이라는 강력한 카드를 꺼내들었고, 일본은 억류했던 중국 어선 선장을 석방하며 백기를 들었다.

하지만 희토류는 자원이지 산업 생산품이 아니다. 이 이야기는 다음 장에서 자세히 다루겠지만, 자원을 무기화하는 것과 산업 생산품을 무기화하는 것은 전혀 다른 이야기다. 자원은 자기 나라 땅에 묻혀있지 않으면 만들 수도 없지만, 제품은 없으면 어떻게든 만들 수 있다. 일본의 헛발질은 여기서 시작됐다.

선진국의 강점인 자유무역을 걷어찬 일본

자유무역이 선진국에 유리한 이유는 자유무역 체제 아래에서 후진국이 선진국의 산업구조를 따라잡을 수 없기 때문이다. 동남아시아와 아프리카의 많은 국가들이 산업화를 이루지 못한 이유는 선진국의 싸고 품질 좋은 제품이 자유무역을 통해 거의 무제한으로 후진국 시장을 휩쓸었기 때문이다.

일본은 소재산업에서 세계 최강대국이다. 소재란 부품이나 기계를 만들 때 사용되는 세라믹이나 금속, 고분자 물질 같은 재료들을 말한다. 이 분야에서 일본은 그야말로 넘사벽의 강자였다.

한국도 소재산업에서 일본을 따라잡기 위해 오랫동안 노력했지만 번번이 고배를 마셨다. 소재산업은 정형화된 설계와 제조로 따라잡을 수 있는 분야가 아니라 장인 정신이 깃든 섬세한 예술에 가깝기 때문이다. 그리고 이 분야에서 일본은 특유의 꼼꼼함으로 수십 년 째 절대 강자로 군림해 왔다.

한국이 소재산업에서 일본을 따라잡지 못한 중요한 이유 중 하나가 자유무역이었다. 우리가 소재를 개발해도 일본 제품에 비해 품질이 떨어졌다. 일본은 자유무역을 통해 한국 소재시장에 자유롭게 드나들었다. 한국 기업들이 버텨낼 재간이 없었던 것이다.

그래서 한국은 지금도 LCD 완제품 하나를 만들면 매출의 40%를 일본에 갖다 바친다. 대부분의 소재와 부품을 일본에서 수입하기 때문이다. 우리가 반도체나 휴대폰도 더 잘 만들고 자동차도 거의 따라잡았으며, 한류 열풍으로 문화콘텐츠 수출도 훨씬 많이 한다. 그런데도 매년 일본과의 무역에서 엄청난 적자를 본다. 그 이유가 바로 부품과 소재 분야에서 일본이 압도적 우위를 점했기 때문이다.

탈(脫)일본과 국산화의 계기

그렇다면 한국이 소재 국산화의 꿈을 꾸지 않는 나라일까? 천만의 말씀이다. 벌써 수십 년 동안 한국은 소재산업에서 일본을 따라잡는 꿈을 꾸고 있었다. 넘사벽 수준의 일본 제품이 자유롭게 한국 시장을 휩쓴 탓에 하고 싶어도 못 했을 뿐이다.

그런데 일본이 스스로 "한국에 소재를 팔지 않겠다"고 나섰다. 특정 산업을 개발하기 위해서는 보호무역이 필수적인데, 일본이 먼저 한국의 보호무역을 돕겠다고 나선 꼴이다. 한국이 소재 분야에서 탈(脫)일본과 국산화의 꿈을 이룰 절호의 기회를 잡은 셈이다.

게다가 일본 정부의 수출 규제는 일본 소재산업의 기반을 무너뜨릴지도 모른다. 일본 기업들이 만드는 소재의 최대 고객이 한국 기업들이기 때문이다. 메모리 반도체의 경우 세계 시장의 63%가 한국에서 생산된다.

이런 거대 고객에게 물건을 안 팔면 소재 만드는 일본 기업들은 그 제품을 어디다 팔 것인가? 그래서 일본 정부의 정책은 아둔한 자살골이었다. 사건 초기에 몇몇 친일 성향의 한국 언론들이 호들갑을 떨었지만 당시 〈NHK〉와 인터뷰를 가졌던 일본상공회의소 미무라 회장은 "한국은 이번 일을 계기로 한국 국내에서 부품을 스스로 만들게 될지도 모른다"는 걱정을 늘어놓았다.

〈아사히신문〉도 "일본 정부의 이번 조치가 소재 분야에서 한국 기업의 탈일본화를 가속화하는 계기가 될 것"이라고 우려했다. 〈마이니치신문〉도 "한국이 단기적으로는 다른 곳에서 소재를 조달하려 하겠지만 중장기적으로 국산화를 통해 탈일본화에 나설 것이고, 결국 일본의 기술적 우위가 무너질 수 있다"고 우려했다.

실제 일본의 수출 규제 이후 한국 기업들은 다양한 방법으로 탈일본화에서 성과를 냈다. 한국 정부도 적극적인 산업정책을 통해 소재산업의 국산화라는 대장정의 첫발을 내디뎠다. 이래서 국민은 지도자를 잘 뽑아야 한다. 단언컨대 아베는 일본을 망치고 있다.

일본의 갑질은 반드시 대가를 치른다

홀드 업(hold-up) 이론

앞 장에서 짧게 언급했지만 2010년 중국과 일본이 센카쿠 열도에서 격렬한 분쟁을 일으킨 일이 있었다. 일본이 중국 어선을 나포하면서 두 나라의 갈등이 극에 달했다. 그런데 이 분쟁은 의외로 싱겁게 막을 내린다. 중국이 보복 차원에서 "희토류 수출을 중단하겠다"고 나선 것이다.

희토류는 열과 전기가 잘 통해 스마트폰이나 전기차 등에 사용되는 소재산업에 반드시 필요한 원소들이다. 문제는 희토류가 매장된 곳은 많은데 추출을 할 때 환경오염 문제가 적지 않아 당시만 해도 중국 외에 이를 생산하는 나라가 없었다. 2010년 당시 중국의 희토류는 세계 생산량의 97%를 차지했다. 이 때문에 "중동에 석유가 있다면 중국에는 희토류가 있다"라는 이야기까지 나돌았다.

중국은 희토류를 무기로 삼았고, 다른 곳에서 희토류를 구할 수 없었던 일본은 중국 선장을 풀어주며 백기를 들었다. 중국의 자원 갑질이 통한 것이다.

그렇다면 이 이야기는 중국의 해피엔딩으로 끝났을까? 그렇지 않다. 된통 당한 일본이 대안을 찾기 시작한 것이다. 게다가 일본뿐 아니라 미국을 비롯한 세계 각 나라도 탈(脫) 중국에 나섰다. 언제든지 중국의 희토류 무기화에 당할 수 있다는 우려 때문이었다.

일본은 오스트레일리아와 합작으로 말레이시아에 희토류 제련 공장을 세웠다. 미국도 자국 내에 희토류 광산 개발과 제련 시설을 갖춰 나갔다. 전 세계가 희토류에 대한 중국의 의존도를 줄이면서 2010년 97%였던 중국의 희토류 점유율은 2018년 70%까지 하락했다.

갑질 경제학

2009년 노벨경제학상을 받은 올리버 윌리엄슨(Oliver Williamson)은 홀드 업(hold up) 연구로 경제학계의 정상에 오른 인물이다. 홀드 업은 우리말로 하면 "꼼짝 마!" 혹은 "손 들어!" 쯤 되는 표현이다.

총을 든 강도가 일반인을 만나면 강도가 갑이다. 강도가 "꼼짝 마!"라고 하면 꼼짝 말아야 하고, "손 들어!"라고 하면 손을 들어야 한다. 윌리엄슨의 '홀드 업'은 강자의 갑질을 상징하는 표현이다.

2009년 노벨경제학상 수상자 올리버 윌리엄슨
ⓒProlineserver

예를 들어보자. 갑순이와 을돌이 두 사람이 있다. 을돌이는 갑순이를 너무너무 사랑했다. 이때 갑은 사랑을 받는 갑순이고, 을은 사랑에 빠진 을돌이다.

그런데 갑순이가 을돌이에게 "나를 사랑

한다면 이마에 '갑순이만 사랑해'라는 문구를 문신으로 새겨"라는 요구를 했다. 실로 말도 안 되는 무리한 요구인데(이마에 문신을 하다니!) 사랑에 빠진 을돌이는 진짜로 이마에 문신을 새기고 말았다.

이때부터 압도적 갑을관계, 즉 윌리엄슨이 말하는 홀드 업 상황이 시작된다. 이제 을돌이는 100% 갑순이에게 종속된다. 갑순이 외에 다른 이성을 만날 기회가 박탈되기 때문이다. 세상에 이마에 '갑순이만 사랑해'라고 새긴 사람에게 마음을 줄 이성은 없다. 그래서 을돌이는 갑순이가 집 청소를 하라면 해야 하고 발 씻을 물을 가져오라면 가져와야 한다.

그렇다면 홀드 업 상황을 이용해 을돌이에게 신나게 갑질을 한 갑순이는 행복해질까? 그렇지 않다는 게 이 이론의 핵심이다. 왜냐하면 갑순이의 갑질이 곧 소문이 나기 때문이다. 소문을 들은 사람들 중 그 누구도 갑순이에게 관심을 주지 않을 것이다. 잘못했다가는 이마에 문신을 새기고 인생을 망치기 때문이다.

을돌이도 어떻게든 갑순이로부터 벗어날 방법을 찾을 것이다. 뛰어난 의사를 찾아 문신을 최대한 흐릿하게 만드는 식으로 말이다. 그래야 홀드 업 상황에서 벗어날 수 있기 때문이다.

결국 갑순이는 갑질 이후 누구로부터도 사랑을 받지 못하고, 한 명밖에 없었던 '노예' 을돌이마저 떠나는 일을 겪는다. 홀드 업을 이용한 갑질은 결국 비극으로 마무리된다.

일본의 갑질, 부메랑이 될 것이다

윌리엄슨 교수의 이론에 따르면 현실 세계에서 홀드 업을 이용한 갑질은 반드시 대가를 치른다. 희토류로 갑질을 했다가 희토류 시장의 30%를 잃은 중국의 사례가 그런 것이다.

일본도 마찬가지다. 일본은 한국 반도체와 LCD 업체가 사용하는 소재의 대부분을 납품해왔다. 이를 홀드 업 상황으로 간주하고 일본은 한국에 갑질을 시작했다. 하지만 이 갑질이 일본에 해피엔딩을 안겨줄 것 같은가?

생산 공정 대부분이 일본 소재에 맞춰져 있던 한국(이마에 '갑순이 사랑해'라고 적은 꼴)은 당장은 타격을 입는다. 하지만 한국은 결국 일본의 갑질에서 벗어날 길을 찾아 나설 수밖에 없다. 평생 갑순이의 노예로 살 수는 없기 때문이다.

한국뿐이 아니다. 소문이 퍼지면서 세계 각 나라 역시 "일본이 소재를 무기화한다"는 인식을 확고히 하고 탈(脫)일본을 추진할 것이다. 이는 소재 분야에 그치는 이야기가 아니다. 일본이 압도적 우위를 차지하는 장비와 부품 분야에서도 각 나라는 일본의 갑질을 피하기 위해 의존도를 줄이려 할 것이다. 희토류 사태와 아무 상관이 없었던 미국이 희토류 생산에 박차를 가한 것과 마찬가지로 말이다.

홀드 업 이론의 핵심은 갑질을 당한 을뿐 아니라 갑질을 한 갑도 결국 큰 손해를 입는다는 것이다. 그래서 윌리엄슨 교수는 지금도 여든이 넘는 노구를 이끌고 전 세계를 돌아다니며 "갑질을 멈추고 신뢰에 바탕을 둔 경제 활동을 하라"고 호소한다. 갑질은 갑과 을 모두를 불행히 만들고 사회적인 비효율을 양산하기 때문이다.

일본은 그동안 공고히 구축됐던 동북아시아 분업체계에 스스로 큰 흠집을 냈다. 이제 한국을 비롯해 그 누구도 일본이 그 분업체계에서 자신의 역할을 충분히 할 것이라는 신뢰를 갖지 못한다. 그리고 잃어버린 신뢰는 쉽게 회복되지 않는다. 일본의 멍청한 갑질은 그 대가를 치를 것이라는 이야기다.

일본에게 알려줘야 할 것은 주제 파악이다

국화와 칼

2차 세계대전이 미국의 승리로 마무리됐을 때, 미군은 일본에 주둔하면서 큰 쇼크를 받았다. 미군은 일본인들의 반미(反美) 정서가 극심하고, 이들이 절대 미군의 통치에 복종하지 않을 것이라 지레 걱정했다. 왜 안 그랬겠나? 카미카제(神風, 신풍)라는 이름의 자살 특공대가 미 군함에 돌격을 했던 민족이었으니 말이다.

그런데 정작 미군정이 들어선 이후 일본인들은 상상을 초월할 정도로 미군에게 고분고분했다. 그냥 고분고분한 정도가 아니라 굴종적일 정도로 미군에 충성을 다짐했다. 비밀 군사정보? 미군이 물어보면 일본인들은 오만 비밀 정보를 술술 불었다. 전 세계를 들쑤시고 다녔던 미국조차도 경험해보지 못한 당황스러울 정도의 이중성이었다.

2차 세계대전이 미국의 승리로 기울어진 1944년, 미 군부는 향후 일본의 통치를 위해 문화인류학자 루스 베네딕트(Ruth Benedict)에게 일본인에 관한 연구를 맡겼다. 베네딕트는 인디언 연구로 명성을 떨친 학자였지만 이 연구를 맡기 전까지 일본을 단 한 번도 방문한 적이 없었다. 미 군부는 일본에 대해 아무런 선입견이 없는 학자에게

이 연구를 맡김으로써 가장 객관적인 자료를 얻고자 한 것이다.

용감하면서도 겁쟁이인 일본인의 이중성

2년 정도의 연구를 진행한 베네딕트는 1946년 일본에 관한 가장 탁월한 연구로 평가받는 명저 「국화와 칼(The Chrysanthemum and the Sword)」을 내놓았다. 베네딕트는 이 책에서 "일본인은 최고로 싸움을 좋아하면서도 얌전하고, 군국주의적이면서도 탐미적이고, 불손하면서도 예의바르고, 완고하면서도 적응력이 있고, 유순하면서도 귀찮게 시달림을 받으면 분개하고, 충실하면서도 불충실하고, 용감하면서도 겁쟁이이고, 보수적이면서도 새로운 것을 즐겨 받아들인다"라는 문구로 일본인들의 이중성을 꿰뚫었다.

그렇다면 일본인들의 이런 이중성은 왜 탄생한 것일까? 베네딕트는 그 이유를 일본인들이 "각자가 알맞은 위치를 갖는다(take one's proper station)"는 명제를 너무나 중시하기에 생긴 현상이라고 분석했다.

일본인들은 궁극적으로 사회 구성원들 모두가 각자의 알맞은 위치를 지켜야 한다고 생각한다. 천민은 천민의 위치에서, 사무라이는 사무라이의 위치에서, 농민은 농민의 위치에서 절대로 벗어나지 않아야 한다는 것이다.

「국화와 칼」의 저자 루스 베네딕트

이 때문에 일본에서는 왕조가 한 번도 바뀐 적이 없다. 이른바 만세일계(萬世一系), 일본의 왕통은 영원히 같은 혈통이 계승한다는 뜻이다. 아무리 사무라이의 권력이 강해도 그들은 왕이 되지 못했다. 그게 사무라이로서 지켜야 할 각자의 위치였기 때문이다. 쿠데타로 집권한 사무라이들이 결국 왕이 되지 못하고 쇼군(將軍)이라는 이상한 직책으로, 막부(幕府)라는 이상한 정치 시스템을 운영한 것도 이 때문이다.

일본이 보는 국제질서

문제는 일본인들의 이런 철학이 국제 질서에도 그대로 적용된다는 점에 있다. 1940년 일본이 독일 및 이탈리아와 3국 동맹을 맺었을 때 협정문에는 "대일본제국 정부, 독일 정부, 이탈리아 정부는 세계 만방이 각자 알맞은 위치를 갖는 것이 항구적 평화의 선결 요건임을 인정한다"라는 대목이 명시됐다.

이 협정의 조서에서 일본 왕은 "각국이 알맞은 위치를 갖는 것, 만민이 안전과 평화 속에 살기 위한 과업은 가장 위대한 대업이다"라고 목소리를 높인다. 진주만 공격 이후 일본 사절단이 미국 국무장관에게 기술한 성명서에도 "모든 국가가 세계 속에서 각자 알맞은 위치를 갖게 하려는 일본 정부의 정책은 불변이다"라는 대목이 있다.

이 말은, 일본인들이 전쟁을 일으킨 이유는 각 나라들이 주제를 파악 못하고 각자 알맞은 위치에서 벗어나려 했기 때문이라는 이야기다. 일본은 "하위 국가는 하위 국가답게 절대로 상위 국가에 대들어서는 안 된다"는 명제를 굳게 믿었다.

패전 이후 일본이 미 군부에 납작 엎드린 이유도 이것이다. 만만하게 보고 붙었다가 참패한 일본은 미국이 자기보다 상전임을 재빨리 인정했다. 일본은 한번 자기들이 아랫것이라는 인식을 가지면 절대로 상전에게 대들지 않는다. 아랫것은 아랫것답게 굴복하는 것이 각자 알맞은 위치를 지키는 자들의 의무이기 때문이다. 그래서 일본은 미군부에 눈꼴이 사나울 정도로 설설 기었다.

베네딕트의 이 연구를 지금 국제관계에 대입해보자. 독일과 달리 일본은 왜 전쟁 이후 진심으로 참회하지 않았을까? 이유는 간단하다. 그들은 "우리가 미국에 졌지, 한국이나 중국에 진 게 아니지 않느냐?"라고 생각한다. 즉 일본은 지금도 여전히 미국이 최상위 국가, 그 다음이 일본, 그리고 한국이나 중국 등 나머지 국가들은 그 하위에 있다고 믿는다. 그러니 사과를 할 수가 없다. 각자 위치를 지키는 것이 우주의 질서라고 믿는 자들인데, 어찌 상전이 아랫것들에게 사과를 한단 말인가?

상전이 아님을 깨닫게 해야 한다

2019년 일본이 보여준 말도 안 되는 억지 행보도 베네딕트의 관점에서 충분히 해석이 가능하다. 그들은 여전히 자신이 아시아의 최상전이라고 믿는데, 최근 동북아 정세에서 일본의 위상은 나날이 하락하고 있다.

한국의 경제성장 속도는 빨랐고, 한반도를 중심으로 한 국제질서의 재편 과정에서 일본은 현저히 엑스트라로 밀려났다. 그래서 아베는 대한민국에게 이렇게 말하고 싶었을지도 모른다. "각자가 알맞은 위치를 지켜야지 어디 건방지게 하위 국가가 상위 국가의 위치를 넘보느냐?"라고 말이다.

하지만 그건 그들의 심각한 착각이다. 아베의 외교는 주변국들의 신뢰를 잃은지 오래다. 그들이 정녕 하고 싶은 이야기가 "각자 분수를 지키며 살자"라면, 우리의 대답은 "일본이야말로 주제부터 파악하라"여야 한다.

일본이 내심 정해놓은 '각자 알맞은 위치'에 따라 우리가 행동한다면, 되돌아올 것은 상전인 척 거들먹거리는 일본의 안하무인 뿐이다. 우리는 일본과 달라서 그들을 식민지배하고 탄압할 생각이 없다. 우리가 일본보다 상전인 척 허세를 부릴 생각도 없다.

하지만 적어도 일본이 한국을 하위 국가라고 생각하고 각 나라의 자주성을 깔보며, 그게 각자 알맞은 위치라고 믿는다면 그 착각은 반드시 박살을 내야 한다. 이 모든 이야기를 한 마디로 요약하자면, 지금 일본에게 시급히 가르쳐줘야 할 것은 주제파악이라는 이야기다.

일본의 대국론과 노동 착취형 성장

제업즉수행(諸業卽修行)

2019년 8월 22일, 일본 〈산케이 신문〉에 코미디 같은 인터뷰가 실렸다. 일본 경제산업장관인 세코 히로시게(世耕弘成)가 "한국에 대한 수출 관리는 평화 국가를 표방하는 대국(大國)의 책임이다"라고 언급했다는 거다.

웃기려고 이런 것이면 성공은 했는데, 어느 대목에서 웃어야 할지 잠깐 망설이긴 했다. "평화 국가를 표방하는"에서 웃어야 하나? "대국의 책임"에서 웃어야 하나? 에이, 그냥 두 대목에서 모두 웃어버리기로 했다.

앞 장에서도 이야기했지만 '대국론'은 일본의 민족 특성이다. 그들은 진짜로 자신들에게 '대국의 책임'이라는 게 있다고 생각한다. 그런데 이런 것까지 알려줘야 하나 싶긴 한데 일본이 진짜로 모르고 있는 것 같아 가르쳐준다. 일본 대국론에 가장 큰 문제가 무엇일까? 일본은 대국이 아니라는 점이다.

20세기 자본이 원했던 노동자의 모습

19세기 후반 미국 경영학자 프레데릭 테일러(Frederick Winslow Taylor,

1856~1915)가 혁신적인(!) 노동 관리 시스템을 도입했다. 혹자는 '과학적 관리기법'이라고 칭송했고 혹자는 '노동자를 부품처럼 취급한 악마의 관리기법'이라고 비난했던 테일러 시스템이 그것이다.

테일러 시스템을 고안한 프레더릭 테일러

테일러는 "어떻게 하면 노동자들을 가장 효율적으로 일을 시킬 수 있을까?"를 연구했다. 이를 위해 그가 활용한 것이 초시계다.

테일러는 초시계를 들고 노동자들 옆에서 행동 하나하나를 관리했다. 노동자들이 몇 분 동안 일을 하고, 몇 분을 쉬고, 몇 시 몇 분에 밥을 먹고, 몇 시에 화장실을 가는 것이 생산성을 최고로 높이는지를 꼼꼼히 측정한 것이다.

테일러가 얼마나 꼼꼼히 초시계를 사용했던지 "테일러는 노동자들이 10분의 1초도 허비하는 것을 용납하지 않았다"는 말까지 나왔다. 화장실도 정해진 시간에 가야하고, 밥도 정해진 시간 안에 먹어야 한다면 사실 그 상황에서 인간은 더 이상 인간이 아니다. 초 단위로 움직이는 기계와 마찬가지다.

하지만 인간을 이렇게 기계처럼 부리면 생산성이 높아진다는 사실을 확인했기에 많은 자본가들이 테일러 시스템을 적극적으로 도입했다. 20세기를 '테일러 시스템의 시대'라고 부르는 이유가 여기에 있다.

이런 시스템에서 자본가는 어떤 노동자를 원했을까? 창의적이고 아이디어가 넘치는 인재? 웃기는 이야기다. 그런 거 아무 짝에도 필요 없었다. 초 단위로 기계처럼 일만 하면 되는데 창의성을 어디다 써먹겠나?

이 시기 자본가들이 원했던 노동자는 '복종을 잘 하는 노동자'였다. 기계처럼 일을 시켜도 찍소리 안 하고 묵묵히 지시를 따르는 '복종형 인간'이야말로 최고의 노동자였다.

"노동은 곧 도를 닦는 일이다!"

테일러 시스템이 세상을 지배하던 시대, 세계 경제계에서 도약을 이룬 나라가 있었다. 그게 바로 2차 세계대전에서 참패했던 일본이다.

잿더미 속에서 시작된 일본 경제는 1950년대와 1960년대를 거쳐 성장을 거듭했다. 1980년대 이후 일본 경제는 미국을 위협할 지경까지 이르렀다. 이러면서 일본인들의 대국 망상병이 다시 도졌다. 경제 발전이 일본 집단 망상의 원인이었던 셈이다.

그렇다면 일본은 어떻게 이런 놀라운 경제 성장을 이룰 수 있었을까? 여러 이유가 있겠지만 경영학자들이 꼽는 이 시기 일본의 최대 강점은 노동자들의 복종이었다. 이 무렵 일본 노동자들은 퇴근이란 것을 할 줄 몰랐다. 주말에도 나와서 일에 몰두했다.

그렇다고 월급을 더 받았냐고? 천만의 말씀. 이들은 돈도 안 주는데 야근과 주말 특근을 밥 먹듯 했다. 한 번 검사할 것을 두 번, 세 번 검사하니 당연히 제품의 질이 좋아진다. 게다가 노동자들이 돈도 별로 안 받아갔기 때문에 물건 가격도 싸게 매길 수 있었다. 그래서 이 시기 일본 제품은 "싸고 정교하다"는 찬사를 받았다.

그러면 궁금해진다. 일본 노동자들은 왜 돈도 안 받고 이렇게 열심히 일했을까? 이는 일본 특유의 문화와 관련이 있다. 일본인들은 '일을 하는 것은 돈을 벌기 위한 행동이 아니라 도를 닦는 행위다'라고 생각하는 경향이 있다. 일을 하는 것이 도를 닦는 일이라는 황당한 논리를 개발한 사람이 이시다 바이간(石田梅岩, 1685~1744)이라는 인물이다.

에도시대의 상인이자 사상가 이시다 바이간의 초상화

일본인들은 바이간을 사상가, 혹은 철학자로도 묘사하지만 사실 그의 본업은 상인이었다. 바이간이 살았던 시기를 에도시대(1603~1867)라고 부른다. 에도시대 때 일본에서는 화폐가 만들어지면서 상업이 크게 발전했다.

바이간도 이 시대에 장사를 한 상인이었다. 성실함과 세심한 고객 관리를 중요하게 여겼던 바이간이 내세운 이론이 제업즉수행(諸業卽修行)이었다. 이 말은 '무릇 일을 하는 것(業)이란 곧 도를 닦는 것(修行)과 같다'는 뜻이다.

일을 하는 것은 고통스럽다. 하지만 고통 없이는 도를 깨우칠 수 없다. 그래서 바이간은 노동의 고통이 사람을 득도의 길로 안내해 줄 것이라고 믿었다.

사람이 도를 닦는 일에 게으름을 피울 수는 없는 노릇이다. 그래서 그는 "일을 할 때에는 절대 나태해서는 안 된다. 보상이 없다고 일을 게을리 해서도 안 된다. 일을 하는 그 자체로 사람은 도에 이를 수 있기 때문이다"라는 논리를 펼쳤다.

도 닦듯이 일을 하면 어떨 일이 벌어질까?

바이간의 이 사상은 지금까지도 일본 노동자들의 전통으로 이어져 왔다. 일본 노동자들이 수당을 받지 않고도 야근에 주말 특근을 밥먹듯 했던 이유가 이것이다.

종교를 믿으면 헌금을 낸다. 도를 배울 때에도 스승에게 수업료를 낸다. 그런데 돈을 안 내고 도를 닦을 방법이 있다! 일을 열심히 하면 된다는 거다. 돈을 내고도 도를 배워야 할 판에 무료로(응?) 도를 가르쳐준다니 일본 노동자들이 얼마나 신이 나서 일을 했겠나?

바로 이 전통이 20세기 일본을 경제대국으로 만든 원동력이었다. 테일러 시스템의 시대에 자본가가 바라는 최고의 노동자는 '복종형 인간'이다. 그런데 일본에는 '복종형 인간'을 넘어 '헌신형 인간', 즉 시키는 것을 고분고분 잘 하는 정도가 아니라 시키지 않아도 자발적으로 일에 몰두하며 도를 닦는 노동자들이 널려 있었다.

그런데 이런 노동 문화는 매우 위험하다. 좋게 말하면 헌신이고 도 닦는 수행인데, 정확히 말하면 노동 착취다. 일본 경제는 이런 노동 착취를 기반으로 성장한 것이다.

하지만 이런 착취형 성장은 언젠가 반드시 대가를 치르게 돼 있다. 이런 문화는 대량생산 시대에는 그나마 강점이 있다. 하지만 21세기가 시작되면서 세상이 바뀌었다. 인터넷 세상이 활짝 열리면서 창의적인 사고를 가진 기업들이 경제를 주도한다. 구글이나 애플, 아마존 등 참신한 발상으로 기업을 운영하는 이들이 세상을 지배하는 것이다.

그런데 평생 복종과 헌신을 지고지선으로 여긴 일본 노동자들은 이 창의성의 시대에 전혀 걸맞지 않는 사람들이다. 창의성이란 휴식과 놀이를 즐기는 유쾌한 사람들에게서 쏟아진다. 복종하는 사람들보다 "그건 아닌 것 같은데요?"라며 할 말은 하는 자주적인 사람들이 더 창의적이다.

게다가 일본 경제의 규모가 커지면서 더 이상 저임금으로 노동자를 착취하는 것도 불가능해졌다. 요즘 일본의 젊은 노동자들은 돈도 안 받고 야근을 하거나 주말 특근을 하지 않는다. 일본이 유지했던 노동 착취형 경제성장은 지금 그 대가를 치르는 중이다.

일본이 대국이라고? 그래, 그렇게 착각하고 살아라. 그런데 한 가지 알려주자면 너희는 1990년 이후 30년 동안 '잃어버린 OO년' 시대를 겪고 있는 중이다. 그게 처음에는 '잃어버린 10년'이었는데, 10년쯤 지나니까 '잃어버린 20년'이 됐다. 그러더니 지금은 '잃어버린 30년'이라는 소리가 나온다. 왜 그런지 알기는 하냐? 모르겠지? 그냥 계속 모르고 사는 게 속은 편할 거다.

일본이 대국이면 일본 국민은 행복할까?

체제정당화 이론

"허리케인으로 입은 피해의 책임은 누가 지는 거요?"(조지 부시 미국 대통령)

"주지사가 져야 합니다."(레이 내긴 뉴올리언스 시장)

"제 생각은 다릅니다. 책임은 뉴올리언스 시장에게 있습니다."(캐슬린 블랑코 루이지애나 주지사)

「경제의 속살 3」에서도 잠깐 다룬 바 있었는데 2005년 허리케인 카트리나가 미국 남동부를 덮쳐 이곳 일대를 쑥대밭으로 만든 일이 있었다. 북대서양에서 발생한 허리케인 중 6번째로 강했던 카트리나는 뉴올리언스 일대를 풍비박산 냈다. 뉴올리언스의 80%가 침수됐고 45만 명이 삶의 터전을 잃었다. 카트리나는 미국이 겪은 역사상 최대의 자연재해 중 하나였다.

이 엄청난 자연재해가 발생한지 나흘 뒤, 대통령 부시와 캐슬린 블랑코 루이지애나 주지사, 레이 내긴 뉴올리언스 시장이 만났다. 대통령은 마치 자신에게는 이 문제에 대한 책임이 조금도 없는 양 주지사와 시장에게 "누가 책임질 거냐?"고 물었다. 주지사와 시장은 "당연히 나 말고 저 자식이 책임져야죠"라며 서로에게 책임을 미뤘다. 이게 자연재해를 맞은 세계 최강대국 미국의 민낯이었다.

허리케인은 인간이 어쩔 수 없는 자연재해다. 문제는 그런 자연재해가 닥쳤을 때 인간 사회가 얼마나 효율적으로 대응해 사회의 구성원을 지켜내느냐에 달렸다.

그런데 당시 미국의 대응은 그야말로 형편없었다. 부시 대통령은 카트리나가 닥친 순간 텍사스 한 목장에서 가족과 한가로이 휴가를 즐겼다. 여론의 질타로 부시가 떠밀리듯 현장을 방문했는데, 대통령이라는 자가 전용기를 타고 하늘에서 피해 지역을 돌아봤다. 시신이 둥둥 떠다니는 대참사 속에서 생존을 위해 사투를 벌이는 육지 위 민중들의 고통은 부시의 안중에 없었다.

주지사와 시장도 무능하기는 마찬가지였다. 주지사는 재해 기간 내내 연방정부의 무능을 욕하는 데 시간을 쏟았다. 시장은 긴박했던 순간 자리를 비우고 대피 명령도 제때 내리지 않아 초기 대응을 망쳤다.

미국 연방재난관리청(FEMA)도 미숙하기는 마찬가지였다. FEMA는 구조대원과 물자를 매우 늦게 현지에 보냈는데, 그 이유가 "법률상 주정부와 지방정부가 초기 재해에 대한 책임을 지고, 연방정부는 이들의 요청이 있을 경우 지원하는 역할만 한다"는 것이었다. 민중의 지팡이라는 경찰관과 인명을 구해야 할 구조대원들은 상점에서 TV를 절도했다. 도시 전체가 무법천지가 될 때까지 부시는 별다른 조치를 내리지 않았다.

나는 당시 이 사태를 보면서 '위대한 미국' 운운하는 자들에 대해 진심으로 한심함을 느꼈다. 이게 무슨 위대한 나라인가? 4류 후진국가지.

그런데도 미국인들은 '위대한 미국'을 입에 달고 다닌다. 2016년 대선 당시 공화당 후보였던 트럼프의 선거 구호는 "다시 미국을 위대하게 만들자(Make America Great Again)"였다. 트럼프는 이 구호를 너무 사랑한 나머지 구호에 저작권 등록까지 마쳤다고 한다.

나는 이런 현상을 '위대 집착증'이라고 부른다. 내가 속한 나라가 위대하지 않다는 사실을 견디지 못하는 증상은 치료가 필요한 질병에 속한다. 일본의 대국론도 그렇고, 미국의 '위대한 국가 타령'도 마찬가지다.

감정적 진통제가 필요하다

왜 가난한 민중들이 보수를 지지할까? 박정희로부터 고난을 받았던 민중들은 왜 박근혜에게 열광했을까?

이 미스터리에 대한 수많은 연구가 있었다. 정치학과 사회학에서는 이를 계급배반 투표라고 부른다. 내가 속한 계급의 이해를 대변하는 집단에 투표하는 것이 아니라 나를 탄압하는 계급에 열광하는 현상을 뜻한다.

계급 문제를 중요하게 다루는 경제학도 이 문제에 큰 관심을 보였다. 제도경제학의 선구자로 불리는 소스타인 베블런(Thorstein Veblen, 1857~1929)이 이런 문제를 연구한 대표적 경제학자다. 베블런의 탁월한 견해에 대해서는 「경제의 속살 2」에서 다룬 바 있으므로 이번 책에서는 생략한다.

이번 장의 주제는 민중들의 이런 심리를 설명하는 체제정당화 이론(system justification theory)이라는 것이다. 1994년 존 조스트(John Jost) 뉴욕 대학교 신경정치학 교수와 마자린 바나지(Mahzarin Banaji) 하버드 대학교 심리학 교수의 공동 작품이다. 논문의 원 제목은 '체제정당화와 허위의식의 발생에 있어 고정관념의 역할

(The role of stereotyping in system justification and the production of false consciousness)'이었다.

논문의 내용은 이렇다. 묘하게도 불평등을 심하게 겪는 사람일수록 지금의 체제를 옹호하려는 경향이 강하다는 것이다.

예를 들면 미국 흑인들에게 "당신들이 겪는 인종차별에 만족합니까?"라고 물으면 대부분이 "엄청 불만이 많아요"라고 답을 한다. 이게 상식적인 답이다.

그런데 흑인들에게 "당신들이 겪는 인종차별이 정당합니까?"라고 물으면 의외로 많은 흑인들이 "그 정도 불평등은 어쩔 수 없다고 봐요"라고 답을 한다는 것이다. 인종차별에 불만이 가득하면서도, 정작 인종차별이 불가피하다니 실로 황당한 심리 아닌가?

경제적 불평등에 대해서도 마찬가지다. "경제적 불평등이 필연적입니까?"라는 질문에 의외로 많은 이들이 "자본주의 사회에서 그 정도 불평등은 어쩔 수 없죠"라고 답한다. 그런데 황당한 것은 이런 답이 부자들보다 가난한 민중들에게서 훨씬 많이 나온다는 점에 있다. 조스트와 바나지의 연구에 따르면 불평등을 긍정적으로 보는 응답은 부유층보다 빈곤층에서 17%나 많게 나왔다.

왜 이런 일이 벌어질까? 조스트와 바나지는 "빈곤층일수록 '내가 사는 세상의 불평등이 정당하다'라고 위안을 해야 자신이 덜 고통스럽기 때문이다"라고 설명한다.

예를 들어 내가 고대시대 노예로 살고 있다고 가정해보자. 매일 내 머리 속에 '나는 왜 노예여야 하나? 나도 인간이야. 나에게도 인권이 있고 자유가 있어. 노예제는 매우 불평등한 제도야'라는 생각이 들면 그 사람이 얼마나 불행하겠나? 노예제는 매우 부당한 제도인데, 내가 그 제도의 희생자라는 현실은 나를 미치게 만든다.

반면 '노예제는 정당하고 합법적이야. 인간 사회에서 그 정도 불평등은 당연한 거야'라고 믿으면 노예로 살아도 위안이 된다. 노예제도는 절대 나쁜 것이 아니고, 나는 그런 세상에서 단지 노예로 태어났을 뿐이기 때문이다.

가난한 민중들도 마찬가지다. '내가 왜 이재용하고 이런 엄청난 차별을 겪어야 해? 이 차별은 부당해'라고 인식하면 현실이 너무 슬프다. 누구는 부모 잘 만나서 재산이 9조 원인데 나는 매일매일의 삶을 걱정하는 불우한 처지에 놓였기 때문이다.

하지만 '자본주의 사회에서 그 정도 불평등은 당연한 거지'라고 인정을 해버리면 속이 편해진다. 나의 가난한 처지도 이해가 된다. 왜냐하면 세상은 원래 그런 것이기 때문이다.

조스트와 바나지는 이런 심리를 '체제정당화 심리'라고 불렀다. 그리고 두 학자는 이 심리에 '감정적 진통제'라는 별칭을 붙였다. '불평등은 정당해', 혹은 '노예제는 정당해'라고 인정하면 나의 고통이 일시적으로 사라지기 때문이다.

하지만 진통제는 진통제일 뿐 치료제가 아니다. 진통제로 잠깐의 고통을 잊을 수는 있어도 고통의 원인은 사라지지 않는다. 문제는 사람이란 나약한 존재여서 고통이 심해질수록 진통제를 열망한다는 데 있다.

카트리나 사태 때 벌어졌던 놀라운 현상이 하나 있었다. 앞에서 언급한 것처럼 미국 정부의 대응은 한심하기 짝이 없었다. 그런데 의외로 피해자들과 심리 상담을 해보면 이들 중 상당수가 미국 정부에 대해 매우 관대한 평가를 내렸다. 그들 중 상당수는 피해의 원인을 정부의 무능 탓이라고 생각하기보다 자신의 노력이 부족했기 때문이라고 생각하는 경향이 강했다.

이런 심리도 그런 것이다. 미국이 세계 최강대국이고, 내가 그 나라의 국민인데, 정부가 재난 대응을 엉망으로 해서 이렇게 큰 피해를 입었다는 사실을 인정하면 내 자신의 처지가 너무 초라해진다. 그래서 피해의 책임을 국가가 아닌 자기 개인에게 돌린다. 그래야 '내가 사는 미국은 위대하고 안전하다'는 감정적 진통제를 얻기 때문이다. 지금 내가 살고 있는 부당한 시스템을 옹호해야 마음이 편해지는 현상, 이것이 바로 조스트와 바나지가 설파한 계급 배반 투표의 본질이다.

지배자는 이 심리를 어떻게 이용할까?

20페이지 남짓한 이 짧은 연구는 학계에 엄청난 반향을 일으켰다. 이 놀라운 연구에 대한 후속 연구가 이어졌는데 미국 듀크 경영대학교 애런 케이(Aaron Kay) 교수의 연구도 매우 흥미롭다. 케이는 민중들의 체제정당화 심리를 지배자들이 어떻게 이용하는지에 대해 연구했다.

케이에 따르면 지배자들은 몇 가지 정교한 시스템을 통해 민중들의 체제정당화 심리를 부추기고 기득권을 보호한다. 그 기술 하나가 '체제회피 불가능'이라는 것이다. 쉽게 말해 민중들로부터 희망을 아예 앗아가는 전략이다.

예를 들어 이민을 허용하지 않는 나라의 국민들은 '우리나라가 세상에서 제일 좋은 나라야'라고 생각해야 마음의 위안을 얻는다. 어차피 다른 나라에서 살 방법이 없기 때문이다.

계급 이동을 어렵게 만드는 것도 지배자들의 전략 중 하나다. 가난한 사람이 부자가 되고, 부자가 가난한 사람이 되는 나라에서는 불평등에 대해 불만이 많다.

하지만 아~~~무리 노력해도 평생 가난에서 벗어날 수 없는 사회에서는 사람들이 더 나은 삶을 포기하고 감정적 진통제를 수용한다. 그래서 지배자들은 민중들의 희망을 근본적으로 빼앗는다. 이게 바로 케이가 말하는 '체제회피 불가능'이라는 기술이다.

개인의 통제력을 박탈하는 기술도 있다. 자신의 삶을 스스로 결정할 수 있는 자주적 사회일수록 불평등에 대한 도전이 강하다. 반면 이런 자주적 통제력이 없는 사회일수록 민중들은 노예로 사는 것을 그냥 받아들인다. 노력해봐야 내가 통제할 수 있는 게 하나도 없기 때문이다. 그래서 지배자들은 민중들에게 자신의 삶을 통제할 권한을 주지 않는다.

그런데 케이가 지배자의 전략 중 첫 번째로 꼽는 것이 체제위협(system threat)이라는 기술이다. 한 사회가 외부로부터 거센 공격을 받거나, 체제가 흔들릴 정도의 큰 자연재해를 맞닥뜨리면 사회 구성원들은 자신이 속한 체제를 정당화하려는 심리가 강해진다는 것이다. 그래서 지배자들은 더 강한 지지를 얻기 위해 일부러 체제를 위험에 빠뜨린다.

2001년 9.11테러 때 부시 정부의 지지율이 급등한 것이 좋은 사례다. 말이야 바른 말이지 부시가 잘했으면 9.11테러를 맞았겠나? 부시가 외교를 엉망진창으로 하니까 미국이 위기를 맞은 것이다. 그렇다면 국민들은 당연히 외교를 엉망으로 한 부시에게 욕을 퍼부어야 했다. 하지만 현실은 그렇지 않았다. "위대한 미국이 공격을 받았다"는 위협감을 느끼는 순간, 민중들은 자신이 속한 사회의 시스템을 무조건 옹

2001년 9.11 테러 당시 세계무역센터의 모습
ⓒBy Robert on Flickr

호했다.

앞에서도 살펴봤지만 아베의 무역 분쟁은 자충수, 오류, 판단 미스, 아둔한 짓, 돌아이 짓, 야 이 멍청아, 진짜 놀고 있네 등등 어떤 표현도 아깝지 않은 한심한 판단이었다. 그런데 이는 사태를 경제적으로만 해석했을 때에 그렇다. 일본 국내 정치 상황을 고려한다면 아베가 벌인 짓은 케이 교수가 말하는 지배자들의 전략에 매우 부합한다. 아베는 나쁜 인간이지 멍청한 인간이 아니라는 이야기다.

아베는 무역 분쟁을 통해 일본 민중들에게 "일본의 체제가 위협받고 있다"는 이데올로기를 퍼트렸다. 이 위협이 가해지면 민중들은 거의 본능적으로 기존 체제를 옹호한다. 경제적으로는 손실이지만 아베 개인에게는 이익이다. 즉 이 대목에서 확인할 수 있는 점은 아베는 본인의 정치적 이익을 위해 국익조차도 내팽개칠 정도로 나쁜 정치인이라는 것이다.

일본의 '위대 집착증'은 일본인들에게 감정적 진통제가 될 수 있어도 근본적인 해결책이 될 수 없다. 한국에게 시비를 걸어 일본인들의 단결력이 높아져도, 그것 또한 일본 민중들이 겪는 수많은 모순을 해소하지 못한다.

오히려 이 사태는 일본 민중들이 겪는 각종 불평등이 진통제가 필요할 정도로 심각하다는 점을 뜻한다. 내가 이 책에 한국말로 적는 이 글들이 일본의 민중들에게 그 어떤 위로도, 대안도, 조언도 되지 않음을 잘 안다. 하지만 그럼에도 불구하고 진심으로 한 가지를 기원하겠다.

일본이 위대하다고 아무리 자위한들 당신들의 삶은 나아지지 않는다. 부디 그 진통제가 주는 위안에서 벗어나 더 나은 세상을 위해 당신들을 지배하려 하는 아베 무리에 맞서 투쟁하라. 그때 우리는 마음을 터놓고 손을 잡을 수 있을 것이다.

반일 정서와 일제 불매 운동

발목 잡히기(hand-tying) 전략

반일 정서가 불이 붙었던 2019년 7월 황교안 자유한국당 대표는 이런 국내 정서가 매우 걱정스러웠던 모양이었다.

7월 9일 당 최고위원회의에서 그는 "의병을 일으키자는 식의 감정적 주장을 내놓는 건 바람직하지 않다. 과연 이 시점에서 국민들의 반일감정을 자극하는 것이 국익에 도움이 되겠나 하는 생각이 든다"라고 밝혔다.

이 발언에 시비를 논하고 싶은 생각은 없다. 정치인으로서, 제1야당 대표로서 할 수도 있는 발언이라고 치자. 문제는 이 발언이 "국민들의 반일 정서가 국익에 도움이 안 된다"는 뜻으로 읽힐 수 있다는 데 있다.

과연 그런가? 정치심리학자이자 하버드 대학교 공공정책대학원 교수인 로버트 퍼트넘(Robert Putnam) 교수는 국제 협상의 틀을 창안한 학자로 꼽힌다. 그는 양면게임 이론이라고도 불리는 '투 레벨 게임이론(Two-level game theory)'의 창시자다. 그리고 그는 이 이론을 통해 국내의 반대가 거세질수록 국제협상에서 정부의 협상력은 강해진다는 사실을 이론적으로 설명했다.

발목 잡히기 전략의 효율성

퍼트넘 교수에 따르면 국제 협상은 단지 협상 당사국 정부만의 문제가 아니다. 양국의 지도자가 개인적으로 매우 친해서 덜컥 협상을 타결했다 해도 문제는 끝나지 않는다. 두 나라 모두 국내 반대파를 설득해야 하는 과제가 있기 때문이다. 요즘처럼 주요 외교적 결정에 국회 비준이 필수적인 상황이라면 더더욱 그렇다.

퍼트넘 교수의 이론이 '투 레벨 게임이론'인 이유가 여기에 있다. 양국 정부는 서로의 이해관계를 두고 협상을 해야 한다. 이게 첫 번째 레벨(Level 1)의 게임이다. 하지만 두 나라 정부는 협상 결과를 놓고 다시 국내 반대파를 설득해야 한다. 이게 두 번째 레벨(Level 2)의 게임이다.

예를 들어 한국 정부가 매우 친일(親日)적 성향이 강해서 일본 정부와 뚝딱뚝딱 엉터리 협상을 해 왔다고 가정하자. "과거는 청산됐고, 우리는 앞으로 일본이 무슨 일을 해도 협조할 것이다"라는 식의 협상 말이다.

이게 협상으로서 가치를 지닐까? 절대 그렇지 않다. 그따위 협상이 국회 비준을 통과할 리도 없고, 설혹 통과한다 해도 국민의 반대에 부딪혀 그 정부는 거의 식물 상태에 빠질 것이기 때문이다. 그래서 국제 협상은 레벨 1과 레벨 2를 모두 만족해야 하는 어려운 게임이 된다.

이때 퍼트넘 교수가 제시하는 특이한 전략이 발목 잡히기(hand-tying) 전략이다. 국내 반대파에게 일부러 발목을 잡혀 국제 협상 테이블에서 협상력을 강화하는 것이다. 협상단은 상대국 대표에게 이렇게 말한다. "당신 정부가 제안한 바를 받아들이고 싶지만, 국내 반대가 너무 심해서 그렇게 할 수 없으니 당신들이 물러서야 합니다"라고 말이다.

시민이 'NO 아베' 팻말과 촛불을 든 모습

실제 국내의 반대가 너무 심하다면 상대국도 협상 전략을 수정할 수밖에 없다. 결국 국내 반대파의 목소리는 자국 정부의 협상력을 높이는 힘이 된다.

이런 관점의 연장선상으로 퍼트넘 교수는 '정치쟁점화 전략'이라는 것도 제시한다. 양국이 비밀 협상을 벌이는데 타결점을 좀처럼 찾지 못한다. 이때 비밀 협상 내용을 일부러 국내 반대파에게 흘려 반대 여론을 조성하는 것이다. 그리고 정부는 그 반대 여론을 등에 업고 다시 상대국과의 협상에 나선다. "우리는 협상하고 싶지만, 국내 반대가 너무 심해서…"라며 우리의 협상력을 높이는 전략이다.

아둔했던 이명박의 소고기 협상

이 관점에서 볼 때 역대급 아둔한 협상을 펼친 이가 이명박 전 대통령이다. 2008년

4월 이명박과 부시 대통령 부부가 캠프 데이비드에서 만났다. 이때 미국 측에서 "이명박 대통령 내외분이 고기를 좋아하시면 저녁 메뉴로 소고기 스테이크는 어떠냐? 30개월 미만 소고기로 준비하겠다"고 제안했다.

그 시기는 한미 양국이 소고기 수입 여부를 놓고 협상을 벌일 때였다. 협상의 최대 쟁점은 생후 30개월 이상 된 미국산 소고기의 수입 여부였다. 30개월 이상 소고기의 광우병 발병 위험이 크게 높다는 연구가 있었기 때문이다.

미국은 한국 대통령에게 소고기를 저녁 메뉴로 제안하며 협상의 실타래를 풀고자 했다. 다만 그들도 염치는 있었는지 차마 "30개월 이상 소고기를 먹자"는 말은 못하고, 30개월 미만 소고기를 준비하겠다고 제안했다.

외교를 잘 모르면 그냥 음식이라도 주는 대로 잘 받아먹어야 한다. 그런데 이명박은 "그러지 말고 32개월 된 소고기, 그것도 몬태나산으로 먹자"고 역제안을 했다. 몬태나는 당시 소고기 시장 개방 압력의 상징처럼 여겨졌던 곳이었다. 그러니까 협상을 앞두고 우리 대통령이 "미국 형님께서 왜 우리 비위를 맞추십니까? 우리가 형님 비위 맞춰드리겠습니다"라며 아양을 떤 셈이다.

이명박이 친미(親美) 성향이 있건 말건 그게 중요한 게 아니다. 30개월 이상 소고기의 광우병 발병 위험이 어느 정도인지도 문제의 핵심이 아니다. 적어도 한 나라를 대표해 협상 테이블에 올랐다면 이용할 수 있는 모든 것을 이용해 버티는 게 상식이다.

설혹 그 협상에서 한국 정부가 32개월 된 몬태나산 소고기를 들이기로 마음먹었다 해도 대통령이라면 "국내의 반대가 너무 심해서 생각을 좀 해봐야겠습니다"라고 버텨야 했다. 그래야 이후 진행된 스크린쿼터 등 다른 분야 협상에서 최대한 뭔가를 얻어낼 수 있기 때문이다.

물론 일본과의 무역분쟁 국면에서 한국 정부가 "반일 감정으로 무장하자"고 선동할 수는 없는 노릇이다. 하지만 국민들은 다르다. 거세지는 국민들의 반일 정서와 일제 불매 운동은 '발목 잡히기 이론'에 따르면 한국 정부의 협상력을 배가시킨다. 그 여론을 등에 업고 협상에 임해야 한국 정부는 단 1미터라도 협상 결과를 우리 쪽으로 유리하게 당겨올 수 있다.

친일적폐 청산을 촉구하는 손피켓

황교안 대표가 정말로 국익을 위했다면 그때 야당은 "현 정부가 협상을 똑바로 안 해오면 절대 가만 두지 않겠다"는 위협을 가했어야 했다. 그런데 야당과 보수언론은 "일본을 자극하지 말자"며 먼저 꼬리를 내렸다. 그런 목소리가 확산될수록 일본은 협상 테이블에서 더 기고만장해지고 한국 정부의 운신폭은 더 좁아진다.

자유한국당이 친일 성향이 짙은 정당이라는 것은 오래 전부터 익히 알려진 사실이다. 하지만 적어도 국익이 오가는 협상 때만이라도 야당은 본색을 숨길 줄 알아야 한다. 그런데 그게 그렇게도 어려웠던 모양이다.

야당이 그토록 일본을 걱정하니 그 일을 국민이 대신했던 것이다. 그래서 단언하는데, 들불처럼 번졌던 반일 정서와 일제 불매 운동은 매우 훌륭한 전략이었다.

일본이 보통국가를 원할 자격이 있나?

보통국가론

1993년 당시 일본 자민당 간사장이었던 오자와 이치로(小澤一郎)가 「일본개조계획(日本改造計劃)」이라는 책을 출간했다. '일본의 덩샤오핑(鄧小平)'이라 불릴 정도로 영향력이 막강했던 오자와는 이 책에서 일본개혁론과 자위대의 해외 파견 정당화, 아시아·태평양 국가로서의 일본론 등 본인의 소신(혹은 헛소리)을 길게 써 놓았다.

이 책이 출간된 데에는 재미있는 사연이 하나 있다. 책이 출간되기 3년 전인 1990년 1차 걸프전쟁 때, 일본은 100억 달러가 넘는 꽤 큰돈을 미국 쪽에 지원금으로 퍼부었다. 하지만 일본은 주군(主君)으로 생각하는 미국으로부터 큰 칭찬을 받지 못했다. 뇌물을 잔뜩 바쳤는데, 주군은 "받을 거 받았다"는 시큰둥한 자세를 보인 것이다.

오자와 이치로 전 일본 자민당 간사장

돈은 돈대로 쓰고, 무시는 무시대로 당한 오자와는 속된 말로 뚜껑이 열렸다. 그래서 쓴 책이 바로 「일본개조계획」이다.

이 책에서 오자와가 소리 높여 외친 주제는 "우리도 군대를 갖고 국제 사회에서 다른 나라와 똑같은 대접을 받아야한다"였다. 이것이 바로 그 유명한 일본의 '보통국가론'이다.

보통국가론, 일본과 아베의 철학

아베 일본 총리가 목숨을 거는 일이 개헌이다. 일본의 현행 헌법을 평화헌법이라고 부른다. 2차 세계대전에서 패한 일본은 기존의 메이지 헌법을 폐기하고 지금의 평화헌법을 만들었다.

이 헌법에 평화헌법이라는 이름이 붙은 이유는 헌법 9조 때문이다. 헌법 9조에는 "일본은 무력행사를 영원히 포기하고, 육해공군 및 그 이외의 어떠한 전력도 보유하지 않는다"고 명시돼 있다. 국가의 교전권 역시 인정하지 않는다.

하지만 이는 일본인들의 본심이 아니다. 세계대전을 일으킨 그들의 마음속에는 언제나 약소국가를 침탈하려는 본능이 꿈틀대고 있었다. 아베가 평화헌법을 개정해 군대를 창설코자 하는 이유가 바로 이 때문이다.

문제는 "일본은 2차 세계대전 전범국가"라는 국제사회의 따가운 시선이 존재한다는 점이다. 일본은 어떻게든 이를 교묘히 피하고자 했다. 그래서 등장한 것이 보통국가론이다. 아베도 이 보통국가론의 철학을 기반으로 헌법을 바꾸려 한다.

보통국가론의 목적은 뚜렷하다. 국제사회에서 일본의 정당성을 알릴 때 "우리가 무리한 요구를 하는 게 아니라 그저 보통국가의 지위를 갖고 싶다"는 호소를 하기 위해서다. 그래서 이 프레임은 사악하지만 영리하다. '보통'이란 누구나 누릴 수 있는 권리인데, 일본이 그것을 못 누리고 있다는 국제사회의 동정심을 불러일으키는 것이다.

보통은 아무나 얻는 권리가 아니다

하지만 일본의 보통국가론은 윤리적으로나 역사적으로나 결코 용납될 수 없다. 그들은 그것을 '보통'이라고 쉽게 부르지만, 그 보통의 권리는 결코 평범하게 얻어진 것이 아니다. 보통의 권리를 얻기 위해 투쟁을 해 본 경험이 있는 민족은 이 말의 의미를 안다.

일본은 투쟁이라는 것을 모르는 민족이다. 일본은 상고사 이후 민중들의 제대로 된 투쟁이 없다시피 했던 민족이다. 그래서 그들은 '보통'의 소중함을 모른다.

그에 비해 우리 민족은 진주민란과 동학혁명 등 중세 때부터 수많은 민중들의 투쟁을 경험했다. 현대사에서도 4.19혁명을 시작으로 2017년 촛불혁명까지 끝없는 투쟁을 이어갔다. 당연히 누려야 할 그 보통의 권리를 얻기 위해 민중들이 목숨을 걸고 싸운 것이다.

서구 사회도 마찬가지다. 지금은 누구나 당연히 여기는 보통선거권은 결코 거저 주어진 권리가 아니었다. 18세기 미국에서 선거권은 백인, 남성, 21세 이상, 그리고 일정 정도 재산의 소유자에게만 주어진 매우 특별한 권한이었다. 1838년 영국에서 시작된 차티스트 운동 때 노동자들의 가장 중요한 요구는 보통선거권의 획득이었다.

19세기 후반 영국 정부가 마침내 보통선거를 받아들였지만 그마저도 실질적인 보통선거가 아니었다. 투표권이 남자에게만 주어졌기 때문이다. 이후 여성들은 그 보통의 권한을 얻기 위해 또다시 목숨을 건 투쟁에 나서야 했다. 영국은 1918년, 미국은 1920년, 프랑스는 1944년에야 여성에게 투표권을 부여했다.

그러나 이조차 진정한 의미의 보통선거가 아니었다. 흑인들에게 보통선거권이 주어진 것은 그보다 훨씬 뒤인 1960년대였기 때문이다. 이 과정에서 수많은 흑인들과 운동가들의 죽음이 있었던 것은 말할 필요조차 없다. 우리가 지금 편하게 보통선거라고 이야기하는 것들은 모두 목숨을 건 투쟁 속에서 만들어진 것이라는 이야기다.

그런데 일본이 지금 보통국가가 되겠다고 한다. 2차 세계대전 전범 국가로 아시아의 수많은 민중들의 목숨을 빼앗은 그들이 "우리는 보통이에요"라며 실실 웃으면 그 보통의 권리를 줘야 하나? 절대 그럴 수 없다. 그건 보통에 대한 심각한 모독이다.

일본이 진정 보통국가가 되고 싶다면 방법은 하나다. 당신들이 죽인 그 소중한 조선과 아시아 민중들의 영혼 앞에 뼈가 저리고 저릴 정도로 반성을 하는 것이다.

보통이란 그렇게 쉽게 얻어지는 권리가 아니다. 그런데 사과도 제대로 하지 않은 자들이 어디서 감히 보통국가를 들먹이며 보통이라는 소중한 권리를 날로 먹으려 하나? 단언하는데 반성을 모르는 뻔뻔스러운 일본은, 결코 보통을 언급할 자격이 없다.

V부

인물

우리의 일생을 관리하는 신자유주의에 대한 저항 – 미셸 푸코
사슬을 끊기 위한 끝없는 실천 – 로자 룩셈부르크
복지국가라는 따뜻한 집을 짓다 – 에른스트 비그포르스
“인간은 상품이 아니다!”라는 장엄한 선언 – 올로프 팔메
세계화가 파괴한 공동체 복원에 대한 열망 – 헬레나 노르베리 호지
“사람은 사람으로 대할 때 사람이 된다” – 로버트 오언
토지가 공공재인 이유를 보드 게임으로 입증하다 – 엘리자베스 매기
자본주의는 민주주의를 삼킬 것이다 – 야니스 바루파키스
굶주림, 그 처참함을 극복하기 위한 뜨거운 외침 – 장 지글러
역대급 파격, 노벨경제학상이 빈곤의 현장에 눈을 돌리다 – 에스테르 뒤플로

미셸 푸코

우리의 일생을 관리하는 신자유주의에 대한 저항

미셸 푸코
Michel Paul Foucault, 1926~1984

프랑스 중서부 클랭 강 연안의 도시 푸아티에에서 태어났다. 철학과 심리학, 정신병리학을 두루 공부한 뒤 인간의 사고 체계를 날카롭게 파헤쳐 세계적인 철학자의 반열에 올랐다. 중세부터 현대까지 감옥의 역사를 통해 권력관계를 파헤친 「감시와 처벌」, 성을 억압하는 시스템의 배경을 역사적으로 고찰한 「성의 역사」, 광기(狂氣)의 개념을 역사적으로 새롭게 정립한 「광기의 역사」 등 숱한 명저를 저술했다. 푸코는 1970년대 말 이란의 민중 지도자 아야톨라 루홀라 호메이니(Ayatollah Ruhollah Khomeini, 1902~1989)가 이끄는 이슬람 혁명을 적극적으로 지지했다. 그는 서구화와 세속화에 반대했던 호메이니의 혁명이 서구 사회의 근대성을 이겨낼 새로운 힘이라고 생각했다. 하지만 이슬람 근본주의에 기반을 둔 호메이니의 혁명은 또 다른 폭력으로 진화했고, 이에 절망한 푸코는 인생 말년 사회적 활동을 대부분 접고 고독한 연구에 파묻혔다. 1984년 6월 25일 파리에서 당시로는 흔치 않았던 후천성면역결핍증후군(AIDS)으로 세상을 떠났다.

개인적인 경험담으로 이번 파트를 시작한다. 고등학생들을 대상으로 강연을 할 기회가 있었다. 그 자리에서 "학생들의 창의성을 말살하고, 시험 점수로 사람을 평가하는 교육은 결코 교육이 아니다"라고 목소리를 높였다. 그런데 한 학생이 손을 들고 질문을 한다.

"선생님. 다음 주가 중간고사 기간인데 공부를 너무 하기 싫어요. 공부를 해야 될까요? 말아야 될까요?"

"여러분 나이에 공부보다 훨씬 중요한 것이 있다고 믿습니다. 민중들에게는 편하게 휴식할 권리도 있고요. 공부라는 굴레에서 벗어나 여러분의 꿈을 찾는 일에 더 집중하셨으면 합니다"가 나의 대답이었다. 집에 돌아와서 고등학생 아들에게 이 이야기를 했더니 아들이 도끼눈을 뜨며 정색을 한다.

"아빠, 제발 그런 헛소리 좀 하고 다니지 마요. 우리한테야 매일 하는 이야기니까 그냥 들어주지만, 남의 집 귀한 자식 인생을 왜 망치려고 그래요? 그렇게 선동해서 걔 인생 망치면 아빠가 책임질 거예요?"

이 질타에 나는 말문이 막혀 버렸다. 나는 여전히 청소년들에게 꿈이 있어야 한다고 믿는다. 로그와 적분이 아니라 배려와 소통을 먼저 배워야 한다고 믿는다. 우리의 교육이 그들을 피폐하게 만드는 것이 아니라, 그들의 몸과 마음에 휴식과 여유를 줘야 한다고 믿는다.

하지만 "그런 주장은 이상주의자의 헛소리"라는 반론에 나는 아직 답을 찾지 못했다. 우리의 청소년들은 조금이라도 휴식을 취하고 꿈을 키우면 삶의 권리를 빼앗기는 비정한 현실에서 살고 있다. 그들이 그 가혹한 환경을 꾹 참아야 하는 이유는 그렇게 하지 않으면 죽기 때문이다. 이 사회는 자본주의가 정한 기준을 넘지 못하는 자들에게 너무나 태연히 죽음을 강요한다.

그래서 청소년들에게 "마음껏 놀고 상상하고 꿈을 키워라"라고 조언한다면, 그것은 "죽음을 각오하라"는 협박과 다르지 않다. 여전히 그들에게 놀고, 상상하고, 휴식할 권리가 있다고 믿지만 그 말을 따른 뒤 그들이 감내할 현실의 고통을 생각하면 나의 조언은 조금 더 조심스러워야 했다.

통제할 수 없는 것까지 통제하는 신자유주의

프랑스가 낳은 위대한 철학자 미셸 푸코는 신자유주의가 태동할 무렵이었던 1979년 「생명관리정치의 탄생」이라는 책을 출간했다. 신자유주의의 비밀을 통렬하게 파헤친 푸코의 탁견이 실린 책이다.

푸코가 밝힌 신자유주의의 비밀은 섬뜩하다. 당시만 해도 많은 사람들은 신자유주의가 단순히 과거 자유주의의 모델을 복원시킨 것이라고 생각했다. 하지만 푸코에 따르면 신자유주의는 옛 자유주의와 완전히 다른 통치 시스템이다.

옛 자유주의는 시장 논리로 지배할 수 있는 것들만 통제하려 했다. 그래서 그들이 집중적으로 통제한 영역은 주로 노동이었다. 하지만 푸코에 따르면 신자유주의는 과거에는 시장 논리로 결코 통제할 수 없다고 여겼던 것들, 예를 들면 육아, 교육, 의료, 환경, 안전 등 모든 영역을 통제한다.

그래서 옛 자유주의 시대 인간은 노동시간에만 통제됐지만, 신자유주의 시대 인간은 인생 전체를 통제받는다. 태어나서 죽는 순간까지 모든 상황에 경쟁의 논리를 강요받는 것이다.

1992년 노벨경제학상을 받은 경제학자 게리 베커

생각해보라. 우리는 보통 경제학을 돈에 관한 학문이라고 간단하게 생각한다. 그런데 신자유주의 경제학은 돈을 넘어서서 우리의 삶과 관련된 수많은 영역에 파고들기 시작했다. 신자유주의의 대부로 불리는 시카고학파 수장 게리 베커(Gary Becker)는 범죄경제학을 통해 노벨경제학상을 받았고 인종차별, 교육, 심지어 가족 문제도 경제학 영역으로 끌어들였다.

밀리언셀러 「괴짜경제학」으로 각광받은 스티브 레빗(Steven Levitt)은 학생들의 성적을 올리는 방법부터 징병제의 방법, 테러리스트 제압법, 비만율을 줄이는 법 등 거의 모든 영역에 경쟁의 논리를 도입해야 한다고 주장했다. 심지어 레빗은 돈을 내고 투표권을 사야 한다는 황당한 주장도 서슴지 않았다. 푸코에 따르면 이 모든 것이 효율이라는 이름 아래 벌어지고 있는 신자유주의 통제 시스템이다.

그래서 푸코는 신자유주의를 '생명관리정치'라고 부른다. 신자유주의 시대에 이르러 자본주의는 마침내 우리의 태생부터 죽음까지 관리한다. 실로 공포스럽지 않은가?

살게 하거나, 죽게 내버려두기

만약 우리가 신자유주의의 생명 통제 시스템을 벗어나려 하면 어떤 일이 벌어질까? 푸코는 신자유주의 시스템의 특징을 '살게 하거나, 죽게 내버려두기'라고 표현한다.

반면 옛 자유주의의 특징은 '죽게 하거나, 살게 내버려두기' 시스템이었다. 말장난 같지만 이 차이는 실로 어마어마하다. 옛 자유주의 시스템의 특징, 즉 '죽게 하거나, 살게 내버려두기'의 핵심은 일단 어지간한 민중들은 살게 내버려 둔다는 데 있다.

평범하게 태어나서 눈에 띄지 않고 조용히 살면 자본주의는 우리들에게 '그렇게 조용히 살면서 사고만 치지 말아라'라며 살게 내버려뒀다. 대신 자본주의에 반대하는 반체제 세력만 골라서 죽게 만들었다. 사는 것이 기본이고, 저항하면 죽이는 것이 원칙이었다.

반면 신자유주의(살게 하거나, 죽게 내버려두기)는 이를 완전히 뒤집는다. 이 시스템에서 기본은 죽게 내버려두는 것이다. 즉 우리가 평범하게 태어나서 눈에 띄지 않게 조용히 살려고 하면, 자본주의는 우리를 죽게 내버려 둔다. 반면 자본주의에 열렬히 충성하고 아부하는 자들만 골라서 살게 만든다. 죽는 것이 기본이고, 아부해야 살려주는 것이 새로운 원칙이다.

그래서 신자유주의 시스템에서는 평범하게 사는 방법이 없다. 평범하게 살겠다는 선택을 하는 순간 죽음을 강요받는다. 2018년 태안발전소에서 목숨을 잃은 노동자 김용균 씨, 그리고 매년 1,700명에 이르는 산재 사망 노동자들. 그들은 모두 평범하게 살고 싶었을 뿐이다. 하지만 신자유주의가 그들에게 내린 최종 선고는 '사망'이었다.

서두에 언급한 한 청소년의 고민도 그렇다. 그 청소년은 "나 공부 좀 덜하면 안 될까요? 그냥 좀 고등학생답게 놀고 싶어요"라는 평범한 소망을 이야기한다. 옛날에는 최소한 이런 평범한 이들을 죽이지는 않았다. 하지만 지금 그런 평범함은 죽음을 각오해야 하는 모험이다. 그래서 우리는 그들에게 "공부 따위는 잠시 접어두고, 충분히 휴식하고, 충분히 꿈을 키우세요"라는 상식적인 조언을 감히 하지 못한다.

인류의 일생을 관리하고 통제하는 신자유주의는 매우 거대하고 강력하다. 푸코는 우리가 사는 세계가 이기적 인간, 경쟁에서 승리하는 인간만이 살 수 있다는 호모 에코노미쿠스의 사상에 의해 지배되고 있다고 설파한다.

그렇다면 이를 극복하는 방법은 분명하다. 경쟁의 승자만 살아남고, 나머지 평범한 민중들은 죽게 내버려 두는 이 세상이 잘못됐다고 말하는 것으로부터 시작해야 한다. 태어나서 죽는 순간까지 인생을 지배하는 지긋지긋한 경쟁의 논리에서 벗어나는 방법을 시급히 모색해야 하는 이유가 여기에 있다.

로자 룩셈부르크

사슬을 끊기 위한 끝없는 실천

로자 룩셈부르크
Rosa Luxemburg, 1871~1919

폴란드 남동부의 도시 자모시치에서 비교적 부유한 유대인 집안의 딸로 태어났다. 룩셈부르크는 다섯 살 때 엉덩이 질환을 앓았는데, 병이 악화돼 두 다리의 길이가 달라졌다. 이 때문에 룩셈부르크의 키는 150cm를 넘지 못했고, 그는 평생 다리를 절어야 했다. 스위스 취리히 대학교에서 철학과 경제학을 공부하며 마르크스주의에 심취했다. 독일 국적을 얻기 위해 지인의 아들과 위장결혼을 한 뒤(결혼 즉시 이혼했음) 룩셈부르크는 본격적으로 독일에서 혁명가의 길을 걷기 시작했다. 1차 세계대전이 발발하자 룩셈부르크는 독일 제국을 극렬히 비난하며 반전 파업을 조직했다. 이 때문에 룩셈부르크는 1916년 구속됐다. 11월 혁명으로 풀려났지만 룩셈부르크는 수정주의 노선을 걷던 사민당과 결별했고, 1919년 1월 15일 대중들 앞에서 조리돌림을 당한 뒤 목숨을 잃었다.

1차 세계대전에 패한 독일 민중들은 1918년 11월 7일, 패전의 책임을 물어 황제 빌헬름 2세(Wilhelm Ⅱ, 1859~1941)를 권좌에서 끌어내린다. 그리고 독일 역사상 처음으로 공화국의 새 시대를 열었다. 이른바 11월 혁명이다.

베를린은 혁명의 열기로 가득 찼다. 황제는 네덜란드로 도망갔고, 독일 민중들은 공화국을 다스릴 막중한 책무를 좌파 정당인 사회민주당에 맡겼다. 하지만 사민당은 온건했고, 무능했다. 민중들의 뜨거웠던 혁명 열기와 달리 사민당은 즉각 급진적 소비에트 운동을 억압하며 타협의 길을 걸었다.

11월 혁명으로 감옥에서 출소한 혁명가 로자 룩셈부르크는 바로 사민당을 탈당해 독일 공산당을 창당했다. 그는 사민당의 온건정책을 극렬히 비판하며 사회주의 혁명을 위한 봉기를 준비했다.

당시 독일 민중들의 정서 중에는 이런 것이 있었다. '우리가 1차 세계대전에서 패한 것은 힘이 약해서가 아니라 내부의 배신자들 때문이다'라는 것이었다. 그들이 배신자로 꼽은 이들은 주로 유대인들과 공산주의자들이었다.

집권 사민당은 공산당의 힘을 약화시킬 기발한 아이디어를 생각해 냈다. 유대인과 공산주의자를 증오하던 민중들의 복수심을 이용하기로 한 것이다. 그런데 마침! 공산당의 지도자 룩셈부르크는 유대인이었고, 공산주의자였다.

사민당은 먹잇감으로 룩셈부르크를 우파 민병대의 손에 넘겼다. 그들은 룩셈부르크를 패전의 분풀이 대상으로 삼았다. 막스 갈로(Max Gallo)가 쓴 「로자 룩셈부르크 평전」에 묘사된 그의 죽음 장면은 이렇다.

로자는 거기 있었다. 1919년 1월 15일 베를린의 밤 속에 방어할 기력조차 한줌 없이 산발한 잿빛 머리에 피로와 불면으로 초췌해진 얼굴로. 긴 코가 우뚝 솟은 얼굴은 주름이 지고 창백했다.
병사들 중 하나가 로자를 경멸과 증오의 시선을 던지고 야유와 욕지거리를 퍼붓는 무리들 한 가운데로 몰아댔다. 로자는 무겁게 다리를 절며 걷기 시작했다. 절뚝거리는 걸음걸이를 내보이지 않으려고 애쓰면서 그녀는 꼿꼿이 걸었다. 위엄이 느껴졌다. 깊고 자부심 가득한 두 눈으로 모욕을 퍼붓는 군인들을 뚫어지게 응시하면서 로자는 홀을 가득 메운 자신을 야유하는 무리들과 마주쳤다. 무리는 그녀를 모욕했다.

"저거 뭐야. 그 늙은 창녀잖아!"

그들은 다가가서 그녀를 붙잡고 사정없이 흔들어대다가 후려쳤다. 로자는 얼굴마저도 보호하지 않았다. 하긴 그녀가 무엇을 할 수 있었겠는가? 그 무지막지한 무리들, 전장에서 막 살아 돌아온 직업적인 살인자들 앞에서.
무성한 검은 콧수염, 퀭한 두 눈, 야윈 뺨의 경기병 한명이 불쑥 그녀 앞으로 나섰다. 그자는 총을 치켜들더니 개머리판으로 그녀의 머리를 가격했다. 로자는 쓰러졌다. 그 군인은 개머리판으로 다시 한 번 그녀를 후려쳤다. 이번에는 관자놀이였다. 이윽고 로자의 얼굴은 피투성이가 되었다. 군인들은 로자의 몸을 들어 올리고 있었다. 한 덩어리의 피가 그녀의 입과 코에서 물컹물컹 쏟아져 내렸다.
정신을 잃은 로자의 몸은 뒷좌석의 두 군인들 사이에서 팽개쳐졌다. 자동차가 출발한 직후 한방의 총성이 울려왔다. 확인사살을 위해 총구를 들이대고 발사한 듯한 굉음이었다.

많은 민중들로부터 '붉은 장미(룩셈부르크의 이름인 로자는 독일어로 장미라는 뜻)'로 칭송받았던 20세기 가장 헌신적인 혁명가는 이렇게 비참하게 삶을 마감했다.

민주주의에 대한 뜨거운 열망

불꽃같았던 룩셈부르크의 삶을 감히 두 개의 주제로 요약하자면, 그 첫째는 민주주의에 대한 뜨거운 열망이었고 둘째는 실천이었다. 룩셈부르크는 1891년 독일 사민당에서 막강한 영향력을 과시하던 사상가 에두아르트 베른슈타인(Eduard Bernstein 1850~1932)의 수정주의에 반기를 들며 유럽 사상계에 화려하게 데뷔했다.

이 데뷔가 충격적이었던 것은 고작 스무 살의 유대계 여성이 독일 좌파의 거두를 사정없이 논리적으로 몰아붙였기 때문이었다. 당시만 해도 여성은 투표권도 채 획득하지 못한 상태였고, 더군다나 유대인은 유럽에서 절대적인 이방인이었다.

룩셈부르크는 수정주의의 길을 걷던 베른슈타인을 궁지에 몰아넣었다. 이에 감명을 받은 러시아 혁명가 블리디미르 일리치 레닌(Vladimir Il'Ich Lenin, 1870~1924)은 룩셈부르크에게 '붉은 독수리'라는 별명을 붙여주었다.

러시아의 혁명가 블리디미르 일리치 레닌

하지만 레닌과 룩셈부르크의 우호적 관계는 오래 가지 않았다. 러시아 혁명을 성공시킨 레닌이 민주적으로 선출된 의회를 무력으로 해산하고 노동자평의회 정부를 선포했기 때문이었다. 뼛속까지 민주주의자였던 룩셈부르크는 레닌의 이런 비민주적 행태에 극렬히 반발했다.

레닌과 룩셈부르크의 결정적인 견해 차이는 민주주의를 대하는 관점이었다. 레닌은 혁명을 위한 민주주의의 후퇴를 불가피한 것이라고 판단했던 반면, 룩셈부르크는 오직 민주주의에 기반을 둔 혁명만이 진정으로 세상을 바꿀 것이라 믿었다.

이 차이는 매우 중요하다. 역사적으로 많은 혁명가들이 혁명을 추진할 때 빠르고 신속한 것을 중시한다. 그래서 혁명가들 중에는 민주주의라는 절차를 무시하는 이들이 적지 않았다. 민주주의란 곧 다수 민중들로부터 지지를 획득하는 과정이다. 하지만 혁명이란 때로는 다수 민중의 대의를 얻지 못한 상태에서 시작되기도 한다.

이때 대의를 얻기 위해 더 투쟁해야 한다는 관점과, 일단 혁명부터 유지시키고 봐야 한다는 관점은 하늘과 땅 만큼의 차이가 있다. 대부분 사회주의 국가들은 레닌의 길을 택했고, 민주주의를 과소평가했다. 이들이 집권 이후 수십 년 동안 일당독재를 유지했던 이유가 여기에 있었다.

하지만 룩셈부르크는 그런 혁명은 장기적으로는 절대 유지될 수 없다고 설파했다. 왜냐하면 혁명의 주인은 몇 명의 혁명가들이 아니고 민중들이기 때문이다. 거대한 민중의 바다에서 형성되지 않은 혁명과, 민주주의를 통해 지지받지 못한 혁명은 룩셈부르크 입장에서 사이비 혁명에 가까웠다.

결과론적인 이야기지만 룩셈부르크의 철학은 그의 죽음 70년 이후에 적중했다. 일당독재로 유지되던 사회주의 국가들이 민주주의에 의해 몰락한 것이다. 이에 대해 장석준 글로벌정치경제연구소 기획위원은 이렇게 말한다.

"나의 삶은 로자의 체험 '이전'과 '이후'로 나뉜다. 나는 그녀를 통해 사회주의에 호감을 갖게 되었기 때문에 당시 유행하던 소련 교과서 내용들에는 일찌감치 비판적

안목을 갖게 되었다. 현실 사회주의권이 차례로 무너지는 것을 보면서도 내 딴에는 크게 동요하지 않았던 것 역시 이미 로자 룩셈부르크를 따라 10월 혁명의 공과를 냉정히 바라볼 줄 알게 된 덕분이었다."

실천, 룩셈부르크의 모든 것

룩셈부르크는 뛰어난 이론가이기도 했지만, 그보다 더 뜨거운 실천가였다. 룩셈부르크와 실천은 떼려야 뗄 수 없는 한몸과 같았다. 민중들이 고통 받는 현장에 언제나 룩셈부르크가 있었다.

룩셈부르크가 남긴 어록이 하나 있다. "움직이지 않는 자는 자기를 옭아맨 사슬을 눈치채지 못한다(Those who do not move, do not notice their chains)"는 것이다.

앞 장 미셸 푸코 편에서도 살펴봤지만 신자유주의는 민중들의 일생을 통제한다. 우리의 한평생은 사실 태어나서 죽을 때까지, 머리부터 발끝까지 사슬에 묶인 삶과 비슷하다.

과장이 아니다. 우리는 청소년기와 청춘을 대학 입시와 취직 준비에 바친다. 취직을 하면 해고되지 않기 위해 평생을 충성해야 한다. 내 가족들 머리 하나 편하게 뉘일 공간을 마련하기 위해 집을 한 채 장만했더니, 사실 그 집 주인은 내가 아니라 국민은행장이나 우리은행장이다. 30년짜리 주택담보대출을 갚기 위해 우리는 평생 허덕여야 한다.

55세쯤 은퇴해서 평범한 삶을 누리고 싶은데, 절대 그럴 수 없다. 노후 준비가 안 돼 있기 때문이다. 회사에서는 나이 많고 돈만 많이 받는다고 당장 나가란다. 그래서 수많은 은퇴자들이 아파트 경비 자리를 알아보거나 대리운전을 시작한다.

이게 사슬에 묶인 삶이 아니면 무엇이란 말인가? 삶을 마칠 때 우리 민중들은 과연 '나의 일생이 참 아름다웠구나'라고 생각할 수 있을까?

이 사슬을 끊어야 한다. 문제는 우리 스스로가 사슬의 존재를 눈치채지 못한다는 데 있다. 많은 민중들이 구속된 삶을 고분고분 받아들인다. 왜냐하면 그게 사슬인지조차 모르기 때문이다.

그래서 룩셈부르크는 이야기한다. 가만히 있으면, 움직이지 않으면 사슬의 존재를 알 수 없다고 말이다. 움직여야 사슬이 나를 옭아매고 있다는 사실을 알아챌 수 있다. 민중들의 운동은 바로 이 자각으로부터 시작돼야 한다.

룩셈부르크는 민중들의 자각을 돕기 위해 실로 끈질기게 실천했다. "움직여야 한다"는 룩셈부르크의 조언을 가장 열심히 실천한 이는 룩셈부르크 자신이었다.

안타깝게도 우리에게는 가만히 있을 권리, 지칠 권리가 없다. 가만히 있으면 사슬에 얽매여 주저앉을 것이기 때문이다. 고통스럽지만 한걸음을 더 내디뎌야 할 용기가 필요하다. 더 용기를 내라고, 절대 지치지 말라고, 100년 전 세상을 떠난 룩셈부르크가 우리를 응원하고 있을지도 모른다.

에른스트 비그포르스

복지국가라는 따뜻한 집을 짓다

에른스트 비그포르스
Ernst Johannes Wigforss, 1881~1977

스웨덴 할란드 주의 주도 할름스타드에서 태어났다. 젊은 시절부터 언어에 소질을 보여 영어, 독일어, 프랑스어를 유창하게 구사했다. 대학에서 교편을 잡았을 때에도 독일어와 스웨덴어를 가르쳤다. 학문적으로도 비그포르스는 경제학자가 아닌 언어학자였다. 1919년 스웨덴 사회민주당 소속으로 국회의원이 된 이후 비그포르스에게는 스웨덴 경제의 재건이라는 막중한 책무가 부여됐다. 1925년 재무부 장관을 맡은 이래 두 차례에 걸쳐 17년 동안 재무부 장관으로 스웨덴 경제를 이끌었다. 존 메이너드 케인스(John Maynard Keynes)보다 빨리 확장재정의 필요성을 역설해 '케인스 이전의 케인스주의자'라는 별칭을 얻기도 했다. 철저한 반핵주의자로서 1962년 스웨덴이 핵무기를 포기하는 데에도 큰 영향을 미쳤다.

「경제의 속살 1」에서 잠시 언급한 바 있는데, 브리티시컬럼비아 대학교 존 F. 헬리웰(John F. Helliwell) 명예교수는 '행복경제학'의 창시자로 불린다. 국제연합(UN)은 그의 연구를 바탕으로 매년 3월 「세계행복보고서(World Happiness Report)」를 발간한다.

행복경제학에 따르면 인간의 경제적 행복을 규정하는 요소는 모두 여섯 가지다. UN은 이를 바탕으로 157개 나라의 순위를 매긴다. 참고로 2019년 발간된 보고서에서 대한민국의 순위는 54위였다.

여섯 가지 기준은 △1인당 국민소득(GDP) △얼마나 오래 건강하게 살 수 있나(건강기대수명) △얼마나 자주적으로 자신의 삶을 선택할 수 있나(자유로운 삶의 선택) △우리는 이웃과 사회에 얼마나 관용적인가(관용성) △사회가 얼마나 공정하고 깨끗한가(부패인식) △내가 어려울 때 나를 도와주는 벗이 있는가(사회적 지원) 등으로 구성돼 있다.

그런데 2016년 〈한국일보〉와의 인터뷰에서 헬리웰 교수는 여섯 가지 기준 중 가장 중요한 것으로 '사회적 지원'을 꼽았다. '내가 어려울 때 나를 도와주고 돌봐줄 벗의 유무'가 인간 사회의 행복을 결정하는 가장 중요한 준거라는 이야기다.

그렇다면 「세계행복보고서」는 이 분야의 점수를 어떤 방식으로 측정할까? 각 나라의 복지 수준으로 점수를 매긴다. 왜 복지 수준인가? 헬리웰은 "내가 어려울 때 국가가 나를 진정으로 아끼고 도와주는 벗이 된다면 그 국가의 국민은 행복하다"라고 설명한다.

실로 멋진 이야기 아닌가? 나를 귀찮게 여기거나 나를 도구로 사용하는 국가가 아니라 나를 벗으로 여기고 내가 어려울 때 나의 쉼터가 되어주는 국가! 장담하는데 그

나라의 국민들은 진정으로 행복할 것이다.

따뜻한 가정 같은 국가를 꿈꾸다

에른스트 비그포르스는 스웨덴 복지국가의 아버지, 혹은 스웨덴 복지국가의 설계자로 불린다. 그는 1920년대 유럽을 휩쓸었던 사회주의에 매료돼 사회주의자가 됐지만, 혁명만이 자본주의의 모든 모순을 해결할 수 있다는 의견에 동의하지 않았다.

비그포르스에게 중요한 것은 혁명이 아니라 민중들의 삶이었다. 그래서 비그포르스는 당장 민중들의 삶을 돌볼 구체적 정책이 더 절실하다고 믿었다.

그가 도입하려고 했던 정책 중에는 연간 2주의 유급휴가 도입이 있었다. 지금은 너무나 당연한 제도지만 당시 자본가들은 이 제도를 전혀 이해하지 못했다. "노동자들이 1년에 무려 2주나 쉰다고? 그것도 열 받는데 유급이라고? 노는데 왜 월급을 줘야 하나?"라는 반응이 지배적이었다.

비그포르스가 도입하고자 했던 출산수당이나 양육수당도 마찬가지였다. "지가 지 새끼 낳는데 국가가 왜 도와줘?"라는 반발이 극심했다. 게다가 비그포르스는 복지 재원을 마련하기 위해 상속세와 증여세를 강화하려 했다. 그리고 이 정책 탓에 사민당은 총선에서 참패했다. 자고로 세금 더 내라는 정치인을 좋아하는 국민은 없는 법이다.(자신이 과세 대상이 아닌데도!)

비그포르스는 이때 '아무리 좋은 정책이라도 국민을 설득하지 못하면 소용이 없다'는 사실을 깨달았다. 비그포르스는 자신의 꿈을 민중들에게 더 쉽게 설명해 줄 인물을 찾았다. 그의 눈에 들어온 적임자는 이후 스웨덴 총리에 오르는 페르 알빈 한손(Per Albin Hansson, 1885~1946)이었다.

한손 총리는 초등학교 중퇴 경력의 최하층 노동자 출신이었다. 그 덕에 한손 총리는 노동자 민중들의 언어를 정확하게 알고 있었다. 한손 총리는 비그포르스의 꿈에 적극 동조했고, 그의 전매특허인 민중들의 언어로 복지국가의 꿈을 요약했다. 이것이 바로 그 유명한 '국민의 집'이라는 개념이다

1932년부터 1946년까지 스웨덴 총리를 지낸 페르 알빈 한손

한손이 해석한 비그포르스의 꿈은 이랬다. 복지국가란 무엇인가? 바로 가정을 확대한 것이다. 가족끼리는 이기적이지 않다. 가족끼리는 노부모를 돌본다. 가족끼리는 아이들을 사랑으로 양육한다. 이것이 가족이라면, 국가는 바로 그런 가족 같은 국가여야 한다. 한손 총리의 명연설에 담긴 비그포르스의 꿈을 읽어보자.

> 좋은 가정이란 언제나 평등, 배려, 협조, 도움이 가득한 곳이다. 규모를 확장해 이를 민중들과 시민들로 이루어진 가정에 적용해 보자. 지금 이곳에서는 형식적인 평등, 즉 정치적 권리의 평등이 지배하고 있지만 사회적으로 보면, 계급사회로서 여전히 소수에 의한 독재가 판을 치고 있다.
>
> 각종 불평등이 기승을 부리고 있다. 어떤 이들은 대궐 같은 집에 살건만, 어떤 이들은 추운 겨울에도 그저 오두막이라도 쫓겨나지만 않았으면 하면서 손 모아 빌고 있다. 가난한 이들은 미래를 바라보면서 혹시나 큰 병에 걸릴까, 일자리를 잃게 될까, 온갖 험한 일들을 두려워하며 불안에 떨고 있다.

정말로 스웨덴 사회가 선량한 시민들의 가정이 되어 줄 수 있으려면 각종 계급 차별을 철폐해야 하며, 사회적 서비스를 발전시켜야 하며, 경제적 균등화를 달성해야 하며, 노동자들이 경제의 관리자 역할을 부여받아야 한다. 민주주의는 사회적 경제적 차원 모두에서 적용되고 또 완전히 실현되어야 한다.

시장을 넘어서는 사랑의 힘

'국민의 집'이라는 개념이 등장하기 전까지 사람들은 가족을 경제학과 상관이 없는 존재라고 여겼다. 하지만 가족을 경제학에 대입하면 주류경제학의 가장 중요한 전제인 이기적 인간과 시장 만능주의라는 개념은 박살이 나기 시작한다.

우리는 가족끼리 인센티브 시스템을 도입하지 않는다. 세배를 예쁘게 한다고 세뱃돈을 갑절로 주지 않는다는 이야기다.

명절 때 남는 음식은 주류경제학 입장에서 볼 때 공급 과잉 상황이다. 하지만 우리는 이걸 막기 위해 시장 경제시스템을 도입하지 않는다. 친척들 불러놓고 동그랑땡 한 접시를 8,700원에 팔지 않는다는 이야기다. 이렇게 하면 공급과잉은 해결될지 몰라도, 그걸 가족이라고 부를 수는 없는 노릇이다.

가족에게는 시장에서 통용되지 않는 사랑이라는 것이 있다. 우리가 가족을 기반으로 살아간다면, 왜 국가가 가족 같은 사회가 돼서는 안 되는가? 이 개념이 형성되면 국가가 노인복지에 돈을 쓰는 것이 아깝지 않다. 자식이 부모님을 돌보는 것이야말로 너무 당연한 일이기 때문이다.

취업을 준비하는 청년들을 돌보는 것도 마찬가지다. 내 자식이 취업을 못해 고생할 때 부모가 밥을 안 주나? 보수주의자들은 청년수당 같은 복지정책에 대해 "시장 원리에 어긋난다"며 난리를 피우지만, 국가가 국민의 집이라면 이는 당연히 해야 할 일이 된다. 심지어 헬리웰 교수의 행복경제학에 따르면 이런 국가를 건설하는 것이야말로 국민을 행복하게 만드는 일이다.

시장은 결코 만능이 아니다. 우리는 얼마든지 국민이 힘들고 어려울 때 의지할 수 있는 '국민의 집'과 같은 국가를 만들 수 있다. 그렇게 서로 사랑하고, 그렇게 서로 의지하는 사회는 장담컨대 시장이 지배하는 사회보다 훨씬 더 인간적이다. 「신성한 경제학의 시대」의 저자 찰스 아이젠스타인(Charles Eisenstein)은 이 차이에 대해 이렇게 말한다.

> '나는 네가 필요치 않다'는 느낌은 환상에서 비롯된 착각이며, 사실 우리는 서로를 필요로 한다. (돈과 시장은) 거주할 집에 대한 욕구는 채워주지만, 나 자신과 유기적으로 연결된 가정에 대한 욕구는 채워줄 수 없다.
>
> 돈으로 사실상 어떤 도구도 살 수 있지만, 내가 알고 나를 아는 사람이 만들어준 도구와 그에 얽힌 이야기는 살 수 없다. 돈으로 노래를 살 수도 있지만, 누군가 나를 위해 불러주는 노래를 살 수는 없다.
>
> 밴드를 집에 불러 노래하게 할 수도 있지만, 당신이 아무리 많은 돈을 준다 해도 그들이 진심으로 나를 위해 노래한다는 보장은 없다. 어머니가 불러주는 자장가, 연인이 불러주는 세레나데가 얼마나 내면 깊숙한 욕구를 채워주는지 우리는 안다.

올로프 팔메

"인간은 상품이 아니다!"라는 장엄한 선언

올로프 팔메
Olof Palme, 1927~1986

1927년 스웨덴의 수도 스톡홀름에서 태어났다. 성공한 사업가 집안의 자녀로 태어났기 때문에 사람들은 팔메를 종종 강남좌파에 비유하기도 한다. 스톡홀름 대학교에서 경제학을 공부한 뒤 미국으로 유학을 떠나 그곳에서 인종차별과 사회적 양극화를 직접 경험했다. 팔메는 이때 미국 운동진영으로부터 사회주의 사상을 접하고 진보적 사상가로 거듭났다. 스웨덴 복지국가의 기틀을 닦은 타게 에를란데르(Tage Erlander) 총리에 이어 1969년 총리직에 올랐다. 복지정책에 필요한 재원 마련을 위해 증세정책을 실시한 여파로 1976년 선거에서 실각했다. 하지만 1982년 총선에서 다시 총리에 오르며 2기 집권 시대를 열었다. 1986년 3월 1일, 스톡홀름 시내에서 총격을 당해 세상을 떠났다.
사진 ⓒMinistry of the Presidency. Government of Spain

1986년 2월 28일 금요일 밤이었다. 스웨덴 국민들로부터 절대적인 지지를 받던 총리 올로프 팔메는 가족들과 함께 스톡홀름의 한 영화관에서 〈모차르트의 형제들〉을 관람했다.

영화가 끝나자 팔메는 아내 리스베트 팔메(Lisbeth Palme)와 거리를 걸었다. 검소한 총리였던 팔메는 종종 경호원 없이 거리를 걷곤 했다. 그날도 그런 날이었다. 이미 밤이 깊었기에 팔메 부부는 지하철을 타고 관저로 돌아가기로 한 것이었다.

팔메 부부는 스톡홀름의 중심가 스베아베겐을 걷고 있었다. 11시 21분 30초, 괴한이 등 뒤에서 나타나 팔메를 향해 권총 두 발을 쐈다. 첫 번째 총탄은 팔메의 가슴을 꿰뚫었고 두 번째 총탄은 아내 리스베트를 다치게 했다.

4분 뒤 지나가던 구급차가 총성을 듣고 달려와 황급히 팔메를 병원으로 호송했다. 하지만 가슴을 관통 당한 팔메의 삶은 오래 지속되지 않았다. 총격을 당한 지 40분이 채 안 된 이튿날 0시 6분, 스웨덴 국민이 가장 사랑했던 총리 팔메는 그렇게 세상을 떠났다.

일국의 총리가 길거리에서 암살을 당했는데, 범인은 아직도 잡히지 않았다. 경찰은 11개월 동안 수백 명의 경찰을 동원해 수사를 벌였지만 번번이 허탕만 쳤다. 2년 뒤 스웨덴 경찰은 마약 중독자였던 크리스터 페터슨(Christer Pettersson)을 용의자로 체포했지만 그는 항소심에서 증거 불충분으로 풀려났다.

2011년 2월 28일 살인 공소시효(25년)가 끝날 위기에 처하자 분노한 시민들의 강력한 요구로 스웨덴 국회는 이 사건의 공소시효 자체를 없앴다. 하지만 그마저 별무소용, 팔메가 암살 당한 지 30년이 지난 지금까지도 범인은 잡히지 않았다.

범인에 대한 수많은 추측들이 있다. 우선 심정적으로(!) 가장 유력한 암살 배후는 미국 CIA였다. 팔메는 미국의 베트남 전쟁을 극렬히 비난했던 정치인이었다. 심지어 1968년 교육부 장관이었던 팔메는 아예 베트남 전쟁에 반대하는 시위대에 합류해 사진까지 버젓이 찍혔다. 이 사진 한 장으로 미국과 스웨덴의 외교는 삽시간에 얼어붙었다.

교육부 장관이면서도 반미 시위에 참가했던 팔메의 모습

다른 대부분의 외교 정책에서도 팔메는 분명한 반미(反美)주의자였다. 일각에서는 "북유럽 지역에서 미국의 최대 걸림돌은 이곳 국가들의 사회주의적 성향이 아니라 올로프 팔메"라는 이야기까지 나돌았다. 동서냉전 당시 미국은 걸림돌이었던 타국의 지도자를 암살하는 일에 조금도 주저하지 않았기에 지금도 팔메의 암살 배후를 CIA라고 생각하는 이들이 적지 않다.

남아프리카공화국의 인종차별주의자들이 암살의 배후라는 설도 있다. 팔메가 아파르트헤이트(남아프리카공화국의 극단적인 인종차별 정책)를 극렬 반대하고 넬슨 만델라를 열렬히 지지했기 때문이었다. 또 그의 급진적 복지정책에 불만을 품은 극우파들이 암살을 주도했다는 이야기도 나온다. 반전주의자였던 팔메를 제거하기 위해 미국과 유럽 군수업체가 나섰다는 설도 있다. 물론 이 모든 이야기들은 가정일 뿐이다. 하지만 팔메 암살의 배후로 꼽히는 이들의 면면을 보면, 팔메가 어떤 삶을 산 정치인인지 고스란히 드러난다. 그는 지독한 평화주의자였고, 지독한 복지주의자였으며, 지독한 사회민주주의자였다. 그리고 그는 미국의 전쟁광적 성향을 극렬히 혐오했고, 인류의 정의로운 평등을 소망했던 뜨거운 반(反)차별주의자였다.

인간이 왜 상품이어야 하나?

앞장에서 살펴본 비그포르스가 복지강국 스웨덴의 설계자였다면, 팔메는 복지강국 스웨덴의 완성자로 평가받는다. 복지 분야에서 그가 남긴 업적은 셀 수 없을 정도다. 그는 스웨덴식 혼합경제를 완전히 정착시켰고 노동연금과 의료보험을 개혁해 스웨덴 복지국가를 완성했다. 대학 등록금을 전면 무료화(1975년)한 것도, 스웨덴 특유의 연대임금제도를 안착시킨 것도 팔메였다.

하지만 이 모든 것을 뛰어넘는 팔메의 위대함은 그가 "인간은 상품이다"라는 자본주의의 기본명제를 단호히 거부했다는 점에 있다. 스웨덴 복지국가의 이론적 기초는 요스타 에스핑-안데르센(Gøsta Esping-Andersen)의 '탈상품화(decommodification)'에서 시작된다.★

자본주의에서는 모든 것이 상품으로 취급받는다. 심지어 사람의 노동력도 하나의 상품처럼 시장에서 거래된다. 수요와 공급에 의해 노동력의 가격(임금)이 결정되는 것이다.

시장에서는 양질의 상품이 높은 가격을 받고, 불량 상품은 낮은 가격을 받거나 퇴출된다. 만약 인간이 상품이라면 인간 역시 이 법칙의 지배를 받아야 한다. 그렇다면 시장에 내놓은 상품(인간의 노동력) 중 자본가 입장에서 하자가 있는 상품들, 예를 들면 노인이나 장애인, 저학력층의 노동은 어떻게 처리될까? 시장 원리에 따르면 이들의 노동력은 매우 싼 가격에 거래되거나 아예 퇴출돼야 한다.

그런데 그게 가능한가? 불량품은 버리면 그만이지만, 인간을 장애인이라는 이유

★ 탈상품화가 스웨덴 복지국가의 상징 이념이어서 안데르센도 스웨덴 사람일 것이라는 오해를 종종 받지만, 그는 토종 덴마크인이다

로, 노인이라는 이유로, 저학력층이라는 이유로 버리는 게 가능하냐는 것이다. 그래서 안데르센은 인간을 어떤 경우에도 시장에서 거래되는 상품으로 봐서는 안 된다고 역설했다. 양질이건 아니건 모든 인간은 시장에서 퇴출되지 않고 인간답게 살 권리가 있다는 뜻이다.

팔메는 1984년 탈상품화 이론을 스웨덴 사민당의 철학으로 공언했다. 이미 강력했던 스웨덴의 복지정책을 팔메가 더 강력하게 설계했던 이유가 바로 여기에 있었다. 1984년 하버드 대학교에서 팔메가 한 연설은 상품이 아닌 인간의 가치에 대한 그의 뜨거운 열망을 잘 나타낸다.

> 자유주의자들은 시장이 잘 돌아가도록 하기 위해 연대나 동정심 같은 감정을 억누르라고 가르친다. 사유재산과 계약의 자유, 자유경쟁 같은 이념을 더 확장해야 한다고 주장한다. 이것이 소위 그들이 말하는 '시장의 마술'이다.
> 하지만 나는 '시장의 마술'보다 '인간 온정의 마술'에 대해 이야기하고 싶다. 사회의 목적은 인간의 삶과 동떨어진 그 어떤 것을 추구하는 이념이 아니다. 사회의 목적은 인간을 넘어서서 멀찍이 있는 그 무엇도 아니다. 사회와 제도는 지금 이곳에 있는 인간을 위한 것이다. 각자 삶의 목표를 성취해 가며 그들의 일상을 돕는 것이다. 사회와 연대의 목적은 사회 구성원 모두가 사회의 자원을 활용해 삶의 크고 작은 과제를 성취해 나가는 것이다. 이것이 바로 복지사회의 출발점이자 목적이다.

정의는 경제에 우선한다

경제의 중심에 인간이 있기에 팔메는 인간 사회에서 정의를 무엇보다도 중시했다.

왜냐하면 정의란 인간이 살아나가는 방식이고 규칙이기 때문이었다. 돈을 위해 정의를 버리면, 인간은 경제에 종속되고 시장이 인간을 지배한다.

실제로 수많은 국가들이 경제를 정의에 우선한다. 돈만 된다면 정의 따위는 시궁창에 처박아버린다. 그래서 미국은 군수자본의 이익을 위해 베트남 전쟁을 일으켰고, 박정희는 그 전쟁이 돈벌이가 된다며 파병을 결정했다. 영국은 남아프리카공화국에서 채굴되는 막대한 양의 다이아몬드에 눈이 멀어 아파르트헤이트를 눈 감아줬다.

하지만 팔메는 달랐다. 그는 정의 위에 경제가 서야 할 그 어떤 이유도 찾지 못했다. 그래서 팔메는 베트남 전쟁에 극렬히 반대했고, 팔메의 스웨덴 정부는 아파르트헤이트를 거부하고 남아공과 모든 경제적 거래를 중단했다.

돈 위에 서 있는 그의 정의는 외교 변방국이었던 스웨덴을 단번에 정의로운 지성이 넘치는 국가로 격상시켰다. 스웨덴은 지금도 세계 10위권의 무기 수출국이지만 그들은 전쟁지역이나 전쟁을 벌일 위협이 있는 국가, 인권침해가 보고된 국가에 무기를 팔지 않는다.

돈이 되면 뭐든 수출하자고 열을 올리는 시장주의자들은 절대 이해할 수 없겠지만 스웨덴의 이런 정의로운 행보는 스웨덴의 가치를 높였다. 그리고 그 가치는 그들의 경제에도 큰 도움을 안겨줬다. 물론 팔메가 경제적 실익을 위해 이런 결정을 한 것은 결코 아니었지만 말이다.

2011년 〈이코노미스트〉는 스웨덴을 일컬어 "길을 안내하는 반짝이는 북극성"이라고 불렀다. 온 세계가 지금 스웨덴을 복지국가의 이정표로 생각하며 그 길을 좇는다. 인간을 중시하고 정의가 넘치는 경제를 설계했던 팔메의 꿈은 지금 그렇게 북극성처럼 빛나고 있다.

헬레나 노르베리 호지

세계화가 파괴한 공동체 복원에 대한 열망

헬레나 노르베리 호지
Helena Norberg-Hodge, 1946~

미국 뉴욕에서 태어났고 스웨덴 스톡홀름에서 자랐다. 스웨덴, 독일, 오스트리아, 영국, 미국에서 다양한 교육을 받았다. 세계적 지성인 노암 촘스키(Noam Chomsky)와 런던 대학교 및 MIT에서 함께 연구를 한 경력도 있다. 언어학자답게 7개 국어를 유창하게 구사한다. 1970년대 중반, 논문 작성을 위해 라다크를 방문하면서 이곳의 문화와 철학에 매료됐다. 하지만 서구 문명이 유입되는 과정에서 라다크의 공동체 가치관이 붕괴되는 것을 보고 세계화와 신자유주의에 반대하는 투사가 된다. 1986년 제2의 노벨상, 혹은 대안적 노벨상이라 불리는 '바른 삶 상(Right Livelihood Award)'을 수상했다. 〈어스 저널(Earth Journal)〉이 선정한 '전 세계에서 가장 놀라운 환경운동가 10인' 중 한 명이기도 하다.
사진 ⓒAnja Light

스웨덴 출신의 언어학자 헬레나 노르베리 호지는 인도 북부 히말라야 산맥 인근의 고산마을 라다크(Ladakh)에 오랫동안 머물렀다. 독특한 언어 구조를 가지고 있는 이곳 주민들의 언어를 연구하기 위해서였다.

고산 지역에서 폐쇄적 삶을 영위한 탓에 자본주의가 어떤 것인지에 대한 정보가 전무했던 이곳 주민들에게 호지는 바깥세상의 이야기를 종종 들려줬다. 그런데 그들이 호지의 이야기 중 결코 이해하지 못했던 대목은 바깥세상의 사람들이 아이를 키울 때 분유를 먹인다는 사실이었다.

우리가 당연히 생각해서 그렇지 분유를 먹이는 것은 사실 그 어떤 포유류 동물도 하지 않는 독특한 행동이다. 지구에 5,000여 종이 존재하는 포유류는 알이 아니라 새끼를 낳고, 젖을 먹여 자녀를 키운다. 포유(哺乳)라는 말 자체가 '젖으로 새끼를 먹여 기른다'는 뜻이기도 하다.

그런데 아이들에게 엄마의 젖이 아니라 소젖을 대신 먹인다고? 그것도 가루를 만들어서 그 가루를 다시 물에 탄다고? 라다크의 엄마들은 이를 당최 이해할 수 없었다. 그들은 호지에게 간곡히 말했다.

"호지, 당신이 엄마가 된다면 제발 그렇게 하지 마세요!"

호지는 15년 동안 라다크에 머물며 이곳 말의 사전을 만드는 작업을 수행했다. 그런데 그곳 주민들과 인터뷰를 할 때 아이들이 몰려와 질문 공세를 펼친다. "엄마, 이건 뭐야?"라고 아이들이 물으면 엄마는 친절하게 "그건 책이야"라고 답을 한다.

하지만 아이들의 질문 공세는 멈추는 법이 없다. 아이들은 다시 몰려와서 "엄마, 그건 뭐야?"라며 같은 질문을 반복한다. 하지만 라다크의 엄마들 중 그 누구도 짜증을 내지 않는다. 그들은 매우 온화한 표정으로 다시 한 번 "응, 그건 책이야"라고 답을 해 준다.

호지가 "아이들이 일을 방해하면 귀찮지 않아요?"라고 물었을 때, 라다크의 엄마들은 분유의 존재를 알았을 때만큼이나 황당한 표정을 지었다.

"아이가 와서 묻는데 그게 왜 귀찮다는 거죠?"

그들은 바쁘지 않다. 아니, 바쁜 삶 자체를 모른다. 반면 라다크 바깥 자본주의에 사는 우리는 너무 바쁘다. 그래서 분유를 먹이고 아이들의 삶을 다른 이의 손에 맡긴다. 가족끼리 외식을 할 때 뽀로로를 틀어주는 것은 아이를 즐겁게 하기 위해서가 아니라 어른이 휴식을 하기 위해서다. 호지는 현대인들의 이런 바쁨을 '시간의 가난'이라고 부른다.

"내가 세상에서 가장 가난해요"라는 절규

라다크라는 이름은 '고갯길의 땅'이라는 뜻이다. 이름에서도 알 수 있듯이 이곳은 히말라야 산맥에 붙어 있는 해발 4,000미터의 고지다. 날씨도 험악해서 1년에 식물이 자라는 기간이 4개월밖에 되지 않는다. 겨울에는 영하 40도까지 내려가는데 이런 혹한이 8개월 동안 이어진다.

이곳 주민들은 "농사를 뭘 지어야 부자가 될까?"라는 고민을 하지 않는다. 혹독한 환경에서 자라는 작물은 보리하고 밀 두 가지뿐이기 때문이다. 호지는 "이곳이야말로 사람이 살기에 가장 척박한 땅이다"라고 단언한다.

호지는 이곳을 드나들며 세계화에 반대하는 투사가 됐다. 그의 책 「오래된 미래」나 「행복의 경제학」 등은 신자유주의와 세계화에 반대하며 새로운 행복의 가치를 찾는 경제학의 또 다른 시도이기도 하다. 언어학자였던 그가 경제학에 뛰어든 이유는 신자유주의가 유발한 세계화의 바람이 공동체를 얼마나 파괴하는지를 직접 눈으로 확인했기 때문이다.

호지가 충격을 받은 대목은 이것이었다. 원래 이곳 주민들은 매우 행복했다. 라다크는 다툼도, 차별도, 부의 축적도 없는 평등하고 평화로운 공동체였다. 초창기 호지가 이곳 주민들에게 "이 마을에서 누가 제일 가난한가요?"라고 물으면 그들은 가난이라는 단어 자체에 익숙지 않은 표정을 지으며 이렇게 답했다.

"가난한 사람이요? 이 마을에는 가난한 사람 없는데요?"

그런데 어느 순간부터 라다크에 세계화의 바람이 불기 시작했다. 글로벌 자본이 이곳을 히말라야 트래킹 코스로 개발하기 시작한 것이다. '고갯길의 땅'이었던 라다크는 '어드벤처 로드'라는 새로운 이름으로 포장됐다.

관광자원이 개발됐고 사람들이 모여들었다. 라다크에서도 돈이 중요한 가치가 됐다. 호지는 다시 이곳 사람들에게 "이 마을에서 누가 제일 가난한가요?"라고 물었다. 라다크 주민들이 다급한 표정으로 들려준 답은 이것이었다.

"내가 제일 가난해요. 내가 제일 불행합니다. 제발 나를 좀 도와주세요!"

세계화에 의해 파괴된 공동체

2019년 신년 연설에서 문재인 대통령은 "1997년의 외환위기는 우리 사회에 깊은 상처를 남겼습니다. 사회안전망 없이 어느 날 갑자기 맞은 경제위기는 공동체의 불안으로 덮쳐왔습니다"라고 말했다. 이 말처럼 외환위기 이후 신자유주의에 깊숙이 개입된 우리 사회의 공동체는 심각하게 파괴됐다.

외환위기 전까지는 그래도 공동체 정신이라는 것이 있었다. TV를 켜면 〈시장 사람들〉, 〈전원일기〉, 〈한지붕 세 가족〉 같은 드라마가 우리의 마음을 따뜻이 녹였다. 하지만 외환위기 이후 TV는 "모두 부자 되세요"라는 광고 카피에 점령됐다. 돈이 모든 것을 말해주는 세상이 되면서 우리는 라다크 주민들처럼 불행을 절감했다.

호지는 공동체 사회에서 "인간 자아의 뿌리는 공동체에 있다"고 지적한다. 글로벌 자본이 진입하기 전 라다크 사람들의 자아는 매우 안정돼 있었다. 공동체 속에서 형성된 자아는 어지간해서는 불안해지지 않는다. 위기가 닥쳐도 공동체가 나를 지켜줄 것이라고 믿기 때문이다.

하지만 신자유주의 세상의 자아는 돈에 의해 발전한다. 우리 아이들이 자라는 과정을 보라. 어려서부터 그들은 100% 자본에 의지해 성장한다. 그렇게 자란 아이들의 자아는 자기를 보호해 줄 유일한 수단을 돈이라고 생각한다. 돈이 나를 키웠기 때문이다. 그래서 돈이 없으면 그들은 불안하고 불행해진다.

호지는 세계화의 대안으로 '보살핌의 경제학'을 제시한다. 착취와 경쟁이 아니라 서로를 보살피는 경제 시스템을 갖춰야 한다는 주장이다.

그렇다면 우리는 언제 남을 보살필까? 우리가 공동체 속에 살고 있다는 인식을 가질 때 가능한 일이다. 사람의 자아가 돈이 아니라 공동체 속에서 보살핌을 받으면서 형성되는 세상을 상상해보라. 장담하는데 그 세상은, 지금보다 훨씬 행복한 세상이 될 것이다.

로버트 오언

“사람은 사람으로 대할 때 사람이 된다”

로버트 오언
Robert Owen, 1771~1858

웨일스 중동부의 작은 마을 뉴타운에서 태어났다. 공상적 사회주의의 창시자, 협동조합 운동의 아버지 등 여러 별칭을 가지고 있다. 20대 초반 사업에 성공해 돈을 꽤 모은 오언은 뉴래너크 공동체를 성공적으로 이끈 뒤 1825년 미국으로 이주했다. 오언은 인디애나 주에 뉴하모니(New Harmony)라는 새로운 공동체를 만들었다. 하지만 이곳에는 공동체의 사상을 이해하는 사람들 대신 전국에서 모인 괴짜들과 무임승차자들이 득실거렸다. 공동체 구성원들은 “내가 더 많이 일했으니 더 많은 보수를 달라”는 주제로 다툼을 계속했다. 1827년 뉴하모니는 몇 개의 작은 공동체로 분열됐고 1829년 공식 해체됐다. 오언은 이후에도 자신의 공동체 사상을 전파하기 위한 많은 시도를 했으나 대부분 실패했다. 무일푼이 된 오언은 1858년 자신의 고향인 뉴타운으로 돌아와 쓸쓸히 삶을 마쳤다.

"새벽 5시에 공장에 나가서 밤 9시까지 꼬박 일을 해요. 하루에 밥 먹을 시간 20분만 쉴 수 있습니다. 일을 하다가 졸면 관리자들이 가죽 채찍으로 등을 때려요. 힘들지만 돈을 벌어야 하니 할 수 없어요. 일이 너무 힘들어서 동생이 저를 도와주고 있습니다. 하지만 동생은 사장님이 고용한 것이 아니니 돈을 받지 못해요. 동생은 이제 겨우 일곱 살이랍니다."

이거, 로마시대 노예의 하소연이 아니다. 이 이야기는 지금부터 불과 180년 전, 신사의 나라라고 엄청나게 폼 잡기 좋아하는 영국의 11세 소년 토마스 클라크의 증언이다.

19세기 초반은 자본주의 시장경제의 씨앗이 된 산업혁명이 활짝 꽃을 피웠던 시기였다. 쉴 새 없이 공장이 들어섰고, 갖가지 새로운 물건이 쏟아져 나왔다. 바야흐로 인류 삶의 기반이 농업에서 공업으로 바뀌는 역사적인 순간이었다.

하지만 클라크의 증언처럼 '위대한 산업혁명'의 실제 모습은 그렇게 아름답지만은 않았다. 도시로 내몰린 노동자들이 하루 16시간씩 꼬박 일하고 받은 일당은 요즘 돈으로 1,000원도 되지 않았다. 노동자들은 주로 합숙소에서 지냈는데 자그마한 방에는 남녀 가릴 것 없이 20여 명씩 뒤엉켜 살아야 했다.

도시의 쓰레기 더미에서 쥐들과 함께 먹을 것을 뒤지는 노동자들이 넘쳐났다. 산업혁명의 중심지였던 영국 런던의 하늘은 공장에서 뿜어대는 매연으로 시커멓게 변했고, 물은 오염될 대로 오염됐다. 콜레라와 장티푸스가 순식간에 퍼져 도시 곳곳에는 사람 시체가 널브러졌다. 인류애? 도덕성? 그런 것은 찾으려야 찾을 수 없었다.

이 시기 자본가들이 가장 탐을 냈던 노동자들이 누구였을까? 20~40대 건장한 남성이 아니었다. 타깃이 된 이들은 7~12세 어린이들이었다. 당시 공장 노동은 실로 살인적이었는데, 건장한 성인 남성들이 곳곳에서 강도 높은 노동에 저항했기 때문이었다. 이들은 술에 만취해 난동을 부리기도 하고, 기계가 자신들의 일자리를 빼앗는다는 이유로 기계를 때려 부수기도 했다(이를 기계파괴운동 혹은 러다이트 운동이라고 부른다).

하지만 어린이들은 그런 반항을 하지 않았다. 술도 마시지 않았다. 적당히 채찍으로 몇 대 휘갈기면 고분고분 말도 잘 들었다. 일의 속도가 다소 늦긴 했지만 그것은 문제가 되지 않았다. 더 오래, 더 많이 굴리면 해결될 문제였기 때문이다. 게다가 어리다는 이유로 임금도 적게 줄 수 있었다. 당시 상황을 짐작케 하는 잡지 〈라이언〉의 기사는 이랬다.

> 아이들은 꿀꿀이죽을 먹기 위해 여물통에서 돼지들과 함께 뒹굴었다. 그들은 발길질과 주먹질, 성폭력에 시달렸다. 고용주인 앨리스 니덤은 아이들의 귀를 못으로 뚫는 소름 끼치는 버릇을 가졌다. 아이들은 겨울 추위 속에서도 거의 벌거벗은 상태로 지냈고, 십장의 가학증에 시달린 듯 모두 이가 부러져 있었다.

성공한 공동체의 위대한 족적

18세기 후반 스코틀랜드 지역 뉴래너크(New Lanark)라는 마을에 꽤 규모가 큰 방적 공장이 하나 있었다. 이 공장의 주인은 데이비드 데일(David Dale)이라는 자본가였다. 이곳에는 1,150명의 노동자가 있었는데, 다른 영국의 공장들과 마찬가지로 그중 800명이 어린이들이었다(이들 대부분 고아원 출신이었다).

어린이들은 오전 6시부터 오후 7시까지 13시간 동안 일을 해야 했다. 매우 가혹하게 보이겠지만 사실 데일은 인간적인 자본가였다. 13시간 노동은 다른 공장에 비해 매우 양호한 조건이었기 때문이다. 숙박시설과 음식도 나쁘지 않았다. 게다가 데일은 어린이들에게 하루 두 시간씩 학교 교육을 받게 했다.

어느 날 데일의 딸 캐럴린 데일(Caroline Dale)이 20대 남자 친구를 아버지에게 소개시켰다. 이 남자가 바로 샤를 푸리에(Charles Fourier), 앙리 드 생시몽(Henri de Saint-Simon)과 함께 3대 공상적 사회주의자로 불리는 이 장의 주인공 로버트 오언이었다. 오언은 캐럴린과 사랑에 빠져 나중에 결혼을 한다.

예비사위 오언은 데일의 공장을 돌아본 뒤 "노동자 친화적 공장이긴 하지만, 지금보다 더 좋은 공장을 만들 수 있습니다"는 희망을 피력했다. 이야기를 듣던 데일은 "네 꿈이 그렇다면 네가 직접 공장을 운영해 보라"는 제안을 던졌다.

오언은 몇 명의 동업자를 끌어들여 자금을 마련한 뒤 데일의 공장을 인수했다. 그리고 이곳에서 인류 역사상 가장 진보적이고 이상적인 공장 공동체 건설에 나섰다. 이곳이 바로 2001년 유네스코 문화유산으로 지정되기도 했던 그 유명한 뉴래너크 공장 공동체였다.

오언은 자본과 노동이 대립하는 공장이 아니라 모두가 사랑하며 베푸는 공동체를 꿈꿨다. 이를 위해 오언은 13시간이었던 노동시간을 9시간으로 대폭 줄였다. 14~16시간 노동이 일반적이었던 당시의 상황을 감안하면 실로 파격적인 조치였다.

오언은 또 공장 주변에 노동자들이 행복하고 안전하게 살 수 있는 정갈한 마을을 마련했다. 10세 미만 어린이는 결코 노동에 투입되지 않았다. 공장에서 일하는 아이들과 노동자들의 자녀를 위해 뛰어난 교육 시스템도 구축했다. 인류 최초로 유치원이 생긴 곳도 바로 뉴래너크 공동체였다.

공동체에 사는 모든 노동자들은 무상으로 의료 서비스를 받을 수 있었다. 성인들을 위한 야간 학교도 문을 열었다. 공동체 구성원들이라면 누구나 이용할 수 있는 마을 상점에는 회사가 구매한 질 좋은 상품들이 즐비했다.

이 공동체의 또 다른 특징은 구성원들의 즐거움을 매우 중요하게 생각했다는 점이다. 때가 되면 레크리에이션 행사와 음악 콘서트, 댄스파티가 개최됐다. 공동체 곳곳에서 웃음이 끊이지 않았다. 개인적으로 뉴래너크 공동체에 딱 하나 불만인 대목은 마을에서 술을 팔지 않았다는 점이다. 그래도 술은 팔아야지!

사실 자본주의 초창기 이런 공동체를 만들려는 시도는 여럿 있었다. 하지만 오언의 시도가 위대했던 이유는 뉴래너크 공장이 공장으로서도 대성공을 거뒀다는 점에 있었다. 노동자들은 열성적이었고 헌신적이었다. 뉴래너크는 다른 공장들에 비해 엄청난 이윤을 올렸다. 수많은 유명 인사들이 공동체에 견학을 왔는데, 그 중에는 훗날 러시아 황제에 오르는 니콜라이 대공 같은 거물도 포함돼 있었다.

이 실험의 결말은 다소 허무하다. 오언은 동업자들과 종교적 갈등을 겪은 끝에 뉴래너크의 실험을 중단했다. 지분을 모두 판 오언은 미국으로 이주해 뉴하모니(New Harmony)라는 새로운 공동체를 만들었다. 하지만 뉴하모니의 실험은 뉴래너크와 달리 실패로 마무리됐다. 오언이 꿈꿨던 공동체의 사상을 이해하는 사람이 미국에는 거의 없었기 때문이었다.

우리는 인간을 어떻게 대할 것인가?

오언에 관한 일대기는 우리나라에 「로버트 오언–산업혁명기, 협동의 공동체를 건

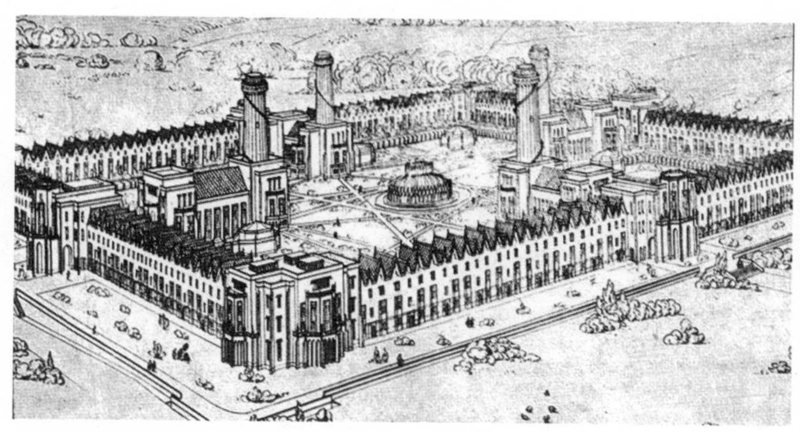

오언이 설계했던 뉴하모니의 모습

설한 사회혁신가」라는 제목의 책으로 번역돼 있다. 이 책을 번역한 홍기빈 칼폴라니 사회경제연구소장은 한 강연에서 이런 이야기를 한 적이 있다.

"오언의 사상을 한 마디로 요약하면 '사람은 사람으로 대하면 사람이 되고, 짐승으로 대하면 짐승이 된다'는 것이다."

많은 사람들이 아프리카나 동남아시아의 삶을 경험한 뒤 "그쪽 사람들은 너무 게으르고 거짓말을 많이 한다"라고 쉽게 이야기한다. 이 말에 꼭 붙는 전제는 "나는 절대 인종차별주의자가 아니지만, 실제 경험을 해 보니까 그렇더라"는 것이다.

그래서 바나나가 주렁주렁 열려있어 그것만 따먹어도 굶어죽을 일이 없는 사람들이 게을러터져서 굶주린다는 시각이 생긴다. 하지만 이는 사실이 아니다. 동남아시아에서 재배되는 바나나는 동남아시아 민중들의 것이 아니다. 대부분의 농장은 세계적인 과일 유통회사 돌(Dole)과 델몬트의 소유다.

이들 거대 유통 기업들은 바나나 농장의 상당수를 오래전부터 헐값에 사들인 뒤 고품질 바나나를 다른 나라에 팔아 이윤을 챙겼다. 바나나가 그렇게 많이 나는 나라 민중들이 굶어죽는 이유는 결코 그들이 게을러서가 아니라는 이야기다.

"흑인들이 불결하고 범죄를 더 저지른다"는 인종차별적인 발상도 그렇다. 이런 자들은 범죄 통계를 들고 나와 흑인들의 열등함을 강조한다. 하지만 통계는 결과물일 뿐, 문제의 원인을 전혀 제대로 짚지 못한다.

왜 흑인들이 범죄에 더 많이 가담할까? 그 질문에 대한 분명한 답을 오언이 전한다. 사람은 사람으로 대하면 사람이 되고, 짐승으로 대하면 짐승이 된다. 백인 주류 사회가 흑인을 사람으로 대하지 않고 범죄자로 대했기에 그들이 범죄자로 성장했을 뿐이다.

한국 사회를 생각해보자. 우리는 우리 민중들을 어떻게 대하고 있나? 사람을 사람으로 대하는 사회에서 민중들은 따뜻한 인간의 삶을 살아간다. 하지만 사람을 기계나 짐승으로 대하면, 우리가 사는 사회는 결코 따뜻한 인간의 삶을 품지 못한다.

인간은 태어날 때부터 선한 존재인가, 악한 존재인가? 성선설과 성악설이 다투는 이 묵직한 질문에 대한 답은 쉽게 할 수 있는 것이 아니다. 인간은 이기적 존재인가, 협동적 존재인가? 이 오래된 경제학의 궁금증도 마찬가지다. 인간은 때로는 이기적이고, 때로는 협동적이다.

하지만 분명한 것이 하나 있다. 오언의 이야기대로 사람을 사람으로 대하면 그 사람은 사람이 된다. 우리가 서로를 협동의 존재로 인정하고 대하면, 우리의 사회는 뉴래너크와 같은 아름다운 공동체가 된다. 반면 우리의 사회가 노동자들을 두들겨 패고,

윽박지르고, 컨베이어 벨트에 끼어 목숨을 잃어도 되는 존재로 대하면, 우리가 사는 사회는 결코 아름다운 공동체로 성장하지 못한다.

"그런 공동체는 효율이 떨어져 자본주의에 어울리지 않는다"는 주장은 집어치우자. 제대로 시도조차 해 본 적이 없지 않은가? 심지어 오언의 뉴래너크 공동체 실험은 공동체의 효율이 이기적 인간을 강조하는 자본주의 공장에 비해 훨씬 더 효율적임을 입증했다.

우리는 어떤 세상에서 살고 싶은가? 어떤 사회에서 살 것인지에 대한 선택은 우리 자신이 하는 것이다. 그 누구도 대신해 주지 않는다. 우리가 서로를, 인간을, 노동을, 민중을 따뜻한 시선으로 바라보면 그런 세상이 만들어진다. 그 가치야말로 200여 년 전 오언이 우리에게 전해준 소중한 유산이다.

엘리자베스 매기

토지가 공공재인 이유를 보드 게임으로 입증하다

엘리자베스 매기
Elizabeth Magie, 1866~1948

미국 일리노이 주의 도시 매콤에서 태어났다. 노예 폐지론자이자 신문 편집인으로 일하면서 에이브러햄 링컨(Abraham Lincoln)의 동료로도 활동했던 아버지 제임스 매기(James Magie)는 딸에게 토지 개혁론자로 유명한 헨리 조지를 소개시켜줬다. 매기는 조지와의 만남 이후 그를 열렬히 추종하는 '조지스트(Georgist)'가 됐다. 단편소설 작가, 연극배우, 코미디언 등 다양한 직업을 가졌지만 그가 토지개혁을 지지하는 조지스트였다는 사실과, 열렬한 페미니즘의 지지자였다는 사실은 평생 변하지 않았다. 그는 동료 지질학자들에게 토지 불로소득의 위험성을 알리기 위해 지주게임을 만들었는데, 좋은 반응을 얻자 1904년 특허를 얻고 2년 뒤 정식으로 게임을 출시했다. 1948년 버지니아 주의 도시 스톤튼에서 82세를 일기로 생을 마감했다.

어렸을 때 참 그 게임 많이들 했다. 블루마블 게임(혹은 부루마블이라고도 부르는)이라는 보드 게임 말이다.

타이베이나 홍콩, 마닐라, 싱가포르, 카이로, 이스탄불 등 분홍색 영역의 도시는 "투자 가치가 없다"며 건너뛰었다. 반면 뉴욕, 런던, 로마, 파리, 도쿄 등 검은색 영역의 땅을 구입해 호텔을 올릴 때에는 온 몸이 짜릿짜릿했다. 지금 생각하면 매우 선진국 중심의 제국주의적 사고방식인데, 그때는 그게 그런 의미인 줄도 몰랐다.

블루마블 게임의 원조는 미국에서 개발된 모노폴리 게임(Monopoly game)이다. 말 그대로 '독점 게임'이라는 뜻인데, '푸른 대리석(blue marble)'이라고 미화된 블루마블 게임보다 훨씬 솔직한 이름이다. 부동산에 투자해서 남의 돈 빼앗는 세상이 푸른 대리석처럼 영롱할 리가 없다.

모노폴리 게임의 원조는 지질학자이자 작가였던 엘리자베스 매기가 1902년 개발한 지주게임(The Landlord's Game)이다. 매기는 미국의 경제학자 헨리 조지(Henry George, 1839~1897)의 열렬한 지지자였다.

「경제의 속살 2」에서 다룬 바 있는 조지는 "모든 지대는 도둑질이다"라는 명언을 남긴, 부동산 불로소득에 관해 가장 집요하고 치열하게 연구를 한 인물이다. 그 덕분에 지금도 세계 각국에서 조지스트라 불리는 조지의 추종자들이 토지운동을 벌이고 있다. 우리나라에도 조지스트들이 결성한 토지정의시민연대가 왕성한 활동을 이어가는 중이다.

조지는 이 세상 모든 불평등의 원인이 지대, 즉 땅값에 있다고 믿었다. 조지에게 지대는 세상에서 가장 부당한 불로소득이었다. 그래서 조지는 누군가가 부동산으로 돈을 벌면 그 돈을 모조리 세금으로 걷어야 한다는 파격적 주장을 펼쳤다. 이른바 단일

토지세(single tax)라는 것이다.

건물주가 월세로 한 달에 1,000만 원을 벌었다면 국가는 그 1,000만 원을 전부 세금으로 걷는다. 누군가가 부동산을 사고팔아 1억 원을 벌었다면 그 차액 역시 모조리 과세된다. 종합부동산세율을 조금만 올렸다고 게거품을 무는 부동산 천국 한국에 비하면 조지는 실로 막강한 부동산 과세 시스템을 설계한 셈이다.

한 명만 살아남고 모두가 죽는 세상

조지스트였던 매기가 지주게임을 만든 이유는 부동산 불로소득이 얼마나 위험한 세상을 만드는지 알려주기 위해서였다. 이 게임은 두 가지 버전으로 만들어졌는데, 하나는 독점형 게임이라 불렸고 하나는 반(反)독점형 게임이라고 이름 지어졌다.

게임의 설계 자체는 블루마블과 비슷하다. 사각형 모양의 보드판 위에 주사위 두 개를 던져 말을 옮긴다. 플레이어들은 말이 도착한 곳의 땅을 살 수 있다. 상대방의 말이 내 땅에 도착하면 지대를 받는다. 블루마블의 무인도와 비슷한 감옥도 있다.

블루마블을 해 본 독자들은 알겠지만 이 게임의 결말은 항상 동일하다. 엄청난 돈을 긁어모은 단 한 명의 승자와 알거지가 된 나머지 패자들이 탄생한다. 시간이 오래 걸리느냐, 빨리 끝나느냐의 차이일 뿐이지 이런 결말에는 예외가 없다. 잠시 판세가 비슷할 수는 있어도 주사위를 굴리다보면 언젠가 땅을 독식하는 자가 반드시 나온다.

이 게임의 또 다른 특징이 있다. 판세가 한번 기울면 절대로 역전이 일어나지 않는다는 점이다. 땅을 빼앗긴 플레이어는 어떻게든 지대를 물지 않으려고 악을 쓰지만 별 무소용이다.

심지어 가난한 플레이어는 무인도에 갇히면 환호를 하고, 무인도를 탈출하면 눈물

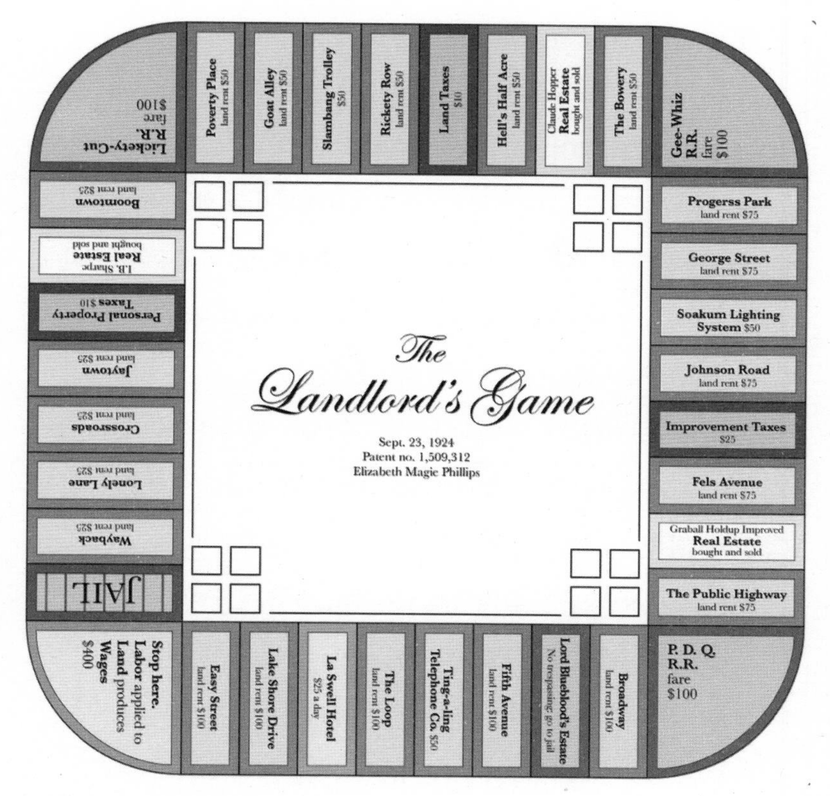

블루마블과 닮은 랜드로드 게임판

을 흘린다. 이 빌어먹을 놈의 세상에서는 아무리 돌아다녀봐야 돈 뜯길 일만 생기기 때문에 차라리 무인도에 갇히는 게 더 행복하다.

어떤가? 매기의 지주 게임은 지금 우리가 사는 세상과 너무 닮았다. 실제 현실이 그렇지 않은가? 땅을 선점한 자들은 놀고먹어도 큰 부자가 되고, 땅을 빼앗긴 자들은 감옥과 무인도를 전전해도 결국 파산한다. "차라리 범죄를 저질러서 감옥에 갇히면 삼시세끼 밥이라도 나오지!"라는 한탄이 나오는 이유가 여기에 있다. 조물주 위에 건물

주가 있는 세상, 그것이 우리가 살아가는 부동산 공화국의 현실이다.

게임의 구조를 바꾸면?

그런데 지주게임의 진짜 묘미는 매기가 만든 두 번째 버전, 즉 반(反)독점형 버전에 있다. 반독점형 버전도 독점형과 마찬가지로 남의 땅에 걸리면 지대를 내야 한다. 하지만 이 게임에서 지주는 지대를 받으면 그 돈을 모조리 정부에 세금으로 내야 한다. 헨리 조지의 단일토지세를 게임에 도입한 것이다.

이렇게 운영하면 당연히 정부에 돈이 쌓인다. 이 돈은 어떻게 풀릴까? 정부는 플레이어가 보드게임 네 곳 구석에 도착하면 각종 명목으로 복지기금을 내어 준다. 세금으로 걷은 지대를 민중들에게 무작위로 골고루 뿌리는 시스템인 셈이다.

게임을 이렇게 설계하면 결과가 완전히 달라진다. 반독점형 게임의 가장 큰 특징은 아무리 게임을 계속해도 그 누구도 패하지 않는다는 데 있다. 잠시 돈을 잃어도 보드게임 네 코너에 도착하면 정부로부터 엄청난 지원을 받을 수 있기 때문이다.

패자가 나오지 않기에 게임이 어지간해서는 끝나지 않는다. 그래서 이 게임은 플레이어들이 딱 다섯 바퀴만 돌고 남은 돈의 액수로 승패를 정하도록 설계됐다.

실로 놀라운 발상 아닌가? 어떤 게임에서는 사람들이 삶을 포기하고 감옥에 갇히기를 원하는데, 어떤 게임에서는 아무도 승자와 패자로 구분되지 않는다. 이 결정적인 차이를 만든 원인은 단 하나다. 지주들의 불로소득을 세금으로 걷느냐, 아니면 그냥 놔두느냐다.

헨리 조지는 39살에 「진보와 빈곤」이라는 불멸의 명저를 남겼다. 원고를 마무리한 직후 벅찬 감동에 휩싸인 조지는 무릎을 꿇고 "내가 할 일을 다 했으니 나머지는 주님의 뜻에 달려 있습니다"라며 눈물을 흘렸다고 한다.

하지만 이 대목에서 나는 조지에 동의할 수 없다. 부동산 불로소득을 질타한 그의 경제학은 위대했지만, 나머지가 주님의 뜻에 달려 있지는 않다는 이야기다. 부동산 불로소득에서 해방된 세상, 그 누구도 죽지 않는 세상을 만드는 것은 주님의 몫이 아니라 우리 민중들의 몫이다.

강화된 종합부동산세건, 토지보유세건, 부유세건 어떤 이름도 좋다. 이 부당한 불로소득을 멈춰야 한다. 우리의 의지에 따라 그 세상은 30년 뒤 올 수도 있고, 10년 뒤 올 수도 있다. 어쩌면 바로 내일 그 세상을 만들 수도 있다.

헨리 조지는 "지대는 과거에 대한 도둑질일 뿐만 아니라 현재에 대한 도둑질이며, 미래에 이 세상에 태어나는 어린이들의 타고난 권리를 빼앗는 사악한 절도이다"라고 일갈했다. 매기는 조지의 이 외침이 결코 거짓이 아님을 지주게임이라는 보드게임을 통해 훌륭히 입증했다.

프랑스 사상가 알렉시 드 토크빌(Alexis de Tocqueville)은 "모든 국민은 자신의 수준에 맞는 정부를 갖는다"고 말했다. 냉정하게 말해 참여정부의 종합부동산세가 실패로 돌아간 이유는 참여정부의 실패가 아니라 그 제도를 받아들이지 못했던 국민 모두의 책임이라는 뜻이다. 결국 지대를 타파하고 모두가 빈곤에서 탈피하는 세상을 만들 수 있느냐 여부는 바로 우리들의 의지에 달려 있다.

야니스 바루파키스

자본주의는 민주주의를 삼킬 것이다

야니스 바루파키스
Yanis Varoufakis, 1961~

그리스 아테네에서 태어났다. 영국에서 공부를 하며 마르크스주의자가 된 그는 자유분방한 복장과 거침없는 언행으로 국제 사회에서 주목을 받았다. 바루파키스는 신자유주의로 무장한 트로이카에 극도의 반감을 보인 인물이었다. 트로이카의 긴축재정 요구에 대해 "돈으로 행사하는 물고문"이라거나, "그리스는 빚을 갚을 수 없다고 선언한 뒤 독일에게 가운데 손가락을 들어 올리고 '이제 이 문제는 너희가 해결해라'라고 말해야 한다"는 등의 독설을 퍼부었다. 그리스 급진좌파연합(시리자)의 일원으로 재무부 장관이 됐지만 긴축재정을 받아들이기로 한 정부의 결정에 미련 없이 사임했다. 이후 바루파키스는 긴축 반대와 경제정의를 기치로 내건 정당 'MeRA25'를 창당했고 이 당은 2019년 7월 그리스 총선에서 9석을 얻어 원내에 진입했다.
사진 ⓒOlaf Kosinsky

2015년 7월 6일, 그리스의 국민투표 결과가 발표됐다. 당시 그리스는 심각한 국론 분열을 겪고 있었다. 그리스 정부는 극심한 경제난을 극복하기 위해 트로이카로 불리던 국제통화기금(IMF)과 유럽중앙은행(ECB), 그리고 유럽연합(EU) 집행위원회 등에 구제금융을 요청(이라 쓰고 '구걸'이라 읽는다)한 상태였다.

하지만 그리스 내 진보파 중 일부는 "트로이카로부터 돈을 얻는 순간 그리스의 자주적 경제권이 완전히 무너질 것이다"라고 경고했다. 그도 그럴 것이 IMF는 위기에 처한 나라에 돈을 빌려준 뒤 그 나라의 공공영역을 박살내 빚을 받아내는 것으로 악명 높은 기구였기 때문이다.

게다가 트로이카는 돈을 빌려주는 조건으로 그리스 정부의 강력한 긴축재정을 요구했다. 하지만 그리스의 자주파는 "경제가 겨우 회복 조짐을 보이는 때에 정부의 씀씀이를 줄이면 그리스 경제는 다시 불황에 빠질 것"이라며 반발했다.

국민투표 결과는 구제금융 반대였다. 국민들은 자주파의 손을 들어준 것이었다. 국민투표 직후 떡 벌어진 어깨에 허름한 티셔츠를 걸친 강렬한 눈빛의 남자가 그리스 재무부에 나타났다. 마치 종합격투기 선수라고 해도 믿을 것 같은 이 사내는 쿨한 표정으로 "재무부 장관을 사임한다"고 밝혔다.

그는 정말로 재무부 장관 따위(!)를 그만 두는 일에 미련이 없어보였다. 그는 "나는 그들(신자유주의로 무장한 트로이카)이 만장일치로 나를 증오하는 것을 잘 안다. 그리고 나는 그 증오를 환영한다"는 말로 장관직에 미련이 없음을 분명히 했다. 그가 사임한 것은 트로이카에 맞선 그리스 정부의 협상에 힘을 실어주기 위해서였다. 그리고 그는 강력한 어조로 경고를 남겼다.

"트로이카는 우리의 굴욕을 원했다. 그들은 왜 우리의 은행을 강제로 문 닫도록 했을까? 그것은 바로 국민들에게 공포를 심어주기 위해서다. 그리고 사람들에게 공포를 퍼뜨리는 것을 나는 '테러리즘'이라고 부른다."

이 인물이 바로 민주주의와 자본주의 관계를 논할 때 가장 많이 인용되는 그리스의 좌파 경제학자 야니스 바루파키스다. 그리스 경제의 구원투수로 기대를 모으며 재무부 장관을 맡았지만, 그를 극도로 혐오했던 트로이카의 공세 탓에 그의 재임기간은 반년(2015년 1월 27일~2015년 7월 6일)을 채우지 못했다. 그리고 그가 사임한 이후 그리스 정부는 트로이카의 구제금융을 받아들였다. 국민투표의 결과와 바루파키스의 희생에도 불구하고 그리스 정부는 결국 트로이카에 '항복'했다.

자본주의의 위선을 파헤치다

바루파키스는 저서 「작은 자본론」에서 자본주의의 폐해와 모순을 거침없이 파헤쳤다. 딸에게 이야기를 들려주듯 다정한 말투로 적었지만 그의 글에는 기만으로 가득 찬 자본주의에 대한 시퍼런 날이 서 있었다.

그의 놀라운 통찰 중 하나를 살펴보자. 우리는 어렸을 때부터 이런 이야기를 종종 듣고 살아왔다. 왜 아프리카나 동남아시아 국가들은 못 살까? 반면에 왜 유럽 국가들은 잘 살까?

이에 대해 백인 우월주의자들은 기후가 인종의 능력에 영향을 미친다고 믿는다. 경제적으로 어려운 나라 대부분은 열대지방에 분포돼있다. 반면 어깨 좀 펴고 사는 나라들은 대부분 온대지방, 즉 4계절이 뚜렷한 지역에 퍼져 있다.

그래서 이른바 기후의 영향력을 믿는 학자들은 "먹을 것이 풍부한 열대지방의 인종들은 게을러지고 뇌가 퇴화한 반면, 온대지방 백인들은 부지런해야 겨울을 날 수 있기에 노력을 기울였고 그 덕에 뇌가 발달했다"고 믿는다.

하지만 바루파키스는 이런 백인들의 위선을 통렬히 논박한다. 기후가 영향을 미친 것은 맞지만, 영향의 내용은 전혀 다른 것이었다는 이야기다. 바루파키스는 온대지방 국가들이 강성해진 것은 그들이 무기를 만들었기 때문이고, 그들이 무기를 만든 이유는 잉여 농산물의 필요 때문이었다고 설파한다. 그의 이야기를 들어보자.

영국인들은 왜 오스트레일리아에 쳐들어갔고, 애버리지니(20세기 초 영국인들에게 몰살을 당한 오스트레일리아의 원주민)는 왜 영국에 쳐들어가지 않았을까? 어떻게 흑인들이 사는 아프리카나 오스트레일리아에서는 강대국이 하나도 생겨나지 못했을까? 유전자 문제일까? 당연히 아니다!

맨 처음에 잉여 생산물이 있었다. 잉여 농산물이 없었다면 군대, 전제국가, 글자, 기술, 화약, 대형선박 등이 발전할 이유도 없었을 것이다. 그리고 농경은 오스트레일리아의 애버리지니와 같이 비농경 사회의 주민을 학살할 수 있는 생화학 무기까지 만들었다.

한편 먹을거리가 부족한 적이 없던 애버리지니에서는 3~4백 만 명의 사람들이 자연과 멋진 조화를 이루며 살았고, 유럽 크기의 대륙에서 무제한으로 식물과 동물을 얻을 수 있었기 때문에, 농경기술을 발명하고 잉여생산물을 만들어 낼 이유가 조금도 없었다. 오늘날 우리는 애버리지니가 엄청난 문화적 가치를 지닌 시와 음악, 신화를 보유하고 있음을 알고 있다. 그러나 다른 민족을 공격하거나 자신을 방어할 수

단은 갖고 있지 않았다.

바루파키스의 이야기처럼 풍요로움을 기반으로 평화롭게 살던 아프리카나 오스트레일리아 대륙의 원주민들은 남을 죽이면서까지 무언가를 빼앗을 이유가 없었다. 기후는 어떤 인종을 우월하게 만들고 어떤 인종을 열등하게 만든 것이 아니었다. 어떤 인종을 폭력적으로 만들고 어떤 인종을 평화롭게 만들었을 뿐이다. 우리가 근대국가의 징표라고 믿는 수많은 기술들은 사실 탐욕을 충족시켜주기 위한 기술, 혹은 착취를 위한 기술이었다는 이야기다.

자본주의는 민주주의를 파괴한다

바루파키스는 민주주의와 자본주의의 상관관계에 대해서도 뛰어난 연구 업적을 남겼다. 그는 근본적으로 자본주의라는 경제 시스템과 민주주의라는 정치 시스템이 상극의 관계에 있다는 사실을 파헤쳤다.

예를 들어보자. 민주주의는 천부인권 사상을 원칙으로 한다. 그래서 모든 국민에게 동일하게 한 표의 권리를 부여하는 보통선거 제도가 확립돼 있다. 민주주의의 이 원칙을 '1인1표제'라고 부른다.

하지만 자본주의가 그런가? 주주총회장에서 투표권은 모두에게 동일하게 주어지지 않는다. 한 장의 주식에 한 표의 권리가 주어진다. 9조 원의 재산이 있는 이재용에게는 9조 원어치의 투표권이, 땡전 한 푼 없는 민중들에게는 0표의 투표권이 부여된다. 1인1표제와 대립되는 이런 제도를 '1원1표제'라고 부른다.

당연히 1인1표제와 1원1표제는 어울릴 수 없다. 그래서 1원1표제를 믿는 자들은 민주주의를 혐오한다. 부자들이 더 많은 권한을 행사하는 것이 당연하다고 믿는다. 이처럼 자본주의라는 경제 시스템과 민주주의라는 정치 시스템은 철학부터 다르다.

자본주의라는 경제시스템을 그냥 놔둔 상태에서 민주주의를 발전시키는 게 가능한가? 절대 그렇지 않다. 1원1표제를 지지하는 자본가들은 정치에서도 자신들이 더 큰 영향력을 가져야 한다고 믿기 때문이다. 서구 사회에서 일반화된 자본의 로비, 한국 사회에서 압도적 힘을 가진 재벌들의 정치적 영향력을 생각해보면 금방 이해가 된다. 그들은 이미 돈의 힘으로 민주주의를 오래 전에 무너뜨렸다.

그래서 바루파키스는 "자본주의로부터 민주주의를 지켜야 한다"고 주장한다. 자본주의가 지속되는 한 1원1표제에 의해 모든 권력은 자본가에게 집중될 것이다. 그들은 1원1표제가 판치는 경제 시스템을 통해 민주주의를 파괴할 것이다.

이런 이유로 바루파키스는 경제적 영역에도 민주주의를 과감히 도입하자고 주장한다. 1원1표제가 아닌 1인1표제가 경제 시스템에도 적용이 돼야 자본가들의 탐욕을 제어할 수 있기 때문이다.

물론 민주주의가 완벽한 제도는 아니지만, 우리가 선택할 수 있는 최선의 길임에는 의심의 여지가 없다. "자본주의가 삼키고 있는 민주주의를 구해야 한다. 그 유일한 방법은 우리가 나서서 투쟁하는 것이다"라는 바루파키스의 주장을 귀담아 들어야 하는 이유가 여기에 있다.

장 지글러

굶주림,
그 처참함을 극복하기 위한 뜨거운 외침

장 지글러
Jean Ziegler, 1934~

스위스 중부의 휴양도시 툰(Thun)에서 태어났다. 베른 대학과 제네바 대학에서 법학과 사회학 박사 학위를 받았다. 지글러는 쿠바 혁명을 이끈 체 게바라(Che Guevara)를 열렬히 지지한 인물이기도 했다. 1964년 게바라가 제네바를 방문했을 때 지글러는 그를 위해 손수 운전대를 잡기도 했다. 1963년 사회민주당 소속 제네바 시의회 의원으로, 1981년 스위스 연방의회 의원으로 각각 당선됐다. 2000년부터 2008년까지 UN 인권위원회 소속 최초의 식량특별조사관으로 임명돼 전 세계를 돌아다니며 기아의 실태를 파악했다. 지글러는 실천적 사회학자로서 스위스 은행에 검은 돈을 맡기는 전 세계 독재자 및 범죄자들과도 오랜 투쟁을 벌였다. 이 때문에 지글러는 스위스 극우파에게 종종 살해 위협을 받기도 했다.
사진 ⓒRudi Handl

세계를 지배하는 사악한 악마가 있다. 이 악마는 스산한 광기를 내뿜으며 사람들을 공격한다. 그것도 열 살이 채 안 된 어린이들만을 집중적으로 말이다.

악마가 휩쓸고 간 자리에는 시체들이 널브러진다. 아직 자신의 꿈을 채 피워보지도 못한 순진한 어린이들이 악마의 공격을 받고 쓰러진다. 째깍 째깍 째깍 째깍 째깍…. 잔인한 악마는 정확히 5초에 한 명씩 어린이들의 목숨을 앗아간다. 지금 이 글을 읽고 있는 독자분들. 혹시 글을 읽으면서 5초가 지나갔다면 조금 전, 또 한 명의 소중한 어린이가 악마에게 목숨을 잃었다.

이 악마의 이름은 '영양실조'다. 영양실조는 순전히 먹지 못해 생기는 병이다. 한국처럼 부유한 나라에서 태어난 우리는 상상도 못하지만, 세계에는 단지 먹을 것이 없다는 이유로 이 몹쓸 병에 걸린 사람들이 무려 8억 5,000만 명이나 된다.

숫자를 잘 봐주기를 부탁드린다. 85명이 아니다. 850명도 아니다. 8,500명도 아니다. 인류의 10%가 넘는 숫자, 무려 8억 5,000만 명이다. 그리고 이 영양실조 탓에 10살이 채 안 된 어린이들이 5초에 한 명씩 죽는다. 교통사고로 죽는 것도, 암에 걸려 죽는 것도 아니다. 단지 먹을 것이 없어 굶어 죽는 것이다.

굶어 죽는 모습을 상상해 본 적이 있는가? 장담하는데 그것은 세상에서 가장 천천히 진행되는 가장 고통스러운 죽음이다. 단지 먹기만 하면 살 수 있는데 그 간단한 해결책이 없어서 사람이 죽어간다.

인류를 굶겨 죽이는 것은 투기 자본이다

2015년 반기문 사무총장이 이끌던 국제연합(UN)은 '어젠다 2030'을 UN의 새로운 목표로 제시했다. 2030년까지 지구에서 굶어 죽는 사람이 없도록 만들겠다는 계획이었다. 어젠다 2030이 이전까지의 계획과 달랐던 점은 UN이 '기아를 줄이는 것'이 아니라 '기아를 완전히 없애는 것', 즉 기아의 완전한 종식을 목표로 삼았다는 점이었다.

반기문 전 UN사무총장

하지만 스위스의 사회학자이자 UN 인권위원회 식량특별조사관으로 활동했던 장 지글러는 이 계획에 전혀 동의하지 않았다. 지글러는 "29쪽에 이르는 문서 어디에도 기아를 종식시키기 위한 효과가 있는 구체적 방책을 찾아볼 수 없다"고 비판했다. 실제 UN의 계획은 완전한 실패로 돌아갔다. 기아의 완전한 종식은커녕 최근 3년 사이 굶주림으로 목숨을 잃는 이들의 숫자는 되레 늘고 있다.

이유가 뭘까? 지글러는 UN이 헛다리를 짚고 있다고 주장한다. 이 문제는 "굶어 죽는 사람을 살리자"는 호소로 해결되지 않는다. 지글러는 문제 해결을 위해 가장 먼저 곡물을 대상으로 하는 금융자본의 투기를 막아야 한다고 목소리를 높인다.

주류경제학자들은 상품의 가격이 시장에서 수요와 공급에 의해 결정된다고 주장한다. 그렇다면 곡물 가격도 당연히 곡물을 필요로 하는 수요와, 그 곡물을 공급하는 생산자 사이에서 결정돼야 한다.

하지만 현실은 다르다. 국제 곡물 가격은 곡물시장이 아니라 시카고 곡물 거래소라는 금융시장에서 결정된다. 그리고 이 금융상품의 가격은 '곡물의 수요'가 아니라 '펀드매니저의 수요'에 의해 정해진다. 즉 펀드매니저들이 곡물 금융상품을 더 많이 사겠다고 나서면 곡물 가격이 상승한다는 이야기다. 곡물을 정말로 필요로 하는 사람들의 수요와는 아무 상관이 없이 말이다!

2008년 세계 곡물 파동이 벌어졌다. 당시 옥수수 가격은 1년 만에 31%, 쌀은 74%, 대두는 87%, 밀은 130%나 올랐다. 도대체 왜? 혹시 기록적인 대흉년으로 곡물 공급이 급감했거나, 기록적인 인구 증가로 곡물 수요가 급증한 것일까?

천만의 말씀이다. 그 해에는 기록적인 흉년도 없었고, 기록적인 인구 증가도 없었다. 경제학자들은 고작해야 "인도와 중국의 경제가 발전해서 중산층이 늘어나 곡물 수요가 급증했다"는 한심한 분석만 내 놓았다.

이것도 웃기는 이야기다. 인도와 중국 중산층이 2008년에만 급증했다는 게 말이 되나? 본질을 비켜가니 이런 코미디 같은 분석이 나온다. 그렇다면 진실은 무엇일까? 지글러의 이야기를 들어보자.

> 농업 원자재에 대한 투기가 수백만 명을 기아의 나락으로 떨어뜨렸다. 2008년 프랑크푸르트, 도쿄, 런던의 거래소는 폭락했다. 금융위기 탓에 수천 억 달러가 증발한 것이다.
>
> 그 결과는? 대규모 투기 세력은 증권거래소를 떠나 농업 원자재 거래소로 몰려들었다. 이 거래소들 가운데 가장 규모가 큰 곳은 시카고 거래소다. 완벽하게 합법적인 수단을 통해서 전 세계의 포식자들은 오늘날 쌀, 밀, 옥수수, 콩, 완두 등을 투기 대상으로 삼을 수 있었으며, 그 결과 천문학적 이득을 얻는다. 경제학자 하이너 플라스벡은 2008년 1/4분기 곡물 가격 상승분에서 투기자본이 가져간 이익이 차지하는 비중이 37%에 이른다는 내용의 보고서를 발표했다.

금융자본의 투기로 곡물 가격이 급등했고, 곡물 가격이 급등하니 곡물 시장을 쥐락펴락하는 곡물 회사들도 떼돈을 벌었다. 전 세계 곡물시장의 75%를 장악한 5대 곡물 메이저, 즉 카길, ADM, 루이드레퓌스, 붕게, 앙드레 등 5개 회사의 식량 파동 당시 이익은 전년에 비해 무려 40% 이상 늘어났다.

헤지펀드의 농경지 약탈

기아의 또 다른 본질적 이유는 헤지펀드들의 남반구 농경지 약탈이다. 지금 지구에서 생산되는 곡물의 4분의 1을 먹는 것은 사람이 아니라 소다. 영양실조에 걸린 사람이 무려 8억 5,000만 명이나 있는데도 말이다.

왜냐고? 옥수수를 소에게 먹인 뒤 그 소고기로 햄버거 패티를 만들어 팔면 돈을 벌 수 있지만, 옥수수를 아프리카 난민들에게 팔면 돈을 별로 못 벌기 때문이다. 패스트푸드 회사들이 아프리카 빈민들보다 훨씬 더 비싼 가격에 옥수수를 사 줄 능력이 있다는 이야기다.

2007년부터 시작된 바이오 연료 열풍도 곡물 파동의 한 원인이었다. 옥수수에서 나오는 전분을 이용하면 에탄올이라는 물질을 만들 수 있다. 이 에탄올을 가공해 연료로 만들면 석유나 석탄에 비해 훨씬 친환경적이라는 주장이 제기됐다.

이때부터 수많은 대기업들이 바이오 연료를 개발하기 위해 아프리카에서 옥수수를 재배하기 시작했다. 헤지펀드들이 여기에 돈을 대기 시작하면서 남반구의 농토는 사람이 먹을 곡물이 아니라 자동차에 넣을 연료를 생산하는 곳으로 탈바꿈했다. 지글러는 이런 현실에 대해 다음과 같이 폭로한다.

스위스 로잔에 본사를 둔 다국적 기업 아닥스 바이오에너지(Adax-Bioenergy)는 최근 세계 최빈국인 시에라리온에서 2만 헥타르의 땅을 매입했다. 이 회사는 그 땅에 바이오에탄올 제조에 쓰이는 사탕수수를 심을 예정이다.

이같은 약탈에 필요한 대금을 지원하는 세계은행이나 유럽투자은행, 아프리카개발은행의 논리는 한마디로 사악하기 그지없다. 아프리카 농부들의 생산성이 너무도 낮으므로 그 땅을 가장 효과적으로 이용할 수 있는 '생산자들'에게 맡기는 편이 낫다는 것이다.

로잔에 근거지를 둔 약탈자들이 차지한 땅은 아프리카 농부들, 특히 벼농사를 짓는 수천 가구의 삶의 터전이었다. 아닥스는 한껏 너그러움을 과시한다. 제한적인 수에 불과하겠지만 그래도 이들 농부들의 자식들에게 "일자리를 제공하겠다"는 것이다. 이들이 약속한 급여는 일당 1만 레온, 다시 말해서 1.8유로에 불과하다.

결국 인류의 10% 이상이 굶주림에 시달리는 현실의 원인은 자본의 탐욕 탓이었다. 금융자본과 곡물자본이 희희낙락하며 벌어들인 돈은 그냥 돈이 아니라 수억 명에 이르는 민중들의 목숨 값이다. 사람을 굶겨 죽여 놓고 그 굶주림을 이용해 돈을 버는 자들, 이들을 기업이라 불러야 하나? 살인마라고 불러야 하나?

자본의 폭주를 멈춰야 한다. 적어도 사람의 목숨을 돈벌이에 사용하지 말아야 한다. 그래서 지글러는 이 고통을 더 이상 두고 봐서는 안 된다고 호소한다. 지글러는 자신의 책 「왜 세계의 절반은 굶주리는가」의 2011년 개정판 서문을 이렇게 맺었다.

"우리가 세상을 바꾸지 않는다면 아무도 그 일을 하지 않을 것이다."

에스테르 뒤플로

역대급 파격, 노벨경제학상이 빈곤의 현장에 눈을 돌리다

에스테르 뒤플로
Esther Duflo, 1972~

1972년 프랑스 파리에서 소아과 의사 집안의 딸로 태어났다. 1999년 미국 MIT 대학교에서 경제학을 공부하면서 2019년 노벨상 공동 수상자이자 남편인 아비지트 바네르지(Abhijit Banerjee, 1961~)를 스승으로 만났다. 2002년 뒤플로는 29세의 나이에 MIT대학교 종신교수직에 올랐는데 이는 MIT 역사상 최연소 기록이었다. 2003년 남편 바네르지와 함께 빈곤연구소를 설립하고 본격적으로 빈곤에 대한 다양한 실험에 들어갔다. 빈곤에 관한 탁월한 연구로 2010년 예비 노벨상이라 불리는 존 베이츠 클라크 메달을 수상하며 '미래의 노벨경제학상 수상자'로 떠올랐다. 2011년 4월 남편과 함께 「빈곤경제학(Poor Economics)」(국내에서 이 책은 「가난한 사람이 더 합리적이다」라는 다소 이상한 제목으로 출간됐다)이라는 책을 출간했다. 빈곤에 대한 뛰어난 연구로 아시아인으로는 최초로 노벨경제학상을 받은 인도의 경제학자 아마르티아 센(Amartya Sen)은 이 책에 대해 "경이로운 두 경제학자가 진짜 가난을 파헤친 놀라운 통찰로 가득 찬 책"이라고 격찬했다.

사진 ©Kris Krug

노벨경제학상에게는 '만수무강 상', 혹은 '무병장수 상'이라는 별명이 있다. 어지간해서는 젊은 학자에게 눈길을 주지 않는 이 상의 고령 학자 선호 성향을 꼬집은 말이다. 실제 상이 만들어진 이후 수상자 대부분의 나이는 70대였다.

2018년까지 최연소 수상자는 케네스 애로(Kenneth Joseph Arrow, 1972년 수상, 당시 51세)였는데 이는 노벨경제학상이 만들어진 초창기(노벨경제학상은 1969년 제정됨) 때 일이다. 이후 이 상의 고령 선호 현상은 나날이 심해져서 지난해까지 수상자의 평균 연령은 무려 67세가 넘었다. 다른 분야 노벨상 수상자 평균 연령이 59세임을 감안하면 '만수무강 상'이라는 별명이 어색하지 않다.

그런데 2019년 놀라운 일이 벌어졌다. 3명의 공동 수상자 중 제일 앞에 이름을 올린 에스테르 뒤플로가 47세의 나이로 상을 거머쥔 것이다. 게다가 공동 수상자이자 뒤플로의 남편인 아비지트 바네르지와 마이클 크레머(Michael Kremer, 1964~)도 모두 50대다. 실로 파격적인 수상이 아닐 수 없었다.

2019년 노벨경제학상 수상자들. 왼쪽부터 바네르지, 뒤플로, 크레머.

파격은 또 있다. 뒤플로는 노벨경제학상 역사상 두 번째 여성 수상자다. 백인, 남자, 미국이라는 세 가지 기준으로 설명됐던 노벨경제학상은 여성에게 유난히 인색했다. 최초의 여성 수상자인 엘리너 오스트롬(Elinor Ostrom, 1933~)이 2009년에야 수상자 명단에 이름을 올렸을 정도다. 심지어 오스트롬은 경제학자가 아니라 정치학자였다. 그래서 뒤플로는 여성 경제학자로서 처음으로 수상의 영광을 안았다.

아내 뒤플로에 비해 덜 하지만 남편 바네르지의 수상도 파격적이다. 그는 유색인종 출신으로는 세 번째, 아시아 출신으로는 두 번째로 수상자 명단에 이름을 올렸다. 바네르지의 국적은 미국이지만, 그는 인도에서 태어났다.

부부가 노벨경제학상을 함께 수상한 것도 처음이다. 그 동안은 공동 수상은 물론, 시차를 두고도 부부가 경제학상을 받은 사례가 없었다. 다만 부부가 각각 다른 분야에서 상을 받은 경우는 다섯 번 있었다.

노벨경제학상이 왜 이런 파격을 선택했을까? 내막은 알 수 없지만 그만큼 세 명의 업적이 탁월했기 때문일 것이다. 뒤플로를 비롯한 세 명은 빈곤 분야 연구에서 '실험경제학'이라는 새로운 분야를 개척한 인물들이다.

그들은 책상머리에서 숫자로 가난을 논하는 탁상공론에서 벗어나, 가난한 민중들의 삶 속에서 해답을 찾으려 했다. 50주년을 맞은 노벨경제학상 수상자 중 2019년 수상자들은 가난한 민중들 옆에 가장 가까이 있었던 경제학자들로 기억될지도 모른다.

가난에 대한 논쟁들

빈곤을 연구하는 경제학자들 사이에서는 "원조가 빈곤 해소에 도움이 되느냐?"는 주제로 격론이 벌어진다. 아프리카를 대표하는 경제학자 담비사 모요(Dambisa

Moyo)나 우파 경제학 관점에서 빈곤을 연구한 윌리엄 이스털리(William Easterly) 등은 "원조는 아무 짝에도 쓸모없다"고 주장하는 학자들이다.

심지어 모요는 "원조를 줄여 5년 내에 완전히 끊어야 한다"는 극단적인 발언도 한 적이 있다. 원조를 해봐야 부패한 독재자들의 살만 찌우고, 아프리카 국가의 경제적 자립성도 떨어지기 때문이라는 논리다.

반면 모요의 스승인 제프리 삭스(Jeffrey Sachs)는 "모요와 이스털리의 주장은 과장됐고, 현실적이지도 않다. 원조가 없다면 지금 당장 수억 명의 목숨이 위태로워질 것"이라고 반론한다. 이것이 바로 경제학계에서 매우 유명한 '삭스-이스털리 빈곤 논쟁'이다.

이들의 논쟁은 이런 식이다. 아프리카의 가난한 민중들은 말라리아에 걸려서 많이 죽는다. 말라리아는 모기에 물려서 걸리는 질병이다. 그렇다면 민중들이 모기장을 많이 사용하도록 해야 한다.

그런데 원조에 반대하는 이스털리나 모요 등은 모기장을 공짜로 나눠주면 오히려 역효과가 난다고 주장한다. 사람들은 공짜 물건의 소중함을 모르기 때문에 모기장을 집구석에 처박아 놓는다. 게다가 무한정 제공되는 공짜 모기장은 모기 침투를 막는 데 쓰이는 게 아니라 물고기 잡는 그물로 쓰이거나 암시장에서 판매되기도 한다.

반면 삭스는 "그럴수록 더 무료로 나눠줘야 한다"고 주장한다. 많이 나눠줄수록 그중 일부라도 모기장을 설치하기 때문이다. 또 모기장을 그물로 쓴다는 이유로 유료화하면 굶주린 민중들은 돈이 생겼을 때 모기장이 아니라 먹을 것부터 살 수밖에 없다.

이런 논쟁도 있다. 가난한 사람들은 보통 아이를 많이 낳는다. 그렇다면 많은 자녀를 갖는 것이 빈곤에 어떤 영향을 미칠까? 1992년 노벨경제학상을 받은 게리 베커

(Gary Becker)는 "자녀가 많을수록 더 가난해진다"고 주장한다. 가정에서 쓸 수 있는 예산은 한정돼있는데, 자식이 많으면 교육 예산이 여러 자식에게 분산되기 때문이다.

반면 자식이 한 명이면, 교육 예산이 그 한 명에게 집중돼 교육 수준이 높아지고 가난에서 벗어날 확률도 높아진다. 베커의 이 논리는 꽤 많은 빈곤국으로부터 지지를 받아 여러 정부가 산아제한이나 가족계획 정책을 펼치는 근거가 됐다.

알윈 영(Alwyn Young)이라는 영국 경제학자는 "아프리카에 에이즈가 창궐할수록 경제발전에 도움이 된다"는 극단적 주장까지 펼쳤다. 에이즈로 인구가 감소하면 여러 명이 나눠받을 교육을 소수에게 집중할 수 있어서 인재가 더 많이 양산된다는 주장이었다.

탁상공론이 아니라 현장에서 답을 찾자

그런데 이 말의 옳고 그름을 떠나 이들의 논쟁을 보고 있노라면 한 가지 궁금증이 떠나지 않는다. "모기장을 원조하면 그물로 쓰인다고? 자식이 많으면 교육수준이 떨어진다고? 진짜로 그런지 확인해 봤어?"라는 궁금증이다.

그들 중 누군가는 "모기장이 그물로 쓰이는 걸 내 눈으로 봤어"라고 주장할 수 있다. 실제 모기장이 그물로 쓰이는 사진도 있다. 하지만 몇 건의 케이스 말고 진짜로 그렇다는 의미 있는 통계가 있냐는 거다. 모기장을 무상으로 나눠주면 도대체 몇 퍼센트가 모기장을 그물로 쓰는지, 또 모기장을 유료화하면 사용 빈도가 어떻게 변화하는지 직접 확인해 봐야 문제가 해결이 된다.

"자식이 많으면 교육수준이 떨어진다"는 주장도 마찬가지다. 그럴 거라는 상상 말고 진짜로 그런지 확인을 해봐야 한다. 도대체 자식 몇 명부터 교육수준이 떨어지는

지, 한 명을 낳은 집안의 교육수준은 얼마나 올라가는지, 심지어 두 변수 사이에 상관관계가 있기는 한지 등도 직접 조사하지 않으면 알 수 없는 일이다.

경제학에서 벌어지는 많은 논쟁들은 현장이 아니라 책상머리에서 이뤄진다. 주류경제학이 그런 학문 아닌가? 주류경제학은 "인간은 이기적 존재다"라는 명제 하나로 무려 200년을 버텨왔다.

그런데 진짜로 그런가? 실험을 해보면 인간은 이기적일 때도 있지만 이타적일 때도 있고 협동적일 때도 있다. 사람들 사이에 섞여 현장을 누비며 연구를 해보면, 책상머리에서 떠든 연구들은 와르르 무너지기 일쑤다.

뒤플로와 공동 수상자들이 개척한 분야가 바로 이것이다. 원조가 도움이 되네 안 되네, 책상머리에서 아는 척 하지 말고 빈곤층을 직접 찾아 실험을 해보는 것이다. 그래서 뒤플로 팀은 전 세계 수백 곳의 빈곤층을 찾아 그곳에서 직접 실험을 감행했다. 그리고 이 현장 중심의 연구는 실로 많은 문제를 해결해 냈다.

예를 들어 모기장 문제는 이렇다. 직접 수십 곳의 빈곤층 마을에 모기장을 공짜로도 나눠주고, 돈을 받고 팔기도 하고, 10% 할인 쿠폰을 주기도 한 뒤 사용률을 조사하는 것이다. 이렇게 직접 해보면 석학들의 책상머리 논쟁은 너무나 허무하게 결론이 난다. 실험 결과 최선의 방법은 모기장을 무료로 나눠주는 것이다. 다만 그냥 나눠주지 말고 모기장의 사용법을 충실히 설명한 뒤 나눠주면 모기장 사용률이 극대화된다.

빈곤층이 자식을 많이 낳으면 더 빈곤해질까? 이것도 현장에 가서 조사를 해보면 답이 나온다. 현장에서 집계해보면 자녀 숫자와 교육 수준은 아무 상관관계가 없다. 가난한 나라 정부들이 경제학자들의 책상머리 상상력을 믿고 산아제한 계획을 열심히 추진한 것은 쓸데없는 짓이었다는 이야기다.

예방접종을 무료로 할 것이냐, 유료로 할 것이냐 문제도 직접 가서 해 보면 진실이 드러난다. 무료로 할 때와 유료로 할 때의 접종률 차이를 집계하는 것이다. 민중들 속에서 실험을 한 결과 무료로 하면서 접종자에게 콩 1kg을 보상으로 나눠줄 때 접종률이 가장 높았다. 당연히 빈곤층의 생존율도 비약적으로 높아진다.

그래서 뒤플로는 이야기한다. "가난에 대한 거대한 이야기를 그만 두고 현장으로 들어가자"고 말이다. 가난을 해결하려면 가난의 한복판에서 진실을 찾아야 한다. 경제학의 시선은 숫자가 아니라 사람 그 자체에 꽂혀 있어야 한다. 숫자는 문제를 해결하는 도구이지 그 자체가 진리가 아니라는 이야기다.

뒤플로 부부는 저서 「가난한 사람이 더 합리적이다」의 말미에 이런 말을 남긴다.

가난은 수천 년 동안 줄곧 우리 곁에 있었다. 50년, 100년을 기다려야 가난의 뿌리를 뽑을 수 있다면 기다릴 수밖에 없지만, 적어도 우리에게는 실행 가능한 방법이 있다. 당장 해결할 수 있을 것처럼 허세를 부리지 말고, 좋은 의도를 품은 세계 전역의 수백만 명과 함께 크고 작은 아이디어를 무궁무진 개발하자. 그러한 아이디어가 99센트로 하루를 살아야 하는 사람이 단 한 명도 없는 세계로 우리를 이끌 것이다.

우리는 가난에 대해 함부로 아는 척 하는 짓을 멈춰야 한다. 고급 자동차 타고 호화찬란한 호텔 학회에서 숫자 몇 개 발표하면서 마치 경제학이 이 문제를 풀 수 있다는 식으로 말하는 허세도 버려야 한다. 지금 우리가 해야 할 일은 진심으로 그들 속으로 들어가서 살피고, 지금 할 수 있는 일부터 바로 시작하는 것이다.

2019년 50주년을 맞아 노벨경제학상이 모처럼 감동적인 선택을 했다. 이 일을 계기로 인류 사회가 가난에 대해 보다 진심을 다한 해결책을 찾는 일에 힘을 모으기를 바란다. 뒤플로에게 영광과 축하를!

VI부

시간

과거는 우리의 생각만큼 아름답지 않다 - 므두셀라 증후군

우리의 미래는 상상보다 훨씬 아름다울 것이다 - 역사의 종말 환상

과거는 우리의 생각만큼 아름답지 않다

므두셀라 증후군

이제 「경제의 속살」 3권과 4권의 긴 여정이 끝나간다. 마지막으로 시간에 대한 두 꼭지의 이야기를 나누면서 부족한 책을 마무리하고자 한다. 먼저 과거에 대한 이야기다.

경영학과 소비자심리학에는 므두셀라 증후군(Methuselah Syndrome)이라는 이론이 있다. 인간은 과거를 아름답게 기억하며, 특히 좋은 기억만 머리에 남기려는 심리가 있다는 뜻이다.

므두셀라는 구약성서에 나오는 인물이다. 노아의 방주에 관한 이야기는 한번은 들어보셨을 것이다. 노아(Noah)는 하나님의 명령으로 거대한 방주를 만들었던 그 인물이다. 그리고 므두셀라는 그 노아의 할아버지다.

기독교인이 아니어도 므두셀라라는 이름을 들어봤을 수 있다. 서영춘, 임희춘 두 코미디언이 남긴 전설의 코미디에 므두셀라가 등장하기 때문이다.

손이 귀한 집에서 5대 독자를 얻었다. 부모는 그 아이가 장수했으면 하는 바람으로 작명소에서 장수(長壽)와 관련된 모든 단어를 붙인 엄청나게 긴 이름을 짓는다. '김 수

한무, 거북이와 두루미, 삼천갑자 동방삭, 치치카포 사리사리센터, 워리워리 세브리깡, 므두셀라 구름이, 허리케인에 담벼락, 담벼락에 서생원, 서생원에 고양이, 고양이엔 바둑이, 바둑이는 돌돌이'가 바로 그 전설의 이름이다.

이 이름에 등장하는 동방삭(東方朔)은 삼천갑자, 즉 18만 년을 살았다는 전설의 인물이다. 동방삭이 동양을 대표하는 장수 인물이었다면, 므두셀라는 서양을 대표하는 장수인이었다. 성경에 따르면 므두셀라는 무려 969년을 살았다.

그 므두셀라는 나이가 들수록 "과거가 좋았지. 요즘은 별로야"라며 과거를 미화했다고 한다. 그래서 과거를 미화하는 사람의 심리를 므두셀라 증후군이라고 부른다. 이 이론은 '장밋빛 회고 이론' 혹은 '좋았던 옛날의 오류'로 불리기도 한다.

복고(復古) 마케팅이 먹히는 이유

경영학에서는 사람들의 이런 심리를 복고(復古) 마케팅, 즉 옛날 물건 팔아먹는 데에 이용한다. 드라마 〈응답하라〉 시리즈나 〈무한도전〉의 '토토가, 토요일 토요일은 가수다' 같은 프로그램이 인기를 끈 이유가 그것이다. 우리는 그 프로그램을 보면서 과거를 즐겁게 추억하고, 그에 관련된 상품을 대량으로 구매한다. 자본은 이런 식으로 과거와 관련된 추억을 자극하며 물건을 판다.

1997년 워싱턴 대학교 심리학과 테런스 미첼(Terence Mitchell) 교수는 휴가에 관한 흥미로운 실험을 한 적이 있었다. 미첼 교수는 휴가를 가는 사람들을 모아 ①휴가 가기 전, ②휴가 도중, ③휴가 한참 후 등 모두 세 번에 걸쳐 인터뷰를 실시했다.

휴가 가기 전의 인터뷰에서는 대부분 사람들이 설레는 기대를 표시한다. 하지만 휴가 도중에는 대부분 사람들이 휴가에 엄청 실망한다. 휴가라는 게 사실 엄청 피곤한 거다. 생소한 숙소에 벌레가 등장하고, 음식도 입에 안 맞으면 휴가 내내 '내가 왜 집을 떠나서 이 고생이야'라며 후회를 한다.

문제는 휴가 한참 후의 인터뷰에서 벌어진다. 휴가 도중에는 실망감을 표시했던 사람들조차 휴가 한참 후에는 태도를 돌변해 "그때 휴가 너무 좋았어요"라며 행복한 표정을 짓는 것이다. 이것 역시 과거를 아름답게 추억하는 므두셀라 증후군이다.

왜 사람들은 이처럼 과거를 아름답게 기억할까? 우리의 뇌는 기억을 저장하는 장치다. 당연히 뇌는 기억을 오래 간직하려 한다. 그게 뇌의 본능이다.

그런데 그 기억이 무척 불쾌한 것이라면 어느 뇌가 그걸 오래 간직하고 싶겠나? 그래서 뇌는 나쁜 기억을 빨리 지워버린다. 그래야 좋은 기억을 오래 저장할 맛이 나기 때문이다.

생각해보자. 나도 〈응답하라 1988〉을 열 번 이상 본 열혈 시청자다. 그런데 냉정히 말하면 그 드라마는 너무 과거를 미화했다. 1988년이 진짜 그렇게 아름다웠을까? 1988년은 1987년 그 뜨거웠던 민주화 투쟁의 성과를 노태우가 냉큼 가로채 대통령이 된 해다. 역사적으로 보면 사실 가장 기분이 더러웠던 시기 중 하나 아닌가?

하지만 우리의 뇌는 1988년 기억 중 아름다운 것들만 추억으로 남겨둔다. 드라마를 만든 쪽은 이를 이용해 그 시대를 더 아름답게 묘사한다. 그래야 드라마가 더 잘 팔리기 때문이다.

므두셀라 증후군의 또 다른 이유가 있다. 캐나다 워털루 대학교 심리학과 리처드 아이바흐(Richard Eibach) 교수에 따르면 사실 변한 것은 세상이 아니라 자기 자신인데, 사람들이 그걸 모른다는 것이다.

나이 지긋하신 분들이 자주 하는 이야기 중에 "요즘 젊은이들은 버릇이 없어"라는 것이 있다. 이는 고대 로마 시대 때부터 지금까지 변치 않았던 레퍼토리 중 하나다.

그런데 그 말을 하는 어르신들은 젊었을 때 매우 예의가 바르고 버릇이 있었을까? 사실 그럴 수가 없는 거다. 청소년기는 원래 질풍노도의 시기다. 욕도 하고, 몰래 술도 마시고, 주먹질도 하고, 그렇게 사는 때가 청소년기다.

하지만 나이가 들면서 사람은 변한다. 사회생활을 하다 보니 삶의 이치를 깨닫는다. 자연히 욕도 덜하게 되고, 주먹질도 삼간다.

그런데 이렇게 자신이 변한 상태에서 요즘 젊은이들을 보면? 어라, 이것들이 욕도 하고 주먹질도 한다. 너무 버릇이 없는 거다! 이러니 당연히 "요즘 젊은 것들은 버릇이 없어"라는 말이 나온다. 그리고 "옛날이 좋았지"라는 므두셀라 증후군에 사로잡힌다.

과거에 대한 미화는 보수의 무기다

이까지는 그냥 재미있게 읽을 수 있는 이야기다. 그런데 이런 심리를 정치적 문제로 끌어들이면 상황이 꽤 심각해진다. 왜냐하면 과거를 미화하는 므두셀라 증후군은 정치적으로 보수 세력을 강화하는 데 악용이 되기 때문이다.

1990년대 초반 미국에서 이런 일이 있었다. 기독교 근본주의 운동에 참여했던 컬렌 데이비스(Cullen Davis)는 1994년 논문을 통해 1940년대와 1980년대 미국 공교육의 문제점을 거론했다.

데이비스에 따르면 1940년대 미국 학생들의 가장 큰 문제점은 ①떠들기(talking) ②껌 씹기(chewing gum) ③소란 피우기(making noise) ④실내에서 뛰어다니기(running in the halls) ⑤새치기하기(getting out of turn in line) 등이었다. 문제점이라고 하기조차 어려울 정도로 평범한 잘못들이었다는 이야기다.

하지만 1990년대 학생들은 달랐다. 데이비스에 따르면 1990년대 미국 학생들은 ①음주(alcohol abuse) ②약물 남용(drug abuse) ③임신(pregnancy) ④자살(suicide) ⑤강간(rape) ⑥절도(robbery) ⑦폭행(assault) 등을 일삼아 저질렀다. 데이비스는 이 자료를 통해 "이것이 지금 미국 공교육이 무너지고 있다는 증거다. 학생들에게 보다 엄격한 처벌과 규제를 가해야 한다"고 목소리를 높였다.

이 주장은 미국 사회에 일대 충격을 가져왔다. 50년 전 학생들은 고작 껌이나 씹고 새치기나 했는데, 지금 학생들은 강간, 절도, 폭행, 자살, 약물에 찌들어있다니 충격적이지 않은가?

레이건 행정부 시절 교육부 장관을 지낸 윌리엄 베넷(William Bennett)을 비롯해 수많은 학자, 교육 전문가, 정치인들이 현실을 개탄하는 글을 쓰고 방송에 나섰다. 심지어 진보적 작가로 분류됐던 퓰리처 상 수상자 애너 퀸들런(Anna Quindlen)이나, '미스터 샌프란시스코'라고 불렸던 샌프란시스코의 대표 칼럼니스트 허브 캐언(Herb Caen)도 이 자료를 인용했다.

그런데 자료를 살펴보던 캘리포니아 대학교 정치학과 배리 오닐(Barry O'neil) 교수가 의문을 품었다. 학생들의 문제점을 나열할 때에는 근거 자료가 있어야 하는데 데이비스의 자료에는 출처가 없었기 때문이다.

오닐 교수는 데이비스에게 직접 "자료의 출처가 어디냐?"고 물었다. 그랬더니 데이비스는 "내가 곧 출처요. 내가 1940년대 학교를 다녔거든! 그 자료는 내 기억에 의존한 자료란 말이오!"라고 주장했단다. 억, 이런 반전이!

이게 바로 므두셀라 증후군의 대표적 모습이다. 데이비스는 "학생들에 대한 규제를 강화해야 한다"는 본인의 주장을 입증하기 위해 자료를 조작했다. 하지만 정작 그는

자신이 자료를 조작했다고 생각하지 않는다. 자기가 기억하기에 1940년대 학생들은 매우 착해서 나쁜 짓을 해도 껌이나 씹었을 뿐이었기 때문이다.

그래서 과거를 미화하는 이런 행동들은 세상의 진보를 막는다. 보수 세력들이 박정희 동상을 세우고 그 앞에서 "박정희는 신이다!"를 외치는 이유가 그것이다.

박정희 시대에 우리가 행복했다고? 그럴 리가 없는 거다. 수많은 사람들이 독재정권에 항거하다 목숨을 잃었다. 그 시절은 한국 현대사에서 또 하나의 지옥이었다. 하지만 많은 노년층들은 그 동상 앞에서 과거를 미화한다. 그리고 "요즘 젊은 것들은 너무 버릇이 없어, 생각도 빨갱이들과 같아!"라며 목소리를 높인다. 그런 과거의 미화는 보수의 강화로 이어진다.

그래서 우리는 과거를 딛고 새로운 미래로 나아가야 한다. 우리가 꼭 알아야 사실은 이승만과 박정희, 전두환과 노태우, 이명박과 박근혜가 통치했던 이 나라의 과거는 어두웠다는 점이다. 수많은 민중들이 목숨을 걸고 투쟁했고, 그 투쟁 속에서 과거가 지금으로 변해온 것이다.

그리고 우리는 우리의 정신을 끊임없이 미래지향적으로 단련해야 한다. "과거가 더 좋았어"가 아니라 "더 나은 미래를 개척할 거야"라고 단호하게 말해야 한다. 그러지 않으면 우리의 정신은 자꾸 과거에 얽매인다. 그게 과거를 미화하는 보수를 극복하고, 새로운 미래를 개척하려는 진보가 내디뎌야 하는 첫 걸음이다.

우리의 미래는
상상보다 훨씬 아름다울 것이다

역사의 종말 환상

이 책의 마지막 장은 우리가 만들어갈 미래에 관한 것이다. '역사의 종말 환상(End-of-history illusion)'이라는 심리학과 행동경제학 이론이 우리의 미래에 대한 힌트를 줄 것이다.

나는 이 책을 출간하는 2020년, 50세가 됐다. 나이가 점차 들면서 종종 이런 생각을 하곤 한다. 10년 뒤인 2030년 나는 어떤 모습으로 살고 있을까?

일단 10년 뒤에도 나는 별로 변하지 않을 것 같다. 여전히 현실세계에서는 찌질한 성격의 소유자일 테고, 여전히 〈민중의소리〉라는 작은 공동체의 구성원일 것이다. 아, 〈민중의소리〉가 나를 쫓아낼 가능성은 없을까? 에이, 설마 그러지는 않을 것이다. 나이 예순 먹은 늙은 꼰대 기자 한 명쯤은 잘 보살펴줄 공동체성이 이곳에 있으리라 나는 믿는다.

독자 여러분의 10년 뒤 미래는 어떨지 궁금하다. 많은 독자분들은 '뭐 지금이랑 크게 다르겠어?'라고 간단히 생각할지도 모르겠다. 사실 대부분 사람들은 10년 뒤 자신의 모습이 지금과 크게 달라졌을 것이라고 생각하지 않는다.

이것이 바로 역사의 종말 환상이라는 이론이다. 이 이론에 따르면 사람들은 '나는 이미 충분히 변화했고, 충분히 많은 경험을 했어. 지금이 내 역사의 거의 마지막이야. 그래서 앞으로 나는 별로 변하지 않을 거야'라고 생각한다.

그런데 이는 대단한 착각이다. 지금은 내 역사의 종착점이 절대 아니다. 나는 생각보다 앞으로 훨씬 더 많이 변한다. 다만 미래에 닥칠 나의 변화를 잘 상상하지 못할 뿐이다.

35년 전 나는 '아하'를 좋아했었다

35년 전 나는 노르웨이 출신의 3인조 팝 그룹 아하(A-HA)에 푹 빠졌던 청소년이었다. 방 곳곳에 아하 포스터를 붙여놓고 라이벌인 듀란듀란(Duran Duran)과 왬(Wham)을 욕하면서(응? 도대체 왜?) 10대를 보냈다.

노르웨이 3인조 팝 그룹 아하 ⓒJamesbond raul

당시 나는 '평생 아하를 좋아할 거야'라고 확신했다. 그런데 지금은? 솔직히 아하가 노르웨이 출신이었는지, 스웨덴 출신이었는지 기억조차 가물가물하다.

요즘 10대 청소년들도 마찬가지다. 그들은 방탄소년단과 트와이스를 너무도 사랑한 나머지 "나는 영원한 그들의 팬이어요. 그들이 없으면 숨도 쉴 수 없어요!"라고 외친다. 그런데 장담할 수 있는 게 하나 있다. 10년쯤 지나고 그 그룹들이 해체돼도, 팬들은 숨도 잘 쉬고 충분히 즐거운 삶을 살고 있을 것이다.

사랑도 마찬가지다. 사랑에 빠지면 우리는 상대에 대한 사랑이 영원할 것이라고 믿는다. 그런데 살아보면 그런가? 절대 그렇지 않다.

미국에서는 결혼을 앞둔 커플에게 "부부가 된 다음에 이혼을 할 확률은 몇 %입니까?"라는 질문을 던진 실험이 있었다. 이때 나온 응답의 평균은 "우리가 갈라설 확률은 1%도 안 된다"였다.

나는 이런 뜨거운 사랑을 당연히 이해한다. 하지만 현실은 그렇지 않다. 시간이 지날수록 사랑은 변한다. 현실 세계에서 미국 부부의 이혼율은 40%가 넘는다.

우리는 미래의 변화를 과소평가한다

지금부터는 하버드 대학교 심리학과 대니얼 길버트(Daniel Gilbert) 교수의 흥미로운 실험을 따라가 보자. 길버트 교수는 사람들에게 "당신이 지금 좋아하는 가수 있죠? 그 가수가 10년 뒤에 콘서트를 연다면 티켓 값으로 얼마까지 낼 수 있습니까?"라고 물었다.

이때 응답자가 제시한 티켓 가격은 무려 129달러, 우리 돈으로 15만 원이나 됐다. 응답자 대부분이 10년 뒤에도 그 가수를 지금만큼 열렬히 좋아할 것이라고 생각했다는 뜻이다.

그 사람들에게 두 번째 질문을 던졌다. "당신이 10년 전에 좋아했던 가수 있죠? 그 가수가 지금 공연한다면 티켓 값으로 얼마를 내실 건가요?"라고 말이다. 그런데 이때 응답자들이 답한 금액은 고작 80달러, 우리 돈으로 10만 원에도 못 미치는 금액이었다.

대니얼 길버트 교수

이 차이가 무엇일까? 사람들은 내가 지금 좋아하는 것을 10년 뒤에도 계속 좋아할 것이라고 확신한다. 그런데 실제 살아보면 절대 그렇지 않다. 10년이 지나면 사람은 변한다. 10년 전 좋아했던 가수에게 지금 별로 돈을 쓰고 싶지 않은 심리가 이를 증명한다.

길버트 교수의 실험을 조금 더 따라가 보자. 사람들은 자신의 가치관이나 성격이 잘 바뀌지 않을 것이라고 믿는다. 가치관이나 성격은 수십 년 동안 형성된 것이기 때문이다.

그런데 10세 단위로 가치관과 성격에 대해 물어보면 흥미로운 현상이 발견된다. 예를 들어 40세가 된 사람들에게 "앞으로 10년 동안 가치관과 성격이 얼마나 변할 것 같나요?"라고 물으면 응답자 대부분은 "에이, 별로 안 변하죠. 내 나이가 마흔인데 앞으로 10년 동안 뭐가 바뀌겠어요?"라고 답을 한다. 이들이 예측한 변화의 정도는 고작 10%였다.

하지만 50세가 된 사람들에게 "지난 10년 동안 가치관이나 성격이 얼마나 변했나요?"라고 물어보면 완전히 다른 답이 나온다. 이들은 "많이 바뀌었지. 세월이 참 무섭더라고. 마흔 살 때에는 내가 진짜 공격적이었는데, 쉰이 되니 많이 차분해졌어"라며 과거를 회고한다. 50세 응답자가 지난 10년 동안 자신의 변화를 측정한 수치는 평균 40%였다.

더 흥미로운 사실이 있다. 조금 전 그런 답을 한 50세 응답자에게 "그러면 앞으로 10년 동안은 얼마나 변할까요?"라고 물으면 그들의 답이 또 보수적으로 바뀐다. 그들은 "에이, 앞으로는 변할 일 없죠. 내 나이가 벌써 쉰이에요"라며 변화의 가능성을 축소한다. 응답자들이 답한 미래 변화의 정도는 고작 5%에 머물렀다.

하지만 60세 응답자에게 "지난 10년 동안 여러분은 얼마나 변했습니까?"라고 물어보면? 이 사람들은 "50대가 참 다이내믹하더라고요. 인생관도 많이 바뀌었어요"라고 답한다. 이들이 답한 10년 동안 자신의 변화를 측정한 수치는 30%나 됐다. 어느 나이에서도 사람은 미래의 변화를 현실보다 매우 보수적으로 예측하는 셈이다.

왜 이런 일이 벌어질까? 심리학자들은 "사람의 뇌는 과거를 기억하는 일보다 미래를 상상하는 일에 덜 능숙하기 때문"이라고 이유를 설명한다. 기억이라는 것은 왜곡되고 편집돼도, 결국 내가 겪은 일이다. 열심히 떠올리면 잘 기억해낼 수 있다.

하지만 가보지 않은 길을 상상하는 일은 매우 어려운 작업이다. 그래서 뇌는 그 일을 썩 근사하게 해내지 못한다. 그러다보니 "나는 앞으로 별로 변하지 않을 거야"라거나 "그냥 살아온 대로 살 거야"라며 미래의 변화를 과소평가한다.

나는 10년 전, 내가 〈민중의소리〉 기자가 될 것이라고 절대 상상하지 않았다. 이 어눌한 목소리와 찌질한 성격으로 4년 넘게 방송을 할 것이라고는 더더욱 상상하지 못했다. 그런데 그 일을 지금 나는 하고 있다.

만약 누군가가 지금으로부터 10년 전인 2010년에 "10년 안에 시민혁명으로 대통령을 끌어내립시다. 우리는 할 수 있습니다"라고 주장했다면 정신 나간 사람 취급을 받았을 것이다. 하지만 10년이 지난 지금, 우리는 진짜 촛불혁명으로 대통령을 끌어내렸다.

이런 질문은 어떨까? 자본주의가 과연 영원할까? 10년 뒤에도 우리는 여전히 자본주의라는 경쟁 시스템에서 살고 있을까? 지금은 대부분의 사람들이 "당연히 그렇겠지"라고 답을 할 것이다. 하지만 미래의 변화를 과소평가해서는 안 된다. 10년 뒤 우리가 어떤 세상에서 살지는 진짜로 아무도 모르는 일이다.

나는 오랫동안 연대와 협동의 공동체 사회를 꿈꿨다. 이런 나의 생각을 많은 사람들이 비웃는다는 사실도 안다. 내가 가장 많이 듣는 말이 "되지 않을 일을 꿈꾸는 이상주의자"라는 것이다.

그런데 나는 그런 비판을 들을 때마다 '남의 꿈을 그렇게 과소평가하지 마세요'라며 속으로 웃는다. 연대와 협동의 공동체를 꿈꾸는 나조차, 10년 전만 해도 사람들이 나의 이런 꿈에 귀를 기울여줄 것이라 생각한 적이 한 번도 없었다.

그런데 지금은 수많은 벗들이 "함께 연대해서 더 좋은 세상을 만들어 나갑시다"라며 나의 손을 잡아준다. 나는 그럴 때마다 진심으로 마음이 떨린다. 너무나 행복해서 가슴이 벅차오른다. 지난 10년 동안 나도 내 상상을 초월할 정도로 변했고, 세상도 내 상상을 초월할 정도로 변했다.

그렇다면 앞으로 10년은 어떨 것인가? 2030년 우리는 정말로 지금과 하나도 다를 바 없는 지옥 같은 경쟁 자본주의에서 살고 있을까? 그건 정말로 아무도 모르는 일이다.

므두셀라 증후군, 즉 과거를 미화하는 우리의 습성은 보수의 무기가 된다. 이와 마찬가지로 역사의 종말 환상, 즉 미래의 변화를 과소평가하는 우리의 습성도 역시 진보를 가로막는다. 우리는 좀 더 뜨겁게 미래를 상상해야 한다. 10년 뒤 우리 민중들은 지금보다 훨씬 더 행복한 세상에서 살 권리가 있다.

이제 부족했던 「경제의 속살」 3권과 4권의 작업을 모두 마무리한다. 진심으로 고백하는데 이 책의 독자들 모두 나에게는 과분한 벗이자 동지였다. 그런데도 나는 그 과분함을 조금 더 오래 간직하고 싶다. 벗들과 함께 이 길을 더 오래 걸었으면 한다.

10년 뒤, 혹은 20년 뒤, 우리가 상상했던 것보다 훨씬 더 나은 미래에서 만났으면 좋겠다. 우리의 미래는 우리의 상상보다 훨씬 아름다울 것이다.

다시 한 번 긴 여정을 함께 해준 벗들에게 마음을 다한 감사의 말씀을 드린다.

경제의 속살